BEITRÄGE ZUR PSYCHODIAGNOSTIK DES KINDES

Herausgegeben von Marta Kos und Gerd Biermann

BAND 5

LOUIS CORMAN

Der Schwarzfuß-Test

Grundlagen, Durchführung, Deutung und Auswertung

Ernst Reinhardt Verlag München Basel

Titel der Originalausgabe:

Le Test PN

Übersetzung aus dem Französischen von:

Renate Krieger

CIP-Kurztitelaufnahme der Deutschen Bibliothek

Corman, Louis
Der Schwarzfuß-Test. – München: E. Reinhardt.
Einheitssacht.: Le test PN [dt.]
[Textbd.]. Grundlagen, Durchführung, Deutung und Auswertung. – 1. Aufl. – 1977.
(Beiträge zur Psychodiagnostik des Kindes; Bd. 5)
ISBN 3-497-00785-4

ISBN: 3-497-00785-4

Fotosatz: Gebrüder Parcus KG, München
Druck: Hablitzel, Dachau
Buchbinderei: R. Oldenbourg, München
Printed in Germany

Vorwort

Der Persönlichkeitstest *»die Abenteuer des Schweinchens Schwarzfuß«* (abgekürzt: *der SF-Test*), der von 1959 bis 1961 unter unserer Leitung im medizinisch-psychologischen Zentrum in Nantes entwickelt wurde, hat seinen Zweck, nämlich die fundamentalen Konflikte der kindlichen Seele bloßzulegen, voll und ganz erfüllt.

Der Test fand rasche Verbreitung und wird von den Psychologen häufig angewandt. Er wird immer akzeptiert und bei der Durchführung war noch kein Mißerfolg zu verzeichnen. Aufgrund der ursprünglichen Methode der bevorzugten Identifikationen sind sehr gründliche Untersuchungen möglich.

Anfangs waren wir der Auffassung, daß der Anwendungsbereich auf Kinder beschränkt bleiben würde. Die Erfahrung hat jedoch gezeigt, daß sich dieser Test auch ausgezeichnet zur Untersuchung der Persönlichkeit von Erwachsenen eignet und daß er besser als jeder andere Test in der Lage ist, bei Geisteskranken die frühesten Phasen des Lebens zu erforschen, in denen die Konflikte entstanden.

Das Schweinchen Schwarzfuß, das wir als Identifikationstier gewählt haben, wird fast immer akzeptiert. Da dieses Tier jedoch bei Israeliten und Mohammedanern eine negative Bedeutung hat, könnten in diesem Fall bei der Durchführung des SF-Tests besondere Schwierigkeiten auftreten, die zu einer systematischen Ablehnung, sich zu identifizieren, führen. Um dies zu vermeiden, haben wir einen parallelen Test entwickelt, in dem ein Schaf die Rolle des Schweinchens übernimmt *(SF-TEST-Schafe).*

Inhaltsverzeichnis

Einführung

Wir stellen in dem vorliegenden Buch einen neuen projektiven Test vor, *den SF-Test,* sowie eine neue Methode zur Auswertung. Test und Methode wurden im medizinisch-pädagogischen Zentrum in Nantes entwickelt und erprobt, in enger Zusammenarbeit mit den Assistenten des Zentrums:

Françoise Brelet-Foulard	Jacques Dantec
Annie Cantin	Armelle Guillemot
Gertrude Corman	Nadine Guillon-Vernes

Die Zeichnungen der Bildkarten des Tests stammen von *Paul Dauce,* der hier außer seiner zeichnerischen Begabung auch feines psychologisches Einfühlungsvermögen für die dargestellten Situationen beweist.

Wir haben in zwei Jahren zweihundert Beobachtungen gesammelt, teilweise von gut angepaßten Kindern, teilweise von Kindern mit Anpassungsschwierigkeiten. In dem vorliegenden Buch veröffentlichen wir das Ergebnis dieser psychologischen Untersuchung.

Wir sind überzeugt, daß das projektive Persönlichkeitsniveau nur unter ständiger Berücksichtigung der Erkenntnisse der Psychoanalyse untersucht werden kann, die allein in der Lage sind, Aufschluß über die inneren Konflikte der kindlichen Seele zu geben.

Jede verdrängte Tendenz will sich aus eigenem Antrieb projizieren. Dazu bedarf es nur eines äußeren Anstoßes. Auf diesem Verfahren beruhen die *projektiven Tests.*

Seit dem *Thematischen Apperzeptions-Test* von *Murray* kennt man die Bedeutung der Anregung durch Bilder zur Projektion unbewußter Tendenzen. Der TAT wird auf allen Altersstufen angewandt. Bei jüngeren Versuchspersonen mißlingt er jedoch oft aufgrund der speziellen bildlichen Darstellung und auch, wie wir noch sehen werden, wegen der Testmethode an sich.

Damit der TAT auch bei Kindern anzuwenden wäre, kam *Bellak* auf den Gedanken, die Personen auf den Bildkarten durch Haustiere zu ersetzen. Die Erfahrung zeigt, daß sich die Kinder beim CAT freier äußern und ihre Tendenzen bei der symbolischen Tierdarstellung wesentlich klarer zutage treten.

G. S. Blum ist in seinem *Blacky Pictures Test* noch einen Schritt weitergegangen und hat die voneinander unabhängigen Bilder des CAT, auf denen verschiedene Tiere dargestellt sind, durch die fortlaufende Geschichte des Hundes Blakky und seiner Familie ersetzt. Die Projektion auf den Helden der Geschichte gelingt hier viel besser und man erhält ausführlichere Themen.

Der SF-Test

Dieses amerikanische Experiment hat uns zur Entwicklung unseres neuen Tests, *»die Abenteuer des Schweinchens Schwarzfuß«* angeregt. Im Verlauf unserer Untersuchung werden wir auf die wichtigsten Unterschiede gegenüber dem Test von *Blum* eingehen. Hier wollen wir vor allem die neue Methode herausstellen, die wir entwickelt haben, nämlich die Methode der *bevorzugten Identifikationen.* Diese Methode ergibt sich unmittelbar aus den Betrachtungen über die dynamische Struktur der Persönlichkeit, die in diesem Kapitel dargelegt werden. Wir sind mit *Bellak* der Auffassung, *»daß die Abwehrmechanismen des Ichs zweifellos den entscheidenden Faktor bei den projektiven Tests darstellen, um so mehr, als diese bisher am wenigsten untersucht wurden«.*

Wenn wir durch die projektiven Tests ein möglichst getreues Bild von der Persönlichkeit der Versuchsperson erhalten wollen, müssen wir der Ich-Abwehr dieselbe Bedeutung beimessen wie den Triebtendenzen. Nur so können wir die Konflikte beurteilen, die gegen diese beiden Instanzen wirken. Diese Konflikte geben uns Aufschluß über die grundlegenden Motivationen der Verhaltensstörungen und ermöglichen uns, zu denselben Ergebnissen zu gelangen wie die Klinik und sie gleichzeitig zu erklären. Es ist bekannt, daß bei der herkömmlichen Methode die Interpretation der Beschreibungen der Versuchsperson in vielen Fällen schon eine unterscheidende Analyse der Tendenzen und der sie verändernden Zensuren zuläßt, denn aus den Beschreibungen gehen die ursprünglichen Tendenzen ja nie klar hervor. Wir sind jedoch der Ansicht, daß diese Unterscheidung einfacher und genauer erfolgen könnte, wenn es gelänge, die vorhandenen Kräfte, Tendenzen einerseits und Ich andererseits, zu trennen. Dazu müßte man in mehreren Schritten vorgehen und die Versuchsperson dazu bringen, nach Darlegung ihrer Tendenzen den Abwehrmechanismen wirkungsvoller Ausdruck zu verleihen, selbst wenn auf diese Weise eine mehr oder weniger vollständige Bewußtseinsbildung erfolgen würde. In Kapitel II wird genau beschrieben, wie wir dies erreicht haben. Hier sei nur so viel gesagt, daß wir es nicht dem Psychologen überlassen, herauszufinden, mit welcher Figur ihrer Geschichte sich die Versuchsperson identifiziert, und aus welchem Grund, was in vielen Fällen problematisch ist, sondern daß wir die Versuchsperson selbst danach fragen. Sie muß es ja letzten Endes am besten wissen, da sie, und nicht ein anderer, das Problem und die Konflikte sieht. Die Erfahrung mit dieser Methode hat uns gezeigt, daß sich die Versuchsperson im allgemeinen mit verschiedenen Personen identifiziert. Es gibt erstens die *Tendenzidentifikation,* die entsteht, wenn wie üblich eine bestimmte Figur, der Held, in den Mittelpunkt der Testgeschichte gestellt wird. Und es gibt zweitens die *Abwehridentifikation,* über die uns nur die Versuchsperson selbst Aufschluß geben kann und die uns zeigt, ob die geäußerte Tendenz gut übernommen wird (in diesem Fall decken sich Abwehr- und Tendenzidentifikation) oder ob die Versuchsperson im Gegenteil aufgrund der Ich-Abwehr diese Identifikation vermeidet.

Bei den Tests nach dem Muster von Blacky und Schwarzfuß, bei denen auf sämtlichen Bildkarten die Abenteuer ein und derselben Figur dargestellt werden, verlangen die Identifikationsregeln, daß sich die Versuchsperson zwangsläufig mit dem Helden identifiziert, der all diese Abenteuer erlebt. Die *Methode der bevorzugten Identifikationen* gibt also darüber Aufschluß, inwieweit die Versuchsperson diese Grundidentifikation übernimmt, inwieweit dagegen ihre Abwehrmechanismen ins Spiel gebracht werden und schließlich, wogegen sich die Abwehr richtet und warum.

Aufgrund der Sachlichkeit eines nach unserer neuen Methode durchgeführten Tests erhalten wir erstens Aufschluß über die Tendenzen und zweitens über die Struktur des Ichs. Eine Interpretation auf psychoanalytischer Basis versetzt uns in die Lage, die Konflikte und ihre Auswirkungen zu analysieren.

Kapitel I
Tendenzen und Abwehrmechanismen des Ichs

Die Bildkarten des SF-Tests

Um zu einer genauen Beurteilung der grundlegenden Persönlichkeitsstruktur zu gelangen, muß ein projektiver Test die Hauptaspekte der Persönlichkeit erforschen. Bei neurotischen Versuchspersonen taucht aufgrund der schweren affektiven Belastung durch unbewußte Komplexe unabhängig von der Stimulation immer dasselbe dominierende Thema auf. Um auf dieses Thema zu kommen, könnte der Versuchsperson auch ein leeres Blatt gezeigt werden (wie dies beim TAT geschieht). Hier handelt es sich jedoch um einen Grenzfall, und bei der Mehrzahl der Versuchspersonen ist die Wahl der stimulierenden Bilder nicht zufällig.

Jedes Bild kann zur Äußerung der einen oder anderen Tendenz der Persönlichkeit führen.

Bei der Zusammenstellung einer Folge von projektiven Bildern muß daher ein allgemeines Tendenzschema eingehalten werden. Daran hat sich *G. S. Blum* in seinem Blacky-Test gehalten, indem er sich von der herrschenden psychoanalytischen Auffassung von den einzelnen Entwicklungsphasen leiten ließ. Wie bereits erwähnt, wurde die Entwicklung unseres Tests durch seinen Test angeregt.

I. Die Tendenzen

1. Passive orale Phase

Das erste Lebensjahr wird ausschließlich von der Ernährungsfunktion beherrscht. Die Aktivitäten des *Säuglings,* wie er sehr treffend bezeichnet wird, beschränken sich auf Trinken, Schlafen und wieder Trinken. Was *Freud* mit dem Begriff Oralerotik bezeichnet, bedeutet, daß das kleine Kind bei dieser rein vegetativen Funktion große Lust empfindet und daß das Saugen nicht nur der Nahrungsaufnahme dient. Durch das Saugen wird der Kontakt zur Außenwelt hergestellt, und es erzeugt ein Lustgefühl, was sich zum Beispiel auch beim Daumenlutschen zeigt. Die Psychoanalyse hat außerdem gezeigt, daß der mütterliche Schutz in dieser ersten Phase Liebe und Nahrung zugleich bedeutet. Ohne diesen Schutz würde das Baby zugrundegehen. Dies zeigt uns die ganze Tragweite der Bedeutung, die Entbehrungen in diesem Alter haben sowie den oft unheilvollen Einfluß auf die weitere psychische Entwicklung.

Die Bildkarte ›*Säugen I*‹ (14) zeigt die Zweierbeziehung zwischen SF und seiner Mutter.

In Anbetracht der überaus großen Bedeutung der oralen Phase und ihrer häufigen Beziehung zu anderen Problemen haben wir diese Tendenz auch auf anderen Bildern dargestellt. ›*Säugen II*‹ (15): hier kommt die Geschwisterrivalität hinzu; ›*Wurf*‹ (11): Problem der Geburt und der Eifersucht auf die Neugeborenen; ›*Ziege*‹ (5): Ersatzmutter; ›*Zögern*‹ (7): Problem der Frustration und der Ambivalenz.

2. Aktive orale oder oral-sadistische Phase

Mit dem Durchbruch der ersten Zähne wird die Oralität aktiv, das heißt, das Kind ist jetzt in der Lage, seine Nahrung zu beißen und zu kauen. Die Psychoanalyse mißt der Oralität große Bedeutung bei; es muß jedoch darauf hingewiesen werden, daß sich zugleich mit der Fähigkeit zu beißen auch die gesamte Motorik entwickelt, vor allem das Greifen und das Gehen. Das Kind erlangt also die Aktivität, die es ihm erlaubt, sich selbst mit seiner Umgebung auseinanderzusetzen und sie sich zu eigen zu machen. So überwindet es nach und nach seine anfängliche Abhängigkeit, wo es ohne seine Nährmutter hilflos war, und erreicht die Unabhängigkeit, bei der es sich mehr oder weniger selbst genügt. Eng verbunden mit dieser aktiven Aneignung der Welt ist die *Aggressivität,* das heißt, das Kind kann seine Fähigkeit zu greifen, zu beißen, zu zerstören auch gegen die Elemente der Außenwelt einsetzen, die ihm scheinbar feindlich gegenüberstehen. Wir erleben vor allem, daß es diese Fähigkeit einsetzt, wenn es sich durch die Personen seiner Umgebung auf irgendeine Art und Weise frustriert fühlt. Entwickelt sich diese Aggressivität zu einem Selbstzweck und ist sie mit einem gewissen Genuß verbunden, dem Gegner Schmerz zuzufügen, wird sie zum *Sadismus.* Mißt man dieser Tendenz größere Bedeutung bei, muß man von der *oral-sadistischen Phase* sprechen.

Bei unserem Test kommt es nicht selten vor, daß sich eine starke oral-sadistische Tendenz in Themen äußert, die zu den eben aufgeführten Bildern, die die Oralität behandeln, gehören. Diese Tendenz kommt am besten zusammen mit der Geschwisterrivalität in ›*Streit*‹ (3) zum Ausdruck.

3. Anale oder anal-sadistische Phase

Zwischen dem ersten und zweiten Lebensjahr erlangt das Kind in seiner Entwicklung zur aktiven Motorik die Fähigkeit, seine Exkremente, Urin und Stuhlgang, bewußt auszuscheiden, und die perineale Zone gewinnt daher besondere Bedeutung. Jede intensive funktionelle Aktivität ist von starken Empfindungen begleitet, die in der Psychoanalyse unter dem allgemeinen Begriff Erotik eingeordnet werden. Daher ist es also begründet, von Uretralerotik und Analerotik zu sprechen. Beide sind dem Kliniker bekannt, da die Kinder, entweder wenn sie ihre Exkremente zurückhalten oder ausscheiden, ein besonderes Lustgefühl empfinden. Dieses Lustgefühl unterliegt jedoch der Willkür der Körperfunktion und des Augenblicks. Das Kind erlebt dieses Lustgefühl nur dann, wenn es aus eigenem Antrieb handelt. Im Gegensatz dazu steht die Erziehung zur Reinlichkeit, die von dem Kind eine vollkommene Beherrschung der Schließmuskeln verlangt. Wird diese Erziehung ungeschickt durchgeführt, wird sie vom Kind nicht bereitwillig aufgenommen. Es empfindet sie im Gegenteil als feindlichen Akt der Erzieher. Das Kind reagiert darauf noch mit ungehemmter Aggressivität. Diese Phase ist besonders wichtig, denn bei der Erziehung zur Reinlichkeit zeigt sich, wie die Psychoanalytiker bewiesen haben, zum erstenmal deutlich die aktive Persönlichkeit des Kindes, sein Bedürfnis, sich bei den Erziehern zu behaupten, indem es entweder die ihm auferlegte Disziplin akzeptiert oder indem es sie verweigert und sich gegen die elterliche Autorität erhebt. Bei der Behandlung von Kindern sind diese Fälle von Tages-*Enkopresis,* die bis zu 7 Jahre andauern kann, wohl bekannt. Sie werden immer als Zeichen starker Aggressivität gegen die Mutter gewertet.[1] Noch häufiger tritt die nächtliche Enuresis auf. In ihr äußert sich eine mehr verdrängte Feindseligkeit, da sie nur im Schlaf auftritt, also bei getrübtem Bewußtseinszustand. Noch subtiler ist die Bedeutung gewisser chronischer Obstipationen, die nicht organisch bedingt sind, sondern durch eine psychische Weigerung hervorgerufen werden. Sie treten oft bei besonders eigensinnigen Charakteren auf.

Beim SF-Test stellen zwei Bilder, nämlich ›*Trog*‹ (1) und ›*Schmutzspiele*‹ (9) den Analsadismus dar. Auf dem ersten Bild uriniert SF demonstrativ in den Trog der Eltern. Auf dem zweiten Bild wälzt sich SF mit seinem Bruder in der Jauche und bespritzt das Gesicht seines Vaters mit Schmutz, während das zweite weiße Schweinchen das Schauspiel betrachtet, ohne sich jedoch daran zu beteiligen.

4. Ödipale Phase

Wie schon erwähnt, empfindet jedes funktionell erregte Organ ein besonderes Lustgefühl. Unter Erotik versteht man nicht nur das Lustgefühl der Sexualorgane. Der Begriff bezieht sich auf den gesamten Organismus. Dies wird eindeutig durch die Tatsache bewiesen, daß sich das Lustgefühl bei der fleischlichen Vereinigung auf den ganzen Körper erstreckt. Wie wir gesehen haben, erwachen nach und nach alle Organe des Kindes. Nach dem Mund und den Ausscheidungsorganen wird das Genitalorgan aktiv, das zum Leben erwacht, und die erotische Sensibilität wird dort sehr ausgeprägt, bleibt jedoch auch in den übrigen Organen erhalten. Es handelt sich um die *genitale Phase,* die im Alter von ungefähr drei Jahren einsetzt und durch die Selbstbefriedigung der Masturbation oder die Suche nach Zärtlichkeit gekennzeichnet ist.

Im Blacky-Test wollte *Blum* diese Phase auf Bild 5 darstellen, wo sich der

[1] In Kapitel IV werden mehrere Beispiele dazu gegeben.

Hund leckt. Unsere Testerfahrung hat uns gezeigt, daß das Kind bei diesem Bild zwar ein gewisses Unbehagen zeigt, daß es aber nur selten erkennt, was der Erfinder des Tests darstellen wollte. Dieses Bild führt also nicht zum erwarteten Ergebnis. Wir haben es daher nicht in den SF-Test aufgenommen.

Zu dieser auf die eigene Person bezogenen genitalen Phase tritt bald eine besondere Anziehungskraft des anderen Geschlechts. Diese Anziehungskraft kennzeichnet gewissermaßen den Eintritt des Kindes in das Leben in Gesellschaft und gibt ihm einen Begriff von der Welt der Objekte. Es handelt sich um die *sexuelle* oder *ödipale Phase.* Wir gehen hier nicht auf die Einzelheiten des *Freud*schen Begriffs des Ödipus-Komplexes ein, da er wohl allgemein bekannt ist. Hier seien nur die beiden Aspekte des Komplexes erwähnt: ein positiver Aspekt, nämlich die liebevolle Zuneigung, die das Kind für den Elternteil des anderen Geschlechts empfindet; eine negative Seite, nämlich die aggressive Rivalität, die es für den Elternteil desselben Geschlechts empfindet.

Wir haben dazu zwei Bilder: *›Kuß‹* (2), wo ein Schweinchen, wahrscheinlich SF, mit neutraler Miene die sich umarmenden Eltern beobachtet; *›Nacht‹* (10), wo zusätzlich das Problem des Elternschlafzimmers und der Urszene auftaucht.

Zwischen den Begriffen *ödipale Situation* und *Ödipus-Komplex* ist deutlich zu unterscheiden. Bei der ödipalen Situation handelt es sich um eine normale Phase in der Entwicklung, eine Phase, die bald vorübergeht. Die aggressive Rivalität des Kindes gegenüber dem gleichgeschlechtlichen Elternteil geht, wie wir noch sehen werden, in eine Identifikation, das heißt in eine Introjektion mit diesem Elternteil über. Dadurch erhält das Kind ein *Über-Ich,* das aus *Ich-Ideal* und *Tabus* besteht. Es ist klar, daß eine solche Identifikation dem Kind hilft, seine ödipale Situation zu überwinden und sich weiter zu entwickeln.

Beim Ödipus-Komplex handelt es sich um etwas ganz anderes. Ein Komplex ist ein echter Fremdkörper der Seele, der entsteht, wenn eine Tendenz, die von der Ich-Abwehr unterdrückt wird, verdrängt, das heißt, wegen des Schuldgefühls, das sie weckt, ins Unbewußte zurückgedrängt wird. Bei der unterdrückten Tendenz handelt es sich um den ödipalen Wunsch in seiner Doppelform, nämlich positiv und negativ. Dieser Wunsch gerät natürlich in Konflikt mit den elterlichen Zensuren, und die Furcht vor dem Zorn der allmächtigen Eltern (der sich übrigens wirklich äußern kann) ruft im Ich eine Angst hervor, aus der die Verdrängung entsteht. Im Dunkel des Unbewußten verschwindet nicht nur die eigentliche Tendenz, sondern ein komplexes Ganzes, bestehend aus Tendenz, Erinnerung an im Zusammenhang damit erlebte Ereignisse, die Gedanken und Gefühle, die sich damit verbinden, die Ängste, die die Tendenz hervorgerufen hat, sowie der Vorgang der eigentlichen Verdrängung, der vergessen wird. Dieser Komplex mit starker affektiver Belastung stört die Persönlichkeit nachhaltig und empfindlich. Er verlangt vom Ich eine ständige Verdrängung, die die Persönlichkeit von allen anderen Aufgaben abhält und sie ihrer Leistungsfähigkeit beraubt. Außerdem dringt der Komplex in der Erscheinungsform verschiedener zwanghafter Gedanken oder Bilder oft auch in das Bewußtsein ein.

Zwei unserer Bilder, die indirekt vom Blacky-Test beeinflußt wurden, nämlich *›Traum M‹* (12) und *›Traum V‹* (13) stellen den von Mutter oder Vater träumenden SF dar. Sie können sowohl das Identifikationsobjekt (gleiches Geschlecht) als auch das Liebesobjekt (anderes Geschlecht) darstellen.

5. Aggressivität und Geschwisterrivalität

Wir haben gesehen, daß der »Elan vital«, sobald das Kind in der zweiten Hälfte seines ersten Lebensjahres in die aktive Phase kommt, leicht in Aggressivität übergeht, wenn er sich *gegen* alles richtet, Gegenstände oder Menschen, was sich ihm mehr oder weniger in den Weg stellt. Die Gelegenheiten dazu sind zahlreich, da das Kindesalter durch die Unfähigkeit, Frustrationen zu ertragen, gekennzeichnet ist. Der Säugling lebt, dies muß festgestellt werden, im Gefühl seiner Allmacht. Dieses Gefühl erscheint uns Erwachsenen, die wir wissen, wie sehr das Kind von seinen Ernährern abhängig ist, trügerisch. Für den Säugling bedeutet jedoch jede Verletzung dieses Gefühls der Allmacht eine Kränkung. Die geringste Frustration seiner Wünsche bringt ihn in eine unerträgliche Situation, auf die er aggressiv reagiert. Der hungrige Säugling, dessen Bedürfnisse nicht sofort befriedigt werden, drängt zornig an die Brust seiner Mutter und beißt oft zu.

Da die Lehrzeit des Lebens eine Quelle ständiger Frustrationen ist, ist die Aggressivität immer gegenwärtig. Je nach Altersstufe äußert sie sich anders. In der oralen Phase beißt das Kind, was sich ihm entgegenstellt. Es beißt seine Eltern, seine Geschwister; es zerreißt mit den Zähnen das Objekt, das ihm Widerstand leistet. In der analen Phase widersetzt es sich der Erziehung zur Reinlichkeit, wenn es durch sie in seiner Befriedigung durch das Ausscheiden frustriert wird. Es geht sogar so weit, sich seiner Exkremente zu bedienen, um die Eltern oder einen ihnen gehörenden Gegenstand zu beschmutzen. In einer harmloseren Form, die öfter vorkommt, hat es einen Hang zur Unreinlichkeit. In allen diesen Phasen besteht das aggressive Verlangen, die Person oder den Gegenstand, die ihm bei der Verwirklichung seiner Wünsche hinderlich sind, zu zerstören, sie aus der Welt zu schaffen.

Die Kindheit ist das Alter des Alles oder Nichts, das Alter der Maßlosigkeit. Die Aggressivität des Kindes steht in keinem Verhältnis zur Bedeutung der Frustration; sie artet sofort ins Extrem aus. Ist das Kind zum Beispiel auf den rivalisierenden Elternteil oder auf eines der Geschwister eifersüchtig, will es sie töten; es will sie völlig aus der Welt schaffen. Wenn es nur selten die Eltern angreift, so deshalb, weil diese viel stärker sind als das Kind. Aber Aggressionen gegen rivalisierende Geschwister, selbst gegen ganz kleine, kommen sehr häufig vor. Wegen dieser Intensität wird die Aggressivität von den Erziehern zensiert, oft mit großer Strenge und oft auch unter Anwendung der Vergeltung. Die Mutter eines 18 Monate alten Mädchens, das aus Eifersucht seine ältere Schwester und seine jüngere, erst 1 Monat alte Schwester biß, biß das kleine Mädchen zweimal blutig, um ihm zu zeigen, »wie weh dies tut«. Eben dieses Gesetz der Vergeltung ist das Gesetz der Kindheit, dem Alter, in dem man spontan befürchtet, daß die Mächtigen genauso handeln, wie man selbst handeln möchte. Wenn also das Kind den Wunsch hat, einen Rivalen aus der Welt zu schaffen, fürchtet es, daß mit ihm zur Strafe dasselbe geschieht.

Die Intensität der aggressiven Äußerungen während der Kindheit kommt der Intensität des Schuldgefühls gleich. Wir finden so manchen Beweis dafür später in unseren projektiven Tests, in denen uns oft ein Shakespearsches Schauspiel begegnet, in dem alle umkommen: der Angreifer ebenso wie der Angegriffene. Es ist vermutlich berechtigt, einen Test, in dem Aggressivität und Schuldgefühl extrem zum Ausdruck kommen, als Zeichen von Abnormität zu werten. Bei der angepaßten Versuchsperson vollzieht sich, wie wir gesehen haben, eine wenigstens teilweise Sublimierung, die die Aggressivität sozialisiert und gleichzeitig das daraus entstehende Schuldgefühl vermindert.

Nach der Erfahrung mit den projektiven Tests sind wir der Ansicht, daß keine Tendenz so sehr von Schuldgefühlen begleitet ist wie die Aggressivität. Besonders das ödipale Schuldgefühl scheint vor allem von der Rivalität abzuhängen, in der das Kind zum gleichgeschlechtlichen Elternteil steht. Die liebevolle Hinwendung zum andersgeschlechtlichen Elternteil wird im allgemeinen nicht als Schuld aufgefaßt. Ein Junge, der sich mit seinem Vater, ein Mädchen, das sich mit seiner Mutter identifiziert, unterdrücken dadurch den aggressiven Wettstreit und können ohne Tabu eine positive, zumindest ideale Beziehung zum Objekt ihrer Zuneigung aufrechterhalten.

Wir haben außerdem festgestellt, daß die Geschwisterrivalität im ganzen weniger von Schuldgefühlen begleitet ist als die ödipale Rivalität. Sie tritt im allgemeinen in unseren Tests ganz offen zutage und sie wird oft übernommen. Wir haben allen Grund, uns zu fragen, ob sie nicht des öfteren Deckmantel für eine versteckte ödipale Rivalität ist und an deren Stelle tritt.

Im SF-Test wird die Geschwisterrivalität auf mehreren Bildern dargestellt. Mit einem passiven oralen Thema in ›*Säugen 2*‹ (15); mit einem oral-sadistischen Thema in ›*Streit*‹ (3); mit einem Geburtsthema in ›*Wurf*‹ (11); mit einem Thema der Ambivalenz in ›*Zögern*‹ (7).

Das Thema »Strafe« kommt dreimal vor. In ›*Gänserich*‹ (8) in Verbindung mit einem versteckten Kastrationsthema, das vor allem bei Jungen zu einem ödipalen Tabu hinzutreten kann. In ›*Loch*‹ (16) erscheint das Thema oft als Reaktion auf einen Unabhängigkeitsdrang. In ›*Karren*‹ (4) besteht keine Verbindung zu einem besonderen Thema.

6. Abhängigkeit und Unabhängigkeit

Die Entwicklung des Kindes ist ein fortschreitender Übergang von der Passivität zur Aktivität, und gleichzeitig von der Abhängigkeit zur Unabhängigkeit. Hier muß man die im Grunde positive Rolle der Frustrationen begreifen, wenn diese nicht zu stark sind. Wenn das Kind weiterhin in der völlig geschützten Umgebung der mütterlichen Brust leben könnte, würde es für immer in der passiven oralen Phase verharren und *sich nicht weiterentwickeln.* Die Frustrationen haben den Vorteil, es zu aktiven Reaktionen herauszufordern. Statt passiv zu dulden muß es aktiv handeln, und es macht ihm Freude, seine Umgebung zu beherrschen, statt von ihr beherrscht zu werden. Es ist jedoch noch nicht stark genug, um sich selbst zu genügen, und es schwankt ständig von einer Handlungsweise zur anderen, also von der passiven Abhängigkeit zur aktiven Unabhängigkeit. In unserem Test drückt das Bild ›*Zögern*‹ (7) diese Ambivalenz aus. Der Held zögert, ob er bei seiner Mutter saugen oder mit seinem Vater aus dem Trog trinken soll.

Die Erfahrung mit dem Blacky-Test hat uns die relative Häufigkeit von Ausweichthemen gezeigt (obwohl kein Bild dieses Tests dazu anregt). Wir stellten daher fest, daß der Druck dieser Ausweichtendenz sehr stark ist und haben in unseren Test ein Bild ›*Aufbruch*‹ (6) aufgenommen. Wir haben jedoch die Erfahrung gemacht, daß die Mehrzahl der Kinder diesen Aufbruch als traurig beschrieb, was der Beweis dafür ist, daß sie sich in diesem Alter noch keine völlige Unabhängigkeit vorstellen können, da diese den Verlust des elterlichen Schutzes bedeuten würde, ohne den sie nicht leben könnten.

7. Vermischung der einzelnen Phasen. Fixierung und Regression

Wie wir gesehen haben, vollzieht sich die Entwicklung des Kindes nicht gleichmäßig. Es gibt ständige Schwankungen zwischen Abhängigkeit und Unabhängigkeit, zwischen Passivität und Aktivität. Ebenso kann man den Übergang von einer Phase zur anderen nicht als radikalen Wandel betrachten, von dem es keine Rückkehr gibt. Ganz im Gegenteil. Einerseits vermischen sich die einzelnen Phasen so sehr, daß sich der genaue Zeitpunkt, zu dem das Kind von einer in die andere wechselt, nicht genau feststellen läßt. Andererseits bleiben nach Ablauf einer Phase in der Tiefe der Persönlichkeit Fixpunkte dieser vergangenen Phase zurück. Hat das Kind nun große Schwierigkeiten, sich den weiteren Phasen anzupassen, vollzieht es eine Regression, die es zu seinen Fixpunkten zurückführt. Es ist inzwischen bekannt, daß die mit der ödipalen Phase zusammenhängenden Schwierigkeiten das Kind oft dazu veranlassen, in eine der vorödipalen Phasen zu regressieren. Dies hat zur Folge, daß sich die Beziehungen zu den Eltern auf der oralen oder analen Stufe gestalten, das heißt, also auf einer sehr infantilen Stufe.

II. Mechanismen der Anpassung und der Ich-Abwehr

Wir haben bis jetzt die Entwicklung der Haupttendenzen ohne Berücksichtigung des Ichs dargelegt. Dies geschah natürlich nicht aus sachlichen Gründen, da sich das Ich sehr früh bildet und den Tendenzen schon frühzeitig Änderungen auferlegt, die diese »zivilisieren«. Das Ich ist also eine Anpassungsinstanz. Zu Beginn dient es dem Es und will nur dessen Forderungen mit möglichst geringem Risiko erfüllen. Die Persönlichkeit unterliegt in dieser Phase der Herrschaft des *Lustprinzips;* das Ich hat natürlich die Hauptaufgabe, die Herrschaft des *Realitätsprinzips* zu errichten. Dies kann jedoch nur in kleinen Schritten erreicht werden.

Die Ich-Abwehr ist also unter zwei Gesichtspunkten zu betrachten: Sie bedeutet einerseits *Anpassung* an die Welt, in der das Kind lebt, und andererseits *Abwehr* gegen die Gefahren, die es bedrohen.

Bei den pathologischen Fällen steht dieser Gesichtspunkt der Abwehr im Vordergrund. Wir werden dies in drei Teilen darlegen, die nach den Gefahren geordnet sind, denen das Ich begegnen muß: den Gefahren der Außenwelt, der Triebtendenzen und des Über-Ichs.

1. Abwehr gegen die Außenwelt

Der primitivste Mechanismus gegen die Bedrohung durch die Außenwelt ist die *Negation.* Er ist ebenso alt wie die Tendenz selbst. In Übereinstimmung mit dem Prinzip des größtmöglichen Lustgewinns leugnet das Kind jede unangenehme Realität, es weigert sich, sie anzuerkennen und kehrt die Wirklichkeit sogar ins Gegenteil. Seine eigene Vorstellung, und nicht was wirklich geschieht, ist für das Kind Wirklichkeit. Ebenso verfährt das Kind mit der Vergangenheit, die, wenn sie unangenehm war, vergessen oder in der Erinnerung ins Gegenteil verkehrt wird. Ein kleiner Junge zum Beispiel, der eifersüchtig über seine Vorrechte als einziges Kind wacht, sagt, als er erfährt, daß er eine kleine Schwester bekommen wird: »Das ist nicht wahr!« Wir haben außerdem erläutert, wie der Anblick der »Urszene« zwischen den Eltern, wenn er das Kind stört, völlig aus der Erinnerung gelöscht werden kann; das Kind weigert sich von da an, anzuerkennen, daß zwischen Vater und Mutter Beziehungen dieser Art bestehen können.

2. Es-Abwehr

Derselbe Abwehrmechanismus wird vom Ich gegen die Instinkte eingesetzt, wenn diese drohen, die schwachen Schranken des Ichs zu durchbrechen, und Angstgefühle hervorrufen. Aber die Weigerung, eine Tendenz anzuerkennen, nimmt hier die besondere Form der *Verdrängung* an. Der Tendenz wird der Zugang zum Bewußtsein und zur Motorik, die in die Tat umsetzt, verwehrt, und sie wird ins Unbewußte verdrängt. Das bewußte Ich kann dann in gutem Glauben leugnen, daß diese Tendenz überhaupt vorhanden ist. Sind zum Beispiel die ödipalen Tendenzen Gegenstand eines Tabus, wird sowohl die Zuneigung für den gegengeschlechtlichen Elternteil als auch die Aggressivität gegen den gleichgeschlechtlichen Elternteil verdrängt und daher bewußt verleugnet. Spricht man dann eine männliche Versuchsperson auf ihre Liebe zur Mutter an, wird sie nicht zugeben, daß hinter diesem Gefühl etwas anderes als bloße Zärtlichkeit steckt.

Die Unterscheidung zwischen der äußeren Welt der Objekte und der inneren Welt der Tendenzen ist zum großen Teil künstlicher Natur, denn zumeist sind es die Ereignisse, die die Tendenzen dazu bringen, sich zu äußern. Wird das Kind zum Beispiel Zeuge von Vertraulichkeiten seiner Eltern, wird es nur dann darunter leiden und versuchen, die Situation zu verdrängen, wenn es innerlich schon an ödipaler Eifersucht leidet.

In den projektiven Tests wird das erlebte Ereignis durch das stimulierende Testbild dargestellt. Findet ein Bild in seiner Gesamtheit oder teilweise in der Seele des Kindes eine zu schmerzliche Resonanz, kann es abgelehnt oder übersehen werden. Wird es gesehen, wird die dargestellte Szene ganz anders geschildert, als sie tatsächlich ist, ja manchmal ins genaue Gegenteil verkehrt.

Bei dem Bild *›Wurf‹* kommt es zum Beispiel manchmal vor, daß Kinder mit starken Gefühlen der Geschwisterrivalität, die durch die Identifikation mit den drei Großen, die die Szene betrachten, schmerzlich geweckt werden, in ihrer Beschreibung die drei saugenden Neugeborenen weglassen. Auf diese Weise wird einerseits die für sie zu unangenehme äußere Wirklichkeit geleugnet und andererseits die Äußerung aggressiver Gefühle vermieden, die allein durch ihre Intensität Schuldgefühle hervorrufen würden.

Bei dem Bild *›Nacht‹*, das an das Schlafzimmer der Eltern denken läßt, erklärt das Kind, das sich mit dem zuschauenden Schweinchen identifiziert, häufig, daß es das Bild nicht verstünde und daß es nicht erkennen könne, was es darstellen soll.

3. Projektion und Reaktionsbildungen

Die anderen Abwehrmechanismen des Ichs, die sich später bilden, entwickeln sich in verschiedenen Abstufungen aus der *Negation.*

Die Verdrängung wird oft durch *die Projektion* ergänzt, einen Mechanismus, der sich ebenfalls frühzeitig entwickelt, denn er äußert sich nur infolge einer gewissen Verwirrung des Ichs und des Nicht-Ichs, einer Folge der ersten Phasen des Lebens. Um sich wirksamer gegen die Rückkehr des Verdrängten zu schützen, projiziert das unbewußte Ich die zensierten Tendenzen auf die Außenwelt und auf eine andere Person. Die guten, anerkannten Tendenzen werden übernommen, die schlechten Tendenzen werden abgelehnt. Das kleine neurotische Mädchen, von dem *Anna Freud* einmal spricht, stellte sich der Psychoanalytikerin mit folgenden Worten vor: »Ich habe einen bösen Geist in mir. Kann man ihn austreiben?« Wir werden sehen, wie leicht die Kinder bei den projektiven Tests zwischen einer guten und einer schlechten Seite ihrer Persönlichkeit unterscheiden, die durch zwei verschiedene Personen verkörpert werden. Dabei nimmt selbstverständlich die Einheit der Persönlichkeit einen gewissen Schaden.

Die Negation führt, wie bereits erwähnt, oft zur *Verkehrung ins Gegenteil.* Ein besonders wichtiger Aspekt dieses Abwehrmechanismus sind *die Reaktionsbildungen des Ichs.* Da die Tendenz immer versucht, die Schranke der Verdrängung zu durchbrechen, ist das Ich nie in Sicherheit und entwickelt daher Gegenreaktionen, die sich auf irgendeine Art und Weise herauskristallisieren und zu ständigen Charakterzügen werden können. Sämtliche Tendenzen können durch Reaktionsbildungen dieser Art bekämpft werden, die sich vor allem im Alter von 5 oder 6 Jahren in der sogenannten Latenzperiode entwickeln, wenn durch die Lösung des Ödipuskomplexes das Über-Ich introjiziert und die Ich-Abwehr gestärkt worden ist.

Reaktion gegen Passivität und orale Abhängigkeit: übermäßiger Drang nach Aktivität und Unabhängigkeit.

Reaktion gegen die Analität: übertriebene Reinlichkeit und Ordnung folgen auf Unreinlichkeit und Unordnung.

Die exhibitionistischen Tendenzen der frühen Kindheit weichen einem extremen Schamgefühl.

Die ödipalen Tendenzen, die in leidenschaftlichen Gemütsbewegungen zum Ausdruck kamen, bei denen sich zornige Reaktionen und zärtliche Liebkosungen abwechselten, weichen einer großen Zurückhaltung: der Charakter wird ruhiger, jede zärtliche Neigung wird jedoch zensiert, und das Kind weigert sich, seine Angehörigen zu umarmen.

In den Tests finden sich zahlreiche Beispiele für diese Reaktionsbildungen. Wir führen hier nur als typisches Beispiel unser Bild *›Schmutzspiele‹* an, das speziell zum Nachweis dieses Mechanismus entworfen wurde. Zu diesem Zweck beteiligt sich eines der drei Schweinchen nicht an den Spielen in der Jauche, es schaut den beiden anderen nur zu. Die meisten Kinder beschreiben das Thema der Schmutzspiele mit unverhohlenem Vergnügen, woraus die Befriedigung der analen Tendenz hervorgeht. Später verbessern sie sich jedoch und wenn sie sich identifizieren sollen, wollen sie das dritte Schweinchen sein, das sich nicht schmutzig machen will.

Ein anderer Verleugnungsmechanismus, der sich in den projektiven Tests äußert, die nach unserer Methode durchgeführt werden, ist *die Weigerung, den Handlungsablauf zu übernehmen,* das heißt, die Tendenz zu übernehmen. Wir haben bereits in der Einführung von den beiden Identifikationsarten gesprochen: *Tendenzidentifikationen,* die sich direkt aus dem um den Helden kreisenden Thema ergeben und *Abwehridentifikationen,* die aus den Abwehrmechanismen des Ichs entstehen. Wir werden anhand zahlreicher Beispiele sehen, daß sich die Versuchsperson aus Angst vor der Strafe, die ihre Tendenzen zur Folge haben könnten, weigert, die Verantwortung dafür zu übernehmen und sich daher nicht mit dem Helden identifizieren will.

Bei all diesen Abwehrmechanismen dominiert immer das Lustprinzip. Mit jedem nur erdenklichen Mittel soll die Angst vermieden werden, und wir werden noch sehen, wie irrational dies oft ist. Unterwirft sich die Versuchsperson dagegen dem Realitätsprinzip, neigt sie zum Sublimierungsmechanismus, durch den eine viel reibungslosere Anpassung an die verschiedenen vorhandenen Instanzen erreicht wird.

Man kann sich mit gutem Recht fragen, wie die Reaktionsbildungen, die sich den Tendenzen widersetzen, der Versuchsperson Befriedigung verschaffen können. Nun, es bedeutet für die Ich-Abwehr einen Triumph, wenn es ihr gelingt, die Befriedigung einer natürlichen Tendenz, die eigentlich mit großem Lustgefühl verbunden sein müßte, mit Unzufriedenheit zu verbinden.

Nehmen wir als Beispiel nur einmal, mit welchem Vergnügen Kinder im Schmutz herumwaten, während dies für uns Erwachsene äußerst unangenehm ist. Ebenso weicht das Vergnügen der ganz kleinen Kinder, sich nackt zu zeigen, später einem unerträglichen Schamgefühl, bei dem bloßen Gedanken, vor anderen nackt aufzutreten.

4. Abwehr durch Beziehung auf Distanz

Es gibt noch ausgeprägtere Abwehrmechanismen, die subtilere Formen der Negation darstellen.

Dazu gehört der *Isolationsmechanismus,* der vor allem bei Zwangsneurosen auftritt. Eine Versuchsperson, die ein gewisses Wirklichkeitsgefühl besitzt, kann Tatsachen nicht einfach verleugnen. Sie beschreibt also genau das ihr vorgelegte Bild, aber die Beschreibung ist nüchtern. Die Handlung wird nicht lebendig und es kommt kein Gefühl zum Ausdruck. Zwischen dem intellektuellen und dem affektiven Element besteht eine Isolation, das heißt ein Riß.

Eine andere Art desselben Mechanismus besteht darin, ganz allgemeine Geschichten zu erzählen, bei denen sich die eigentlichen Tendenzen der Versuchsperson nicht äußern, da sie eben von dieser allgemeinen Darstellung getarnt werden sollen.

Wieder eine andere Art besteht darin, das Bild in beschreibende Einzelheiten aufzuteilen und diese nicht untereinander zu einer zusammenhängenden Handlung zu verbinden. Eine persönliche Beteiligung wird also vermieden (vgl. die Beispiele in Kapitel III).

Bei den projektiven Tests beginnt die Versuchsperson irgendwann zu ahnen, daß es um sie selbst geht, obwohl sie ihre eigenen Tendenzen unbewußt auf die Testsituation projiziert. Sie ist dann nahe daran, ihren Tendenzen unmittelbar Ausdruck zu verleihen. Aber gerade diese Nähe kann die Ich-Abwehr hervorrufen, die instinktiv *auf Distanz geht.* Dies kann auf vielerlei Arten geschehen:

1. Die Personen werden nicht mit Namen genannt. Eine vorsichtige Art, der ödipalen Feindseligkeit auszuweichen, besteht zum Beispiel darin, bei *›Kuß‹* zwei große Schweine zu sehen, die sich umarmen, ohne jedoch die Eltern zu nennen, die aber sehr wohl erkannt wurden.
2. Weigerung, in den dargestellten Personen Familienmitglieder zu sehen. Bei gewissen traumatisierenden Bildern zum Beispiel *(›Gänserich‹, ›Karren‹)* werden sie als Fremde beschrieben, als »kleine, unbekannte Schweinchen«.
3. Verlegung der Handlung in ein fernes Land oder eine ferne Zeit, als ob sie sich nicht hier und in diesem Augenblick ereignen könnte. Oder, was auf dasselbe hinausläuft, den Hauptfiguren ein völlig unmögliches Alter zu geben. Ein kleines Mädchen, das sich bei dem Test nicht persönlich engagieren wollte, sagte: »SF, hundert Jahre, will sich vergnügen.«

5. Abwehr gegen das Über-Ich

Eine der häufigsten Abwehrarten gegen das durch die Strenge des Über-Ichs hervorgerufene Schuldgefühl besteht darin, *die aggressiven Triebe gegen die eigene Person zu richten.* Die Versuchsperson fügt sich dann selbst all das Übel zu, das sie anderen zufügen wollte. Eine solche Handlungsweise scheint dem Lustprinzip zu widersprechen. Und doch bedeutet sie, sobald sich das Über-Ich gebildet hat, das geringste Unlustgefühl, denn indem die Versuchsperson die Strafe auf sich nimmt, befreit sie sich von ihrem Schuldgefühl, es findet in den Augen der zensierenden Instanz eine Aufwertung statt. Was die Versuchsperson an Macht und materiellen Vorteilen verliert, gewinnt sie auf der moralischen Ebene hinzu. So vermeidet sie die Zurückweisung, den Ausschluß durch die Mächtigen, was für sie den Tod bedeuten würde.

Wir sind jedoch der Ansicht, daß bestimmte Abwehrarten hier viel eher dem Lustprinzip entsprechen. Sie sind jedoch nur auf einer Stufe möglich, auf der das Über-Ich noch nicht introjiziert ist und kaum mehr als die äußere Autorität der Eltern darstellt. Dies geht immer auf Kosten des Realitätsprinzips. Die Versuchsperson weigert sich, anstelle desjenigen zu treten, der die Strafe verdient, und identifiziert sich dafür mit der strafenden Person. Es ist möglich, daß diese Identifikation die spätere Bildung des Über-Ichs vorbereitet, sie ist aber nur eine Vorstufe dazu, die Zeichen einer gewissen Unreife des Ichs ist.

6. Regression

Eine der häufigsten Abwehrarten ist die Regression, die die gesamte Persönlichkeit in eine frühere Phase zurückversetzt. Dieser Mechanismus hängt unmittelbar mit dem Leben selbst zusammen. Denn das Leben bedeutet ja Entwicklung, Fortschreiten, und dieses Fortschreiten kann nicht unendlich weitergehen. Erstens wird ihm von der Ermüdung Einhalt geboten. Wie wir wissen, versinken wir am Ende jedes Arbeitstages durch den Schlaf in die wohltuende Ruhe, die wir an der mütterlichen Brust empfanden. Wird dieses Fortschreiten durch dauerhafte Ursachen aufgehalten, findet eine länger andauernde Regression statt und verändert die Anpassungsbedingungen der Versuchsperson ganz entscheidend. Hier dominiert das Lustprinzip ganz tyrannisch: war die Versuchsperson in einem bestimmten Lebensabschnitt sehr glücklich und empfindet sie später große Unzufriedenheit, erleidet sie unerträgliche Frustrationen, wird sie verständlicherweise in die Vergangenheit zurückkehren und versuchen, den früheren glücklicheren Zustand, nach dem sie sich sehnt, wiederzuerlangen. Bliebe es bei dieser Sehnsucht, würde die Persönlichkeit keinen Schaden nehmen. Bei der Regression handelt es sich jedoch um etwas ganz anderes als um Sehnsucht. Die Sehnsucht ist bewußt, die Regression unbewußt. Nicht nur die Gedanken werden in die Vergangenheit zurückversetzt, sondern das ganze Wesen mit Körper und Seele. Die Folge ist eine tiefgreifende Veränderung der Persönlichkeit. Affektive und intellektuelle Anpassung erfolgen dann auf einer infantilen Ebene, die nicht dem tatsächlichen Alter der Versuchsperson entspricht.

Kapitel II
Der SF-Test, eine neue Dynamik der projektiven Tests

I. Der SF-Test

Der SF-Test *»die Abenteuer des Schweinchens Schwarzfuß«* entstand, wie schon erwähnt, teilweise aus dem amerikanischen Test *»die Abenteuer des Hundes Blacky«*, aus dem die Hauptthemen übernommen wurden.

Die Wahl des Identifikationstieres war eigentlich zufällig. Wir gingen lediglich davon aus, daß das kleine Schweinchen den Kindern durch *Walt Disney* sehr vertraut geworden war. Wir haben jedoch aus verständlichen Gründen vermieden, der Figur wie im Zeichentrickfilm allzu menschliche Züge zu verleihen. Unserem Zeichner *Paul Dauce* ist dies sehr geschickt gelungen. Hier ist darauf hinzuweisen, daß sich das Kind erfahrungsgemäß mit derselben Leichtigkeit mit den verschiedenen Haustieren identifiziert und die Statistik der Identifikationen beweist, daß die Versuchsperson ebenso bereitwillig die Rolle von *Schwarzfuß* wie die Rolle von *Blacky* übernimmt.

Im folgenden gehen wir auf die Besonderheiten des SF-Tests ein.

1. Titelkarte

Sie stellt wie beim Blacky-Test eine Tierfamilie dar. Wie bei dem amerikanischen Test mußte der Held der Geschichte richtig zur Geltung kommen, damit sich das Kind auf Anhieb mit ihm identifiziert.

Der schwarze Fleck. – Um den Helden von seinen beiden Gefährten zu unterscheiden, haben wir seine linke Pfote mit einem schwarzen Flecken versehen, daher sein Name. Zur Unterscheidung hat der Zeichner auch die Schweinemutter mit einem ähnlichen Flecken gekennzeichnet. Bei der Zusammenstellung der Bildtafeln konnten wir nicht vorhersehen, welche Folgen diese ohne irgendeine Absicht getroffene Wahl für die Projektion haben würde. Erstens stellte sich heraus, daß der Fleck von SF, den wir als bloße Kennzeichnung gedacht hatten, für viele Versuchspersonen eine affektive Resonanz hat. Für die einen eine positive, weil sie dem Helden eine einzigartige Geltung verleiht, ihn schöner und großartiger als die übrigen macht. Für die anderen eine negative, weil sie den Flecken für ein Schandmal halten, das den Wert des Helden in den Augen aller herabsetzen würde. Zweitens sahen viele Kinder in der Tatsache, daß SF und die Schweinemutter denselben schwarzen Flecken haben, intuitiv eine echte Verwandtschaft, was zum Beispiel so weit ging, daß das große Schwein mit dem Flecken als Mutter von SF und das große Schwein dagegen als Vater oder Mutter der beiden weißen Schweinchen bezeichnet wurde.

Noch bemerkenswerter ist, daß bei den Tests von Anfang an ein uns unbekanntes besonderes Thema auftauchte, *das Thema des Nährvaters*, das sich in der Folge als sehr wichtig erwies, denn bei zweihundert Tests erhielten wir es zweiundvierzigmal. Wir werden dieses Thema in einer eigenen Untersuchung behandeln. Hier sei nur soviel gesagt, daß dieses Thema, das schon beim Vorzeigen des Titelbilds auftaucht, bevor die Versuchsperson überhaupt die übrigen Bilder mit den Abenteuern von SF kennt, nur durch *die Wahrnehmung* der Verwandtschaft der Flecken entstehen kann, und damit verbunden, dies muß betont werden, durch eine besonders starke Zuneigung zum Vater.

Die Entdeckung dieses neuen Themas ist ein lebendiger Beweis dafür, wie wichtig es ist, daß die Projektion so frei wie möglich nach der von uns entwickelten Methode erfolgt, die wir an späterer Stelle noch im einzelnen erläutern werden. Aus der Titelkarte geht zwar anhand der Zitzen deutlich hervor, daß das große Schwein mit dem Flecken weiblich ist, aber im Gegensatz zum Blacky-Test haben wir vermieden, es als Mutter zu bezeichnen. So ist das Kind also auf keinen Fall verpflichtet, die beiden großen Schweine als Vater und Mutter zu bezeichnen und sie so zu sehen, wie wir uns dies vorgestellt haben.

2. Die Bildkarten

Um die Anwendung zu erleichtern, haben wir jeder Bildkarte einen möglichst kurzen *Namen* gegeben. Dieser Name dient jedoch nur zur Orientierung, er wird nie dem Kind genannt, dem die Bildkarten vorgelegt werden, denn dadurch könnten seine Antworten beeinflußt werden. Im nachfolgenden führen wir die 16 Bilder auf, die wir endgültig beibehalten haben (von den 30 Bildern zu Beginn unseres Versuchs). Als zusätzliches Bild fügen wir *›die Fee‹* hinzu, aus Gründen, die wir noch erläutern werden.

Hier die Liste der Themen, manchmal einfach, manchmal mit mehreren Bedeutungen, die zu jedem Bild gehören *(siehe Zusammenstellung der Bildkarten am Ende des Buches).*

1. **Trog**	Urethralsadistisches Thema.
2. **Kuß**	Ödipales Thema.
3. **Streit**	Oralsadistisches Thema der Geschwisterrivalität.
4. **Karren**	Sadistisches Thema, bei dem die Strafe oft gegen die eigene Person gerichtet wird.
5. **Ziege**	Thema der Adoptiv- oder Ersatzmutter.
6. **Aufbruch**	Abschiedsthema.

7. **Zögern**	Thema der Ambivalenz, der Geschwisterrivalität oder des Ausgeschlossenseins.
8. **Gänserich**	Sadistisches Thema, bei dem die Strafe gegen die eigene Person gerichtet wird oder Kastrationsthema.
9. **Schmutzspiele**	Analsadistisches Thema.
10. **Nacht**	Ödipales Thema, das den Schautrieb ins Elternschlafzimmer darstellt.
11. **Wurf**	Thema von Geburt und Geschwisterrivalität
12. **Traum M und** 13. **Traum V**	Idealthemen des Ich oder der Objektliebe (je nachdem, um welches Geschlecht es sich handelt).
14. **Säugen 1**	Orales Thema.
15. **Säugen 2**	Orales Thema mit Geschwisterrivalität.
16. **Loch**	Thema der Einsamkeit, Ausgeschlossenheit, Strafe.
17. **Fee**	Dieses Bild wird, wie wir noch sehen werden, am Ende des Tests gezeigt. Die Versuchsperson soll raten, welche vier Wünsche SF an die Fee richtet.

Die Bilder des SF-Tests sind im ganzen gut strukturiert und lassen keinen Raum für bloße Erfindung. Die symbolische Übertragung aller Handlungen auf die Tierfiguren ermöglicht die Projektion. Auf einigen Bildkarten wurde SF absichtlich mit neutralem Ausdruck dargestellt, damit es der Versuchsperson freisteht, die Gefühle des Helden nach eigenem Gutdünken zu interpretieren. Bei *›Kuß‹* zum Beispiel, wo dasselbe ödipale Thema dargestellt wird wie auf Bild 4 des Blacky-Tests, wird der Held nicht wie auf dem genannten Bild mit zornigem Ausdruck dargestellt, sondern mit neutraler Miene, um keine aggressiven Gefühle gegen die Eltern aufkommen zu lassen.

Auf mehreren Bildkarten haben wir SF so dargestellt, daß sein schwarzer Fleck nicht zu sehen ist. SF wird entweder von der rechten Seite gezeigt *(›Aufbruch‹, ›Gänserich‹)*, oder seine Pfote ist verdeckt *(›Kuß‹, ›Gänserich‹)*, oder er wälzt sich im Schmutz *(›Schmutzspiele‹)*, so daß der Flecken nicht zu sehen ist. Es steht dem Kind also frei, in der Figur den Helden zu sehen oder nicht. Ebenso bleibt bei *›Schmutzspiele‹* die Identität des großen Schweins, das von den Kleinen bespritzt wird, unklar. So kann die Versuchsperson ihre Aggressivität nach Belieben gegen Vater oder Mutter richten (die Statistik ergibt in 57% der Fälle den Vater und in 43% die Mutter).

II. Methode der bevorzugten Identifikationen

Zwei Punkte der Methode, die wir bei der Durchführung des SF-Tests angewandt haben und die sich, wie wir betonen möchten, auch auf die anderen projektiven Tests anwenden läßt, sind besonders hervorzuheben.

Erstens haben wir die strikten Anweisungen, die *Blum* für seinen Blacky-Test gibt, durch die sehr viel freiere Projektion ersetzt, wie dies auch bei den meisten anderen projektiven Tests, wie TAT oder CAT, üblich ist. Da es sich hier um kein neues Verfahren handelt – wir haben es lediglich weiterentwickelt –, beschränken wir uns hier darauf, es zu erwähnen. Wir werden im einzelnen am Ende dieses Kapitels bei der Testmethode darauf eingehen.

Zweitens – und dabei handelt es sich um das eigentlich Neue an unserem Test – haben wir unter dem Begriff *bevorzugte Identifikationen* eine völlig neue Methode entwickelt, die die Abwehrmechanismen des Ichs in ihrer ganzen Bedeutung anerkennt. Diese Methode werden wir hier im einzelnen darlegen. Zum besseren Verständnis erläutern wir unsere Überlegungen, die zu dieser Methode führten. Wir gingen von der herkömmlichen Auffassung der projektiven Tests aus, nach der sich die Versuchsperson mehr oder weniger bewußt mit der Person identifiziert, die im Mittelpunkt der Geschichte steht. Dies bezeichnen wir als *Tendenzidentifikation,* um hervorzuheben, daß sich die Versuchsperson hier mit dem handelnden Helden identifiziert, wobei dieses Handeln selbstverständlich in die Tat umgesetzter Ausdruck einer wichtigen Tendenz ist.

Es ist bekannt, daß die so geäußerten Tendenzen der Versuchsperson vielleicht nicht bewußt sind, daß sie nicht zu ihrem normalen Verhalten gehören. Aufgabe des Tests ist es aber gerade, über die grundlegenden Tendenzen Aufschluß zu geben, die normalerweise verdrängt werden. Auf diese Weise erhalten wir von der Persönlichkeit der Versuchsperson oft ein völlig anderes Bild, als das von ihr Gewohnte, ja manchmal sogar das Gegenteil.

Man erwartet jedoch kaum den umgekehrten Fall, daß sich nämlich im Leben der Versuchsperson Triebe äußern, die in den projektiven Tests nicht auftauchen. Als wir jedoch eines Tages auf solche Ausnahmefälle stießen, führte dies zur Entdeckung der Methode der bevorzugten Identifikationen. Wir hatten uns aus didaktischen Gründen vorgenommen, eine bestimmte Anzahl typischer Fälle von Geschwisterrivalität zusammenzustellen und sie mit Hilfe des Fabeltests *»Das Lamm«* von *Louisa Düss* zu illustrieren, der eben dazu dient, ohne Wissen der Versuchsperson diese Rivalität aufzudecken. Ohne sich dessen bewußt zu sein, wird die Versuchsperson dazu gebracht, ihre Eifersuchtstendenz auf das große Lamm zu projizieren, dem durch das kleine Neugeborene die Muttermilch weggenommen wird. In den meisten Fällen kam die Geschwisterrivalität unter dem Deckmantel der Fabel deutlich zum Ausdruck. Zu unserer großen Überraschung gab es jedoch einige Ausnahmefälle, in denen die Versuchspersonen ein Thema vom braven Kind angaben, das gerne alles an seinen Rivalen abtritt. Bei aufmerksamer Betrachtung dieser Fälle erkannten wir, daß es sich um gehemmte Kinder handelte, deren vitale Tendenzen stark unterdrückt waren. Wir kamen daher zu der Überzeugung, daß ihr Thema vom braven Kind deshalb nicht die erwartete affektive Rache ausdrückte, weil diese Rache von der Ich-Zensur verboten wurde.

Mußte man also annehmen, daß das Kind, indem es sich diese Zensur völlig zu eigen machte, die Rolle des großen Lammes, das alles dem kleinen abgibt, wirklich gerne akzeptierte? Die klinischen Erfahrungen widersprachen einer derartigen Auffassung. Sie zeigten, wie tief das Leben dieser Kinder durch ihre Geschwisterrivalität, selbst wenn diese gehemmt war, gestört war. Uns wurde dann klar, daß die Ich-Zensur, die Ausdruck der elterlichen Verbote ist, beim Thema vom braven Kind befriedigt wird, zum Ausgleich aber auch die Triebtendenz aufgrund des Lustprinzips, das in diesem Lebensabschnitt dominiert, mindestens dieselbe Befriedigung erfahren muß. Die Frage war also, welche Rolle das Kind in der Geschichte zu übernehmen bereit war. Im allgemeinen ist es Aufgabe des Psychologen, dies nach der Art und Weise, in der die Versuchsperson die Geschichte erzählt, zu erraten. Wir wollten die Versuchsperson selbst danach fragen, die dies eigentlich am besten beurteilen kann. »Wenn du selbst zu dieser Geschichte gehören würdest, welche Person möchtest du sein?« Und in den oben erwähnten Fällen erhielten wir fast immer die Antwort: »Das kleine Lamm.« So gelangten wir zu der Auffassung, daß sich das Kind aufgrund seiner Plastizität mit mehreren verschiedenen Personen identifizieren kann. Natürlich will es das große Lamm, der Sohn des Mutterlamms sein, von dem die Geschichte handelt und der bis dahin bevorzugt behandelt wurde. Aber im weiteren Verlauf der Geschichte, wenn das kleine Lamm anstelle des großen in den Vordergrund rückt, wird das Kind von der Sehnsucht ergriffen, anstelle des Neugeborenen zu sein, und es identifiziert sich mit diesem: *die Wunschidentifikation ersetzt also die Realitätsidentifikation.*

Damit war die neue Methode gefunden, die sich, gerade weil sie so einfach war, als sehr fruchtbar erwies. Wir hatten alsbald Gelegenheit, sie auf den amerikanischen Test von *G. S. Blum »Die Abenteuer des Hundes Blacky«* anzuwenden. Dies geschah auch aufgrund der Geschwisterrivalität, wie sie auf Bild 8 dargestellt wird. Dort sieht man auf der rechten Seite eine sehr ansprechende Gruppe, bestehend aus den Hundeeltern mit dem kleinen Bruder oder der kleinen Schwester Tippy, den bzw. die sie zärtlich streicheln, während der Held Blacky im Vordergrund auf der linken Seite deutlich isoliert die Gruppe betrachtet. Am Ende des Tests wird nach der Methode von *Blum* eine Einteilung der Testbilder in zwei Gruppen vorgenommen, nämlich in Bilder, die beliebt sind, und Bilder, die nicht beliebt sind. Wir stellten jedoch sehr schnell fest, daß das eben beschriebene Bild trotz der ungünstigen Position des Hundes Blacky sehr oft zu den beliebten Bildern gehörte (in 86 von 100 Fällen). Es war sogar in bemerkenswert vielen Fällen das beliebteste Bild von allen (26mal).

Dazu ist festzustellen, daß der Held bei einem Test dieser Art von vorneherein bezeichnet wird und daß sich das Kind daher zwangsläufig mit Blacky identifiziert. Muß man also aus der Tatsache, daß das Bild beliebt ist, schließen, daß die Szene, in der die Eltern den kleinen Bruder verwöhnen, Blacky gefällt? Nein, sicher nicht, denn eine solche Interpretation würde der klinischen Realität zu sehr widersprechen. Man hätte dies vielleicht bei den besonders bei Mädchen häufig vorkommenden Fällen annehmen können, wo Blacky darum bettelt, ebenfalls gestreichelt zu werden. Dies war aber nicht bei den vor allem bei Jungen häufigen Fällen möglich, wo Blacky die Gruppe angreift. Auf unsere Frage »Welche Person der Geschichte möchtest du am liebsten sein?«, antworteten die Kinder in 46 von 100 Fällen: »Tippy«, das heißt also öfter als der Held Blacky, mit dem sich die Kinder nur 23mal identifizierten.

Auch hier war zwischen der Identifikation nach dem Realitätsprinzip und der Identifikation nach dem Lustprinzip zu unterscheiden. Es ist darauf hinzuweisen, daß sich das Kind, das sich mit Tippy oder dem kleinen Lamm aus der Fabel von *Düss* identifiziert, nicht nur die Befriedigung verschafft, der von den Eltern Bevorzugte zu sein, wenn nötig durch eine Regression (bei den häufigen Fällen, in denen Tippy als der Jüngere angegeben wird), sondern gleichzeitig das

Schuldgefühl umgeht, das durch die Äußerung seiner aggressiven Tendenzen entstanden wäre. Es handelte sich also um einen besonderen Abwehrmechanismus des Ichs, den ein Ich, das zu schwach ist, seine Tendenzen zu übernehmen, einsetzen kann. Die Wunschidentifikation schien also ebenfalls eine sogenannte *Abwehridentifikation* zu sein, im Gegensatz zur Tendenzidentifikation.

Die eben gemachten Bemerkungen lassen sich verallgemeinern. Wie wir in Kapitel I gezeigt haben, muß sich das Ich ständig sowohl gegen die Außenwelt als auch gegen die Tendenzen verteidigen. Ein starkes Ich hat die Fähigkeit, annehmbare Kompromisse zu schließen, die sogenannten *Sublimierungen.* Ein schwaches Ich, wie dies die Mehrzahl der von uns untersuchten Kinder hat, die entweder an Charakterstörungen leiden oder neurotisch sind, versucht dem möglichst nahe zu kommen, das heißt, es versucht Kompromisse zu schließen, unter denen die Versuchsperson aufgrund des zumeist dominierenden Lustprinzips nicht zu sehr leidet. Wir haben außerdem gezeigt, daß die Abwehrmechanismen des Ichs daher ebenso wichtige Bestandteile der Persönlichkeit sind wie die Triebtendenzen, und in den Tests ebenso berücksichtigt werden müssen.

Zwar sollte auch schon die herkömmliche Methode der projektiven Tests nicht nur über die Tendenzen, sondern auch über die Ich-Abwehr Aufschluß geben. Außer in den verhältnismäßig seltenen Fällen, bei denen die Tendenzen in ihrer ganzen ursprünglichen Wildheit ohne irgendein Korrektiv zum Ausdruck kommen, sind die meisten Themen Kompromisse zwischen der Tendenz und der Ich-Zensur, dem Konflikt, in dem das Ich zu den Trieben steht und der sich in verschiedenen Anzeichen äußert: Abschwächungen, Auslassungen, Versprecher, Verleugnung der Wirklichkeit, sekundäre Hemmungen, die oft von Zeichen besonderer Emotionen begleitet sind. Bei den am besten angepaßten Persönlichkeiten sind die Themen sehr gut durchgearbeitete Kompromisse, durch die die gegensätzlichen Instanzen versöhnt werden. Wird die herkömmliche Methode in diesem Sinne angewandt, gibt sie bei genauer Analyse der Themen sowohl über die Tendenzen als auch über das sich widersetzende Ich Aufschluß.

Bei unserem Test gehen wir zuerst genauso vor und kommen zu denselben Schlußfolgerungen wie bei der herkömmlichen Methode.

Der zweite Schritt besteht in den *bevorzugten Identifikationen,* und eben darin liegt, wie schon erwähnt, das eigentlich Neue unseres Tests. Die Versuchsperson wird, wie dies beim Rorschach- und beim Blacky-Test üblich ist, aufgefordert, die Testbilder noch einmal durchzugehen und sie in zwei Gruppen einzuteilen, nämlich in die Bilder, die *beliebt,* und die Bilder, die *nicht beliebt* sind und sie dann, und dies ist neu, in der *bevorzugten* Reihenfolge einzuteilen (und die NB-Bilder in umgekehrter Reihenfolge). Bei jedem Bild soll sich die Versuchsperson dann mit der Figur *identifizieren,* deren Rolle sie übernehmen möchte.

Diese zweimalige Durchführung des Tests trägt neue Elemente zur Beurteilung der Persönlichkeit bei. Erstens wird die Versuchsperson, dadurch daß sie die Bilder nach ihrer affektiven Bedeutung in zwei Gruppen einteilen muß, zu einer echten *affektiven Bewußtwerdung* gebracht. Auf diese Weise muß sie Stellung zu ihren Tendenzen nehmen, die sie in den Themen zum Ausdruck brachte, indem es sie billigt (B-Bilder) oder sich weigert, sie als gültig anzuerkennen (NB-Bilder). Es handelt sich hier um den eigentlichen Abwehrmechanismus des Ichs. Wie bereits festgestellt, hat das Ich, wenn die Tendenz einer Zensur unterliegt,

Angst vor der Äußerung dieser Tendenz. Um diese Angst zu umgehen, lehnt es die Tendenz ab, selbst oder sogar vor allem, wenn diese Tendenz bei der Darstellung des Themas akzeptiert wurde. Wir haben es uns außerdem zur Regel gemacht, die Versuchsperson zu fragen, warum ihr ein Bild gefällt oder nicht gefällt. Ihre Antwort gibt uns sehr oft Aufschluß über die tieferen Gründe der Zustimmung oder Ablehnung.

Die Identifikation stellt eine Bewußtwerdung derselben Rangordnung dar, wenn auch auf einer etwas anderen Ebene. Nimmt die Versuchsperson die ihr eigene und von ihr zum Ausdruck gebrachte Tendenz an oder lehnt sie sie ab, und welchen Grund gibt sie in beiden Fällen für die Wahl ihrer Identifikationsperson an?

Der Vorteil dieser zweimaligen Durchführung besteht darin, daß die Versuchsperson im allgemeinen ihre Selbstbeherrschung wiederfinden und ihre Abwehr ins Spiel bringen kann, so daß wir bei unserer Methode der BI oft zwei Testteile erhalten: einen ersten Teil, in dem die Triebtendenzen in der alles zulassenden Atmosphäre der Projektion frei zum Ausdruck kommen, und einen zweiten Teil, in dem die durch die Abwehrmechanismen des Ichs entstehenden Korrekturen ins Spiel kommen. Dies zeigt sich um so deutlicher, je jünger die Versuchspersonen sind, denn es liegt in dem der ersten Eingebung folgenden und extravertierten Temperament des Kindes, sich seiner Triebe erst nach der Umsetzung in Taten oder Worte bewußt zu werden. Vor den stimulierenden Bildern äußert sich das jüngere Kind zuerst vorbehaltlos und ohne zu ahnen, daß es unter der Maske der Tierfiguren von seinen eigenen Problemen spricht. Ist diese Projektion dann erfolgt, erkennt es beim zweitenmal mehr oder weniger bewußt, daß alles, was es gesagt hat, es selbst betrifft, und diese wenn auch unvollkommene Bewußtwerdung führt zu einer Zensierung.

Je nach dem Verhältnis zwischen Tendenz und Abwehr ergeben sich verschiedene Situationen.

Unterliegt die Tendenz keiner Zensur, geht sie aus der erzählten Geschichte klar hervor. Bei den BI ist das Bild B, und bei der Begründung, warum es beliebt ist, erläutert das Kind das für es dominierende Element des Themas. Schließlich identifiziert es sich ohne Zögern mit dem Helden SF, der die nicht verbotene Handlung begeht. Dies läßt sich auch experimentell anhand unserer Statistik von 200 Tests mit 3200 Identifikationen nachweisen. Die Identifikationen mit dem Helden SF sind bei den B-Bildern wesentlich zahlreicher, nämlich 884 gegenüber 370 bei den NB-Bildern.

Zählt man die beiden Ziffern zusammen, um die Gesamtzahl der Identifikationen mit SF zu erhalten, ergibt dies 1254, das heißt $^2/_5$ der gesamten Identifikationen. Legt man die klassische Regel zugrunde, nach der das Kind, sofern der Test einen genau bezeichneten Helden hat (wie beim Blacky- und beim SF-Test), zwangsläufig alle Geschichten in bezug auf diesen Helden erzählt und sich daher mit ihm identifiziert, müßte man für SF eine wesentlich höhere Identifikationsziffer erhalten, nämlich nicht nur $^2/_5$, sondern $^5/_5$. Dies ist jedoch nicht der Fall. $^2/_5$ ist zwar die höchste Identifikationsziffer der verschiedenen Personen, sie bezeichnet also den am häufigsten gewählten Helden. In $^3/_5$ der Fälle will sich die Versuchsperson jedoch nicht mit SF identifizieren. In diesen Fällen kommen vor allem die Abwehrmechanismen des Ichs ins Spiel, bei denen die Tendenz einer Zensur, einem Tabu, unterliegt.

Im ersten Fall äußert sich dieses Tabu in einer totalen Ablehnung. Beim ersten Test wird das Bild beiseite gelegt oder es ist Gegenstand eines gehemmten, durchschnittlichen oder unverfänglichen Themas (zum Beispiel bei einer Streitszene: *Sie machen Spaß*). Dann, beim zweiten Test, wird das Bild bei den BI unter NB eingestuft, und außerdem will das Kind nicht die Rolle des Helden übernehmen. Auf diese Weise zeigt sich, daß der unverfängliche oder durchschnittliche Inhalt seiner Geschichte ein Ausweichmanöver war, daß es sehr wohl die unbewußte Bedeutung seiner Ablehnung erkannt hat und daß es sich eine zusätzliche Sicherheit gegen das Schuldgefühl verschaffen will, indem es sich nicht identifiziert. In diesen Fällen wird die Tendenz, die der Zensur unterliegt, also dreimal abgelehnt.

Im zweiten Fall geht das Tabu nicht so weit, die Projektion zu verhindern: Die Tendenz kommt in dem erzählten Thema zum Ausdruck, oft sogar sehr stark. Erst bei den bevorzugten Identifikationen verbessert sich das Kind; es erkennt, daß sich der Held durch seine Handlungsweise schuldig macht, stuft das Bild unter NB ein und lehnt es ab, sich mit dem Helden zu identifizieren. Die Tendenz wird hier zweimal abgelehnt.

Im dritten Fall, der sich vom zweiten nur geringfügig unterscheidet, wird die Tendenz nicht nur geäußert, sondern sogar unter B eingestuft. Erst wenn sich die Versuchsperson identifizieren, also die Handlung übernehmen soll, zieht sie sich zurück. Die Tendenz wird hier einmal abgelehnt.

Der erste Fall der Zensur entspricht einem ausgeprägten Konflikt zwischen Tendenz und Ich. Bei einem 13jährigen, sehr verschlossenen Jungen zum Beispiel, der ständig an nächtlicher Enuresis litt, ist das Bild *›Trog‹*, auf dem SF in den Trog uriniert, derjenige, aus dem seine Eltern fressen, was die oft aggressive Seite der Enuresis unterstreicht, Gegenstand eines dreifachen Tabus: bei seiner Beschreibung vertuscht Claude die Handlungsweise von SF, bei den BI ist dies das unbeliebteste Bild und es erfolgt eine Ausweichidentifikation mit einem schlafenden weißen Schweinchen. Findet sich dieser erste Fall in einer großen Anzahl von Testthemen wieder, ist er Ausdruck einer sehr starken Abwehr, die mehrere wichtige Tendenzen betrifft. Er äußert sich natürlich im Leben der Versuchsperson durch eine sehr starke Hemmung, ein bescheidenes und schüchternes Wesen ohne lebendiges Wachstum.

Der zweite und dritte Fall weist auf die aus zwei Schichten bestehende kindliche Persönlichkeit hin, wenn Tendenzen und Abwehr nebeneinander bestehen, ohne zu einem harmonischen Kompromiß zu verschmelzen, der das Zeichen einer guten Anpassung ist. Bei der ersten Durchführung des Tests erhalten wir die Tendenz, bei der zweiten die Gegenreaktion. Es gibt besonders beeindruckende Fälle, in denen die Versuchsperson ein bestimmtes Bild als erstes wählt und sehr lebhaft beschreibt, es aber dann bei den BI sehr stark zensiert. Man kann sicher sein, daß es für das Kind von hervorragender Bedeutung ist.

Wir werden noch zahlreiche Beispiele für diese beiden Fälle der Zensur geben. Hier sei lediglich darauf hingewiesen, daß mehrere unserer Bilder eine Ausweichidentifikation erleichtern sollen. Bei *›Streit‹* zum Beispiel beteiligt sich eines der beiden weißen Schweinchen nicht am Kampf zwischen SF und dem anderen Schweinchen, sondern flüchtet sich zu den Eltern. Das Bild ist oft B, was ein Beweis für die Befriedigung der aggressiven kindlichen Triebe ist. Aber nur 24% identifizieren sich mit SF, 43% dagegen mit dem weißen Schweinchen, das sich zurückzieht. Ebenso ist bei *›Schmutzspiele‹* eines der Schweinchen nur Zuschauer bei der analsadistischen Handlung der beiden anderen. Auch hier ist das Thema meist B und die Spiele von SF und dem anderen Schweinchen in der Jauche werden mit großem Vergnügen beschrieben. Wenn die Handlung jedoch übernommen werden soll, identifizieren sich 25% der Kinder entweder aus Furcht vor den Eltern oder infolge der eigenen Reaktionsbildungen mit dem schmutzigen SF und dagegen 55% mit dem zuschauenden weißen Schweinchen.

Die Methode der BI führt auch zu sehr interessanten Ergebnissen, wenn die hemmenden Mechanismen von Anfang an wirken. Die Versuchsperson beschränkt sich dann auf eine meist genaue Beschreibung der Bilder, ohne jedoch ihre Gefühle zu äußern und ohne sich an den Handlungen zu beteiligen. Charakteristisch dafür ist der kalte, neutrale Ton (oder der Ton eines Schülers, der etwas aufsagt) der Versuchsperson. Meist handelt es sich um ältere und weniger extravertierte Kinder als die bisher beschriebenen. In solchen Fällen kommt es häufig vor, daß sich die Versuchsperson bei den BI durch den Anruf an ihr Gefühlsleben irgendwie stark eingeschränkt fühlt, und sobald diese Blockierung aufhört, erhält man manchmal viel persönlichere und aufschlußreichere Themen als zuvor. Hier das Beispiel des 10jährigen *Patrick J.* Er liefert in seinem Test zuerst nur durchschnittliche Themen. Eine aufschlußreiche Ausnahme bildet *›Säugen 1‹*, bei dem sich eine starke emotionale Hemmungsreaktion bildet, was wir dahingehend interpretiert haben, daß der Junge den Wunsch hat, alleine zu saugen, dieser Wunsch aber ein Schuldgefühl erzeugt. Bei den BI weicht jedoch sein Widerstand. Sämtliche Tendenzen äußern sich, vor allem eine starke Geschwisterrivalität und eine starke Aggressivität gegen die Eltern. Sie werden jedoch nicht übernommen und Patrick weigert sich hier ebenso wie bei den Schuld- und Strafthemen, SF zu sein. Dabei kommt außerdem eine starke orale Frustration zum Ausdruck, die in der Wahl von *›Ziege‹* als beliebtestes Bild und in der abschließenden Zusammenfassung gipfelt, wo SF als der Ungehorsamste und Unglücklichste bezeichnet wird, da ihn seine Eltern ablehnen, und wo gesagt wird, daß er sich einen anderen Bauernhof als Bleibe suchen wird.

Es scheint sich um sehr gehemmte Versuchspersonen zu handeln, die auf Stimulierungen mit einer Blockierung reagieren, bei denen sich jedoch der starke innere Druck durch die Tendenzen Luft macht, wenn die Stimulierungen sehr stark sind, und vor allem, wie dies hier der Fall ist, wiederholt werden. Im Leben reagiert eine gehemmte Versuchsperson nicht bei der ersten Provokation zornig, sie lebt jedoch von diesem Augenblick an in einem Zustand innerer Spannung, die bei einer weiteren selbst geringfügigen Provokation zu einem plötzlichen Gefühlsausbruch führt.

III. Die Identifikationen

Wir möchten noch einmal den Unterschied ins Gedächtnis rufen, der bei unserer Methode zwischen den *Tendenzidentifikationen* mit dem handelnden Helden, der hier fast immer SF ist, und den *Abwehridentifikationen* gemacht wird, die zum Abwehrmechanismus des Ichs gehören, und durch Negation oder Weigerung, die Handlung zu übernehmen, gekennzeichnet sind.

Die Statistik der Identifikationen unserer 200 Fälle hat für jede Figur eine Anzahl von Identifikationen ergeben, die als grober Mittelwert gelten, uns aber zumindest als Anhaltspunkt dienen kann. Natürlich kann die Zusammenstellung verschiedenartiger Fälle, aus denen unser Studienmaterial besteht, die normale Versuchspersonen, leichte und schwere Charakterstörungen sowie Neurotiker umfaßt, nicht mit einer normalen Gruppe verglichen werden. In Ermangelung eines Besseren betrachten wir sie jedoch als ausreichend repräsentativ, um wenigstens annähernde statistische Zahlen daraus zu gewinnen. Wir erhalten daraus zum Beispiel die Durchschnittszahl der Identifikationen mit jeder der Figuren auf den 16 Bildkarten. Ergeben sich bei einem Test große Abweichungen von dieser Durchschnittszahl, haben wir zwar keine absolute Gewißheit, aber zumindest einen Hinweis darauf, daß ein Problem vorliegt, und wir erhalten außerdem einen Hinweis auf die Lösung dieses Problems.

1. Statistik

Wir geben nunmehr eine allgemeine statistische Tabelle, in der für jede Bildkarte die Prozentzahl (aufgrund von 200 Fällen) von Identifikationen mit jeder Figur angegeben wird, wobei nicht berücksichtigt wird, ob es sich um Jungen oder Mädchen handelt.

Diese Tabelle ist aufschlußreich. Die meisten Identifikationen mit SF erhält man bei ›*Traum M*‹ und ›*Traum V*‹ mit jeweils 62 und 56%.

Am wenigsten Identifikationen mit SF erhält man bei ›*Streit*‹ und ›*Schmutzspiele*‹ mit 24 und 25%. Dafür erhält man bei diesen Bildern die höchste Zahl von Identifikationen mit dem weißen Schweinchen, nämlich 47 und 59%, woraus deutlich hervorgeht, wie sehr sich die Kinder weigern, ihre Aggressivität zu übernehmen.

Die meisten Identifikationen mit der Mutter erfolgen bei ›*Säugen 1*‹, nämlich 29%, was auf die Schwierigkeit der Kinder hindeutet, sich mit SF zu identifizieren (der aber dennoch 52% erhält). Dies hängt mit den Problemen der oralen Frustration und vielleicht mit den ödipalen Schwierigkeiten zusammen.

Die meisten Identifikationen mit dem Mächtigen erhält man bei ›*Ziege*‹, nämlich 42% gegenüber nur 37% für SF. Hier handelt es sich ebenfalls um eine gestörte Oralität, die wir näher untersuchen müssen.

Die meisten Identifikationen mit Niemandem erhält man bei ›*Loch*‹ und ›*Aufbruch*‹, nämlich 36 und 27%. Diese Bilder stellen eine mehr oder weniger dramatische Einsamkeit dar.

2. Identifikationen mit SF

	SF	WS	V	M	Mächtiger	Niemand
1. Trog	29	38	9	13		11
2. Kuß	42	18	14	18		8
3. Streit	24	47	9	8		12
4. Karren	40	12	6	8	15	19
5. Ziege	37	2	1		41	19
6. Aufbruch	47	16	6	5		26
7. Zögern	27	32	15	20		6
8. Gänserich	34	38	3	1	11	12
9. Schmutzspiele	25	59	2	5		10
10. Nacht	39	29	7	7	2	16
11. Wurf	26	12	4	18	38*	2
12. Traum M	62	1	2	22		13
13. Traum V	56	1	22	10		11
14. Säugen 1	52	3	5	28		12
15. Säugen 2	46	25	4	19		6
16. Loch	40	9	5	4	7	36
Gesamt	626	342	114	186	114	219

* Bei Wurf erhält man 16% Identifikationen mit dem Bauern und 22% Identifikationen mit den ganz Kleinen.

Wie aus der Tabelle hervorgeht, beträgt die Anzahl der Identifikationen mit SF bei 100 Fällen 626, das heißt ⅖ aller Identifikationen, was bei den verschiedenen Figuren bei weitem die höchste Zahl von Identifikationen bedeutet. Wir halten dies für einen Beweis dafür, daß sich das Kind in gewohnter Weise vor allem mit dem Helden der Geschichte identifiziert, trotz der beträchtlichen Anzahl von Ausweichidentifikationen. Wie aus unserer Statistik hervorgeht, betragen die Identifikationen mit SF bei jedem Test im Durchschnitt ⅖ von 16, das heißt 6 bis 7 Identifikationen. Dieser Durchschnitt ist zwar nur ein Annäherungswert, wir nehmen ihn jedoch als Grundlage und beziehen uns bei der Interpretation auf Fälle, bei denen die Identifikationen mit SF deutlich über oder unter dieser Zahl liegen.

Die Identifikation mit dem Helden ist stark, wenn sie 10 oder mehr beträgt. Man könnte dies für ein Zeichen guter Anpassung und für den Beweis dafür halten, daß die Versuchsperson alle ihre Tendenzen gut übernimmt. Die Erfahrung zeigt jedoch, daß *ein starkes Ich vor allem ein anpassungsfähiges Ich ist,* das sich verschiedenartigen Situationen durch verschiedene Identifikationen anpaßt. Die ständige Identifizierung mit dem Helden ist dagegen ein Zeichen für ein rigides Ich. Sie deutet in den meisten Fällen darauf hin, daß die Versuchsperson nicht in der Lage ist, außer sich selbst auch noch andere Familienmitglieder wahrzunehmen. Diese Unfähigkeit ist meist Zeichen eines Mangels an affektiven Beziehungen, der zu einem Rückzug aus der Objektlibido in die narzißtische oder Subjektlibido führt. Dieser »narzißtische Rückzug« ist die Grundlage vieler Verhaltensstörungen, deren tiefere Ursache aus der ständigen Identifikation mit SF hervorgeht. Dies wird in einer eigenen Studie zu diesem Thema dargelegt.[2]

[2] Narcissisme et frustration d'amour, 1975 beim Verlag Dessart, Paris erschienen.

Die 9jährige *Margaret L.* zum Beispiel macht aus SF einen 7jährigen Jungen und aus einem der weißen Schweinchen, dem einzigen, von dem sie in dem Test spricht, ein 2jähriges Mädchen. Bei den BI identifiziert sie sich nur zweimal mit SF, dagegen siebenmal mit dem 2jährigen Mädchen, das als das gehorsamste und daher bevorzugte beschrieben wird. Zwei Jahre bedeutet für Margaret das glückliche Alter, also das Alter, das sie haben möchte, daher ihre Identifikation mit einem kleinen Mädchen dieses Alters im Test.

Diese zweite Identifikation ist, wie im vorhergehenden Beispiel, oft eine *regressive Identifikation* mit einer jüngeren Figur als SF. Es handelt sich um einen Abwehrmechanismus, der für Persönlichkeiten mit schwachem Ich typisch ist. Das Kind, vor Konflikte zwischen seinen Tendenzen und der Ich-Zensur gestellt, tritt den Rückzug in ein problemloseres Alter an, wo diese Konflikte weniger ausgeprägt waren, und ihm keine Schelte und keinen Liebesentzug der Eltern einbrachten. Das Doppel-Ich von der Titelkarte an scheint vom Unbewußten gewollt zu sein, um diese Regression ohne Schwierigkeiten zu vollziehen.

Dasselbe ist oft bei ›*Wurf*‹ festzustellen. Obwohl sich SF und die beiden anderen in einer Situation des Ausgeschlossenseins befinden, ist das Bild oft B. Wenn sich die Kinder jedoch identifizieren sollen, wollen viele an die Stelle der saugenden Kleinen treten, selbst wenn sie ihnen auf Anfrage nur ein Alter von wenigen Wochen geben. Auf 26 Identifikationen mit SF kommen 22 mit diesen ganz Kleinen.

Es kommt vor, daß sich diese Regression im Verlauf des Tests vollzieht, sozusagen vor unseren Augen.

So bezeichnet die 10jährige *Annie D.* SF als einen 5jährigen Jungen, was schon regressiv ist. Aber vom zweiten Bild ›*Säugen 2*‹ an sagt sie: »*Das Mutterschwein hatte ein Junges, das sie lieber mochte als die anderen, sie gibt diesem alles und den anderen nichts; die 4jährigen Zwillinge sind eifersüchtig, SF ist 2 Jahre alt.*« Sie hat eine um drei Jahre jüngere Schwester, auf die sie sehr eifersüchtig ist. Das glückliche Alter ist für Annie 2 Jahre. In ihrem »Test du village«[3] und ihren Psychodramen ist sie immer ein kleiner Junge.[4]

4. Identifikationen mit den Eltern

Neben den regressiven Identifikationen gibt es auch sehr oft progressive. Vor allem die Identifikationen mit den Eltern, die 300 betragen, davon 186 mit der Mutter und 114 mit dem Vater. Es ist bekannt, daß diese Identifikation das Hauptelement der ödipalen Situation ist und es überrascht nicht, daß sich die Mädchen 124mal mit der Mutter identifizieren (bei 100 Tests) und die Jungen 72mal mit dem Vater (bei derselben Anzahl von Tests).

Bei den Jungen findet man jedoch auch 61 Identifikationen mit der Mutter

---

[3] Der »Dorftest« ist erschienen als: *Ruth Züst,* Das Dorfspiel. Huber Verlag, Bern–Stuttgart 1963.

[4] In Kapitel IV bei den oralen Themen wird der Fall dieses kleinen Mädchens noch eingehender behandelt.

und bei den Mädchen 39 Identifikationen mit dem Vater. Die größere Zahl der Identifikationen mit der Mutter hängt zweifellos mit unserem Test zusammen, in dem die Mutter bei den Bildern des Säugens eine wichtige Rolle spielt. Diese Erklärung reicht jedoch nicht aus, und es ist anzunehmen, daß das ursprüngliche Schema erstens durch die sexuelle Ambivalenz vieler Versuchspersonen kompliziert wird und zweitens durch die Tatsache, daß die Eltern unter zwei Gesichtspunkten gesehen werden, einmal als Ich-Ideal und zum anderen als zensierend und frustrierend. Im letzteren Fall stellt die Identifikation mit den Eltern die Identifikation mit dem Angreifer dar und hat eine besondere Bedeutung als Abwehrmechanismus gegen die Angst vor dem Über-Ich. Wir werden dies noch an einzelnen Fällen genauer darlegen.

Die Identifikation mit den Eltern erfolgt wie die allgemeinere Identifikation mit den Mächtigen meist bei den B-Bildern: 185 B gegenüber 110 NB. Die Identifikation erfolgt übrigens mit bestimmtem und freudigem Ausdruck. Daraus ist zu schließen, daß das Kind an der im Bild ausgedrückten Situation Gefallen findet, aber nur unter der Bedingung, daß es derjenige ist, der Macht hat. Bei ›*Kuß*‹ gibt es zum Beispiel bei 42 Identifikationen mit SF 14 Identifikationen mit dem Vater und 18 mit der Mutter, also im ganzen 32. Dieses Bild gehört zu den beliebtesten, trotz der Eifersucht, die SF empfinden kann. Der Grund dafür ist, daß das Kind die Situation genießen kann, wenn es sich an die beneidete Stelle eines Elternteils setzt.

5. Identifikationen mit dem Mächtigen

Diese Identifikation kommt der Identifikation mit den Eltern sehr nahe. Wir erhielten im ganzen 115 Identifikationen, was im Durchschnitt eine Identifikation pro Test ergibt. Diese Gesamtzahl umfaßt 75 B und 40 NB, was ein Hinweis darauf ist, daß diese Identifikation mit dem Mächtigen der Versuchsperson große Befriedigung verschafft. Die Vielfalt unserer Bilder trägt aufgrund der zusätzlichen Personen dem Bauern bei ›*Karren*‹ und ›*Wurf*‹, der Ziege bei dem Bild ›*Ziege*‹, dem Gänserich bei dem Bild ›*Gänserich*‹ mit zu dieser Identifikation bei. Selbst der Mond spielt manchmal auf den Nachtbildern ›*Nacht*‹ und ›*Loch*‹ diese Rolle, denn das Kind zögert in seinem ursprünglichen Animismus nicht, sich mit dem mächtigen Gestirn zu identifizieren, das die Szene beleuchtet (11mal).

Diese Identifikation mit dem Mächtigen ist im besonderen die sogenannte klassische Identifikation mit dem Angreifer. Angreifer ist sowohl der Bauer bei ›*Karren*‹ als auch der Gänserich. Bemerkenswerter noch ist die sehr häufige Identifikation mit der Ziege, denn bei diesem Bild gibt es bei 37 Identifikationen mit SF 41 Identifikationen mit der Ziege. Fügt man noch hinzu, daß sich bei diesem Bild B und NB die Waage halten, kommt man zu dem Schluß, daß es oft Unbehagen hervorruft, daß diese Ersatzmutter gewissermaßen beunruhigend ist und daß das Kind nicht wagt, sich mit SF zu identifizieren. Auch dies legt den Gedanken an eine Identifikation mit dem Angreifer nahe.

6. Identifikationen mit Niemandem

Es gibt außerdem zahlreiche Fälle, in denen sich das Kind mit keiner der Personen des Bildes identifizieren will. Hier kehrt sich die Tendenz um. Bei den NB-Bildern erleben wir am häufigsten diese Identifikation mit Niemandem, nämlich 160 NB gegenüber 61 B, das ergibt im ganzen 221%, was im Durchschnitt zwei Identifikationen pro Test bedeutet. Bemerkenswert ist, daß das Wort »Niemand« meist mit leiser, tonloser Stimme vorgebracht wird.

Diese Weigerung, sich zu identifizieren, scheint eine Reaktion der Verwirrung zu sein. Denn wenn die Versuchsperson die Handlung nicht übernehmen will, steht es ihr immer noch frei, sich mit einer der anderen Personen zu identifizieren, die auf dem Bild vorhanden oder nicht vorhanden sind. Es ist anzunehmen, daß große Angst, die zu einer generellen Ablehnung der Tendenz führt, auch die Ablehnung hervorruft, sich an der Szene zu beteiligen, sei es auch nur als Betrachter. Als ob die einfache Tatsache, dabei zu sein, schon strafbar sei. Wir haben zum Beispiel bei ›*Schmutzspiele*‹ gesehen, daß sich die Kinder sehr häufig mit dem weißen Schweinchen identifizieren, das zuschaut und sich nicht in der Jauche wälzt. Einige Versuchspersonen haben uns zu dieser Figur gesagt »Es sollte die anderen daran hindern, so etwas zu tun«, und lehnten es ab, sich mit ihm zu identifizieren, weil es für die Duldung einer verbotenen Handlung zu tadeln ist.

Die Identifikation mit Niemandem ist bei den Bildern einleuchtender, auf denen der Held allein ist. Die meisten Identifikationen mit Niemandem erhält man daher bei ›*Loch*‹ mit 36 und bei ›*Aufbruch*‹ mit 26. Dies zeigt uns, wie sehr Situationen der Einsamkeit Angst erzeugen. Aber bei den Bildern mit mehreren Personen, bei denen daher Ausweichidentifikationen erfolgen können, bedarf es einer Erklärung, warum selbst dieser Art von Identifikationen ausgewichen wird. Wie wir bereits gesehen haben, ist dies ein Zeichen dafür, daß die Versuchsperson nichts mit der Handlung zu tun haben will, weder als handelnde Person noch als Zuschauer, daß sie einer starken, ängstlichen Hemmung unterliegt, wenn diese auch gut eingedämmt ist.

Zum Schluß sei noch der Sonderfall erwähnt, bei dem sich die Versuchsperson während des ganzen Tests mit keiner der Personen der Geschichte identifizieren will. Diese generelle Ablehnung, sich zu identifizieren, hat im allgemeinen nichts mit den besonderen Problemen des Tests zu tun, sondern weist auf ein allgemeines Mißtrauen der Versuchsperson hin, die sich in keiner Weise festlegen oder bloßstellen will. Diese Haltung behindert natürlich die Auswertung der Ergebnisse ganz beträchtlich. Man muß sich bemühen, das Mißtrauen der Versuchsperson zu beseitigen und sie dazu zu bringen, sich zu identifizieren. Das heißt jedoch nicht, daß sie dazu gezwungen werden darf. Die Weigerung, sich zu identifizieren, ist an sich schon ein Zeichen, das gedeutet werden muß.

Hier der Fall des 7jährigen *Claude L.*, der in sehr strenger Umgebung aufwuchs und sehr früh starke Reaktionsbildungen entwickelte. Er stuft 15 von 16 Bildern unter NB ein und identifiziert sich 16mal mit Niemandem. Seine Weigerung, etwas zu übernehmen, ist also generell und äußert sich im Test durch:

1. Eine systematische Vertuschung des Säugens und der Aggressivität.
2. Eine Tendenz, mit den Hauptpersonen eine Beziehung auf Distanz aufzunehmen und sie kaum mit Namen zu nennen.
3. Ein ständiges affektives Unbehagen, das oft zu der Aussage führt – ohne daß dies vom Thema her zu erklären wäre –, daß SF oder die anderen nicht zufrieden oder unglücklich sind, und auf die zum Schluß gestellten Fragen antwortet Claude, daß niemand glücklich ist, daß alle unglücklich sind.

Infolge seiner Abwehr gibt er natürlich meist durchschnittliche (oder vertuschende) Themen, aus denen nichts Genaues hervorgeht. Bei ›*Nacht*‹ macht er jedoch eine Ausnahme. Statt der beiden großen Schweine sieht er einen Wolf, *und dieser Wolf wird SF fressen, weil er nicht in seinem Stall ist.* Bei der Stärke von Claudes Reaktionsbildungen ist es wahrscheinlich, daß dieses aggressive Thema eine Umkehrung seiner eigenen Aggressivität ins Gegenteil ist, der Aggressivität, die hier durch das Elternschlafzimmer hervorgerufen wird. Dieses Thema des gefräßigen Wolfes ist von außerordentlicher Bedeutung, denn bei den BI bezeichnet er, nachdem er einige B-Bilder ausgewählt hat, ›*Traum V*‹ als das Bild, das ihm am besten gefällt, und er weigert sich, ein weiteres auszuwählen, mit der Begründung, daß er die Schweinchen nicht mag, weil sie vom Wolf gefressen werden. Diese Behauptung taucht übrigens fünfmal bei den 15 NB-Bildern auf. Zum Schluß erklärt Claude, daß SF im Schmutz war (daher seine schwarze Pfote) und daß er deswegen vom Wolf gefressen wird. Das Unbehagen des Jungen äußert sich übrigens noch einmal ganz am Schluß, als er erklärt, daß ihm der Test nicht gefallen hat und daß er nicht mehr zur Beratung kommen möchte.[5]

7. Projektive Identifikation

Häufig haben wir den Fall, daß sich eine Versuchsperson so vollkommen auf die Persönlichkeit des Helden projiziert, daß sie bei der Identifikation »ich« sagt, als ob sie sich ihrer engen Verwandtschaft mit dem Helden bewußt würde.

In abgeschwächter Form sagt die Versuchsperson nicht »ich bin SF«, sondern »SF ist wie ich«.

Alain C. zum Beispiel, ein impulsiver und unsteter 13jähriger Junge, der eine Menge Dummheiten begangen hat und wegen Charakterstörungen behandelt werden muß, sagt in seinem Test, daß SF immer unterwegs ist und verurteilt ihn deswegen. Zum Schluß erklärt er, daß ihm SF von allen Testfiguren am wenigsten gefalle, *»weil er Dummheiten macht. Er ist wie ich ..., er ärgert seine Mutter, weil er nur trinkt ... und er läuft immer weg«.*

Bei einer stärkeren Form identifiziert sich die Versuchsperson bei den BI völlig mit dem Helden.

Hier der Fall von *Dominique L.*, einem sehr intelligenten 11½jährigen Mädchen, das an einer Konfliktneurose litt und starke Aggressionen gegen seine Mutter und seine jüngeren Geschwister hatte. Ihre Störungen verschlimmerten sich vor kurzem, als sie ins Internat kommen sollte, was sie als echte Verdrängung empfand. Bei den BI analysiert sie ›*Karren*‹ – eines der beiden Bilder, die ihr am wenigsten gefallen – auf

[5] Vgl. Kapitel IV, § 6, vollständige Beobachtung des Jungen.

die Frage »Warum?« folgendermaßen: *»Weil ... sagen wir, ich wäre das, es würde mich ärgern. Und den Eltern scheint es nichts auszumachen.«* »Was gefällt dir nicht auf dem Bild?« *»Die ganze Szene. Die Eltern scheinen nicht traurig zu sein, ihre Tochter (SFs Schwester) zu verlieren ... SF träumt ..., er ist zufrieden ..., er glaubt, seine Schwester wird mitgenommen und er ist zufrieden ..., so ist in Zukunft wenigstens eine weniger.«* Als ihr gesagt wird: »Es sind doch Tiere; Menschen nimmt man nicht so einfach mit«, antwortet sie: *»Doch, ins Internat«*, und auf eine diesbezügliche Anfrage *bekräftigt sie, daß dies genauso sei.* Frage: »Aber hier werden sie doch nicht ins Internat gebracht?« *»Für sie ist es wie ein Internat ... Die Eltern sind nicht dabei.«* Identifikation: *»Der Mann würde mich mitnehmen.«* *›Aufbruch‹* ist NB mit der Begründung: »Weil er weggegangen ist und seine Mutter nicht wiedersehen wird.« »Warum geht er weg?« »Seine Eltern haben ihn wahrscheinlich ausgeschimpft.« Identifikation: *»Das wäre ich.«*

Und zum Schluß, als sie gefragt wird, wer der Netteste in der Geschichte sei, sagt sie: *»Der Vater. Anfangs war er nicht so nett, aber zum Schluß war er netter und weniger streng. Er kümmert sich mehr um mich, um das Schweinchen und mich.«*[6]

Hier wird ganz klar, wie leicht durchschaubar die Projektion ist. Ob diese vollständige Identifikation durch eine besondere Intensität der projizierten Affekte oder durch fehlende Verdrängung zustande kommt, können wir nicht mit Gewißheit sagen. Außerdem ist es mangels ausreichender Information schwierig zu entscheiden, ob sie eine Anomalie darstellt. Man begegnet ihr jedenfalls ebenso bei angepaßten Versuchspersonen.

Hier das Beispiel der 11jährigen *Cécile G.*, die bei dem Bild *›Zögern‹* sagt: *»Seine Brüder sind die Lieblinge der Eltern. Ich ... oh! SF wird nicht besonders geliebt.«*

IV. SF-Testmethode

Wir haben mehrmals auf die Bedeutung hingewiesen, die in einer völligen Freiheit der Projektion liegt. Die Versuchsperson soll in ihrer Einbildungskraft nur durch die Forderung der Bildtreue eingeschränkt sein, die allerdings bei einem so gut strukturierten Test wie dem unsrigen ziemlich groß ist. In dieser Freiheit liegt neben der Methode der bevorzugten Identifikationen das eigentlich Neue des SF-Tests.

Freiheit ist der zentrale Punkt. Größtmögliche Freiheit bei der Charakterisierung der fünf Personen der Titelkarte, was Geschlecht, Alter und verwandtschaftliche Beziehungen untereinander angeht.

Freiheit bei der Wahl der Bilder und bei der Reihenfolge, in der sie dann beschrieben werden. Also auch völlige Freiheit, die Bilder abzulehnen, die nicht gefallen.

Freiheit bei der Beschreibung einer Situation, das heißt, bei der Beschreibung dessen, was sich vor der dargestellten Szene ereignete und was danach geschehen wird.

---

[6] Vgl. genauere Beobachtung des kleinen Mädchens in Kapitel IV. Thema der idealen Mutter.

Freiheit bei der Interpretation der dargestellten Szene und der Gefühle der dargestellten Figuren.

Freiheit bei der endgültigen Einteilung in Bilder, die beliebt (B), und Bilder, die nicht beliebt (NB) sind, sowie bei der Wahl des beliebtesten und des unbeliebtesten Bildes.

Und schließlich Freiheit bei jedem Thema für die Identifikation mit einer der Personen.

1. Titelkarte

Vor dem Test muß man auf die jeweils geeignetste Art das Vertrauen des Kindes gewinnen und für eine entspannte Atmosphäre sorgen. Steht wenig Zeit zur Verfügung, kann dieses Vertrauen auch beim Vorzeigen der Titelkarte hergestellt werden. Das Kind liebt natürlich Bilder und sein Interesse wird sofort geweckt. Man sagt ihm: »Hier sind Bilder, die die Abenteuer des Schweinchens *Schwarzfuß* zeigen. Hier siehst du *Schwarzfuß* (man zeigt ihm die Titelkarte), das Schweinchen, das unter dem Titel zu sehen ist. Du siehst, was geschrieben steht (man läßt das Kind laut vorlesen oder liest es ihm vor, wenn es noch nicht lesen kann). Warum heißt es *Schwarzfuß?* Diese Frage fordert eine aktive Antwort des Kindes und bringt es dazu, das Schweinchen aufmerksam zu betrachten.

Dann sagt man ihm: »Zu diesen Bildern mit den Abenteuern von SF gibt es keine geschriebene Geschichte. Du sollst die Geschichte selbst erzählen. Aber vorher sagst du mir noch, ob *Schwarzfuß* ein Mädchen oder ein Junge ist und sein Alter. Nun, was machen wir aus ihm, einen Jungen oder ein Mädchen?«

Dann: »Welches Alter geben wir ihm?«

Zögert das Kind, von diesen Fragen überrascht, mit der Antwort, kann man ihm zur Ermunterung sagen: »Weißt du, das ist ein Spiel. Du darfst sagen, was du willst. Wir sind hier nicht in der Schule, wo es richtige und falsche Antworten gibt. Hier sind alle Antworten richtig.«

Dann fragt man: »Und was machen wir aus den beiden weißen Schweinchen; Mädchen oder Jungen, oder beides? Zuerst dieses (man zeigt mit dem Finger darauf)? ... und dann dieses da?«

Dann: »Welches Alter geben wir jedem?«

Sehr wichtig ist die Frage, ob es Geschwister von SF sind oder ob sie nicht zur Familie gehören.

Dann fragt man nach den beiden Großen. Man darf das Kind auf keinen Fall auf den Gedanken bringen, daß dies die Eltern der Schweinchen sind. Man fragt vorsichtig: »Und wer sind die beiden Großen? Das mit dem schwarzen Fleck? ... Das große Weiße?« Wird nicht ganz klar, wen das Kind meint, soll es auf das Tier zeigen, von dem es spricht. Im Normalfall, in dem die beiden Großen als Eltern bezeichnet werden, muß man fragen, wessen Eltern, vor allem, wenn SF und die beiden weißen Schweinchen nicht zur selben Familie gehören.

Von Anfang an muß man eine, wie wir sie nennen, *anteilnehmende Neutralität* einnehmen. Andererseits muß man aber auch mit einer gewissen Wärme sprechen, um das Kind zu einer Äußerung anzuregen. Man darf aber auf keinen Fall die Antworten beeinflussen. Man muß die Fragen also sehr neutral stellen. Wenn das Kind dann geantwortet hat, muß man diese Antwort systematisch gutheißen, und zwar immer auf dieselbe Weise, um nicht eine Antwort stärker hervorzuheben als eine andere. Man kann zum Beispiel jedesmal sagen: »Ja!« oder »Gut!« Vor allem muß man auf völlig unerwartete Antworten gefaßt sein und niemals Überraschung zeigen, um dem Kind nie den Eindruck zu vermitteln, eine falsche Antwort gegeben zu haben; so zum Beispiel bei der unerwarteten Bezeichnung des Mutterschweins mit den Zitzen als Nährvater.

2. Die Themen

Nach der Besprechung der Titelkarte wird sie vor das Kind hingelegt, damit sie bei Bedarf noch einmal genau betrachtet werden kann. Dann zeigt man ihm alle Bildkarten in beliebiger Reihenfolge und sagt ihm: »Hier sind die Bilder mit den Abenteuern des Schweinchens Schwarzfuß. Du schaust sie dir an und erzählst mir zu jedem Bild eine Geschichte. Du kannst dir die Bilder aussuchen, die dich am meisten interessieren, und nur zu diesen Bildern Geschichten erzählen. Schau dir alle gut an. Bilder, die dir nicht gefallen, legst du beiseite. Die übrigen legst du vor dich hin und erzählst mir dazu Geschichten.«

Hat das Kind diese Auswahl getroffen, soll es die ausgewählten Bilder vor sich ausbreiten. Dann sagt man ihm: »Jetzt erzählst du mir die Geschichte von *Schwarzfuß*«, wobei man es ihm überläßt, die Bilder einzeln zu behandeln oder aus allen Bildern eine zusammenhängende Geschichte zu erfinden. Zögert das Kind, kann man zur Anregung hinzufügen: »Mit welchem Bild willst du beginnen?«

Bei älteren Kindern und Erwachsenen kann man den Test als *Phantasietest* vorstellen, der die Einbildungskraft der Versuchsperson beurteilen soll. Man kann zum Beispiel sagen: »Stellen Sie sich vor, diese Bilder sollten ein Kinderbuch illustrieren. Erfinden Sie eine Geschichte, die dazu paßt.« Oder, um moderner zu sein: »Machen Sie aus den Bildern, die Ihnen gefallen, einen Film und erzählen Sie mir das Drehbuch.«

Bei diesem ersten Teil des Tests ist es empfehlenswert, das Kind erzählen zu lassen, ohne es durch Fragen zu unterbrechen. Manchmal muß man es jedoch auffordern, genauer zu sein, indem man auf die Personen zeigt, von denen es spricht oder indem man ihren Namen nennt, damit keine Unklarheit entsteht. Zum Beispiel, um genau zwischen den beiden weißen Schweinchen und den beiden Großen zu unterscheiden. Außerdem ist es oft nützlich, ein zögerndes oder gehemmtes Kind durch einige Fragen anzuregen. Diese Fragen dürfen jedoch in keiner Weise eine Beeinflussung darstellen, sondern nur *dynamisierend* wirken, zum Beispiel: »Erzähle das noch einmal – Erkläre mir das näher – Siehst du noch etwas? – Was passiert?«

Außerdem muß man das Kind auffordern, seinen Bericht zeitlich richtig zu geben. Es soll sagen, was vor der Szene auf jedem Bild passiert ist, welche Ereignisse oder Handlungen diese Situation herbeigeführt haben und was danach geschehen wird, was aus den verschiedenen Personen wird und was sie machen werden.

Es ist nützlich, dem Kind irgendwann während des Tests zu sagen, daß es, wenn es möchte, eines der anfangs beiseite gelegten Bilder in die Geschichte einfügen kann (dazu sollte ein zweiter Tisch neben dem ersten vorhanden sein, auf dem die weggelegten Bilder gut sichtbar ausgebreitet sind).

Die erzählten Geschichten müssen so genau wie möglich aufgezeichnet werden. Alle Einzelheiten sind wichtig. Es soll nicht nur eine Zusammenfassung der Erzählungen des Kindes gegeben werden, sondern diese sollen in allen Einzelheiten wiedergegeben werden. Es müssen also auch Hemmungen, Zögern, Wiederholungen, Verwechslungen der Figuren, Versprecher verzeichnet werden. Auch die Gefühle der Versuchsperson, ihre gute oder schlechte Laune, ihre leicht erregbaren Reaktionen, ihre ängstlichen oder zornigen Gefühle sind festzuhalten.

Man muß den gesamten Test sehr aufmerksam mitverfolgen, denn das, was das Kind nicht sagt, hat oft ebensoviel Bedeutung wie das, was das Kind sagt. Gewisse Hemmungen bei einem Bild, gewisse Weigerungen können Ausdruck der Konflikte der kindlichen Seele sein. So zum Beispiel wenn eine Versuchsperson ein Bild mehrmals lange betrachtet, um es dann wegzulegen oder gleichgültig zu beschreiben, so daß ihre wahre Meinung nicht zum Ausdruck kommt. Oder wenn sie vor einem Bild lange schweigt, um es dann durchschnittlich zu beschreiben.

Am Schluß ist es nützlich, zu fragen: »Wie werden die Abenteuer des Schweinchens Schwarzfuß enden?«

3. Zurückgewiesene Bilder

Man kann nicht generell entscheiden, was mit den Bildern geschehen soll, die das Kind zu Beginn beiseite gelegt hat. Wie schon erwähnt, muß man dafür sorgen, daß die Bilder der Versuchsperson immer zur Verfügung stehen, denn im Verlauf des Tests schwanken die Tendenzen häufig. Eine Tendenz, die zuerst abgelehnt wurde, kann sich später äußern wollen und umgekehrt. Auch hier muß man dem Kind die größtmögliche Freiheit lassen. Wenn es mit der Beschreibung der ausgewählten Bilder fertig ist, sollte man es nur fragen, ob es nicht noch eines oder mehrere Bilder beschreiben möchte. Geht es darauf ein, ist es interessant, nach dem Test in Erfahrung zu bringen, warum die hinzugenommenen Bilder zu Beginn abgelehnt wurden.

Manchmal kann es vorkommen, daß das Kind alle anfangs beiseite gelegten Bilder beschreiben möchte. Diese Beschreibung ist natürlich aufzuzeichnen. Will das Kind diese Bilder dagegen nicht beschreiben, sollte man nicht darauf bestehen, um keine Hemmung hervorzurufen, aber später, bei den bevorzugten Identifikationen, sollte man versuchen, genauere Angaben zu diesen Bildern zu erhalten.

4. Die bevorzugten Identifikationen

Ist das Kind mit der Erzählung der Abenteuer des Schweinchens Schwarzfuß fertig, sammelt man alle Bilder, sowohl akzeptierte als auch abgelehnte, erneut in einem Stoß und sagt: »Nachdem du jetzt alle Bilder gut kennst, wollen wir ein Spiel machen, *das Spiel des bevorzugten Bildes.* Schau dir alle Bilder noch einmal an und lege sie in zwei Stöße: auf den rechten Stoß legst du alle Bilder, die dir gefallen, auf den linken Stoß alle, die dir nicht gefallen.«

Hat das Kind die geforderte Einteilung vorgenommen, legt man die NB-Bilder beiseite und breitet die B-Bilder auf dem Tisch vor der Versuchsperson aus. Dann wird das Kind aufgefordert, *das Bild auszuwählen, das ihm am besten gefällt.* Wenn es sich entschieden hat, fragt man, *warum* es gerade dieses Bild ausgesucht hat.

Dann sagt man ihm: »Bei dem *Spiel des bevorzugten Bildes* stellt man sich vor, daß man zur Geschichte gehört. Welche Person möchtest du sein? Welche Person möchtest du auf diesem Bild sein?« Zögert das Kind mit der Antwort oder sagt es, ein Kind könne kein Schwein sein, muß man ihm sagen: »Weißt du, das ist ein Spiel. Wir spielen, daß du *Schwarzfuß* oder eines der anderen bist.«

Dann legt man dieses erste Bild zur Seite und fordert das Kind auf, *von den verbliebenen Bildern das auszuwählen, das ihm am besten gefällt,* und immer so weiter bis zum letzten Bild. Bei jedem Bild fragt man das Kind, *warum es gerade dieses bevorzugt* und *welche Person es sein möchte.* Möglichst zu Beginn des Tests, am besten beim zweiten Bild, sollte man dem Kind sagen, daß es sich, wenn es nicht möchte, mit niemandem zu identifizieren braucht. Sagt das Kind, daß *es nicht auf dem Bild ist,* muß man es fragen, ob es eine andere Person ist oder gar niemand.

Sind alle B-Bilder auf diese Weise genau analysiert, nimmt man den Stoß der NB-Bilder, breitet sie vor dem Kind aus und sagt ihm, es soll *das Bild aussuchen, das ihm am wenigsten gefällt;* dann von den verbliebenen das, das ihm am wenigsten gefällt und so weiter bis zum Schluß. Bei jedem Bild fragt man, warum es nicht gefällt sowie nach der Identifikation.

So leicht es im allgemeinen ist, bei allen B-Bildern zu erfahren, warum sie den Kindern gefallen, so schwierig ist es, diese Erklärung für die NB-Bilder zu bekommen. Dies ist verständlich. Die NB-Bilder entsprechen meist Situationen, die die Versuchsperson verdrängt hat, entweder von Anfang an, indem sie das Bild zurückwies, oder nachträglich, nachdem sie es beschrieben hat. Hält die Hemmung auch bei den BI an, antwortet die Versuchsperson auf die Frage, warum ihr das Bild nicht gefällt, oft, daß sie es nicht wisse. Man muß die Situation dann ins Gegenteil verkehren und sagen: »Stell dir vor, der Zeichner könnte das Bild verändern. Was möchtest du geändert haben, damit es dir gefällt?« Ihre Antwort gibt dann Aufschluß über den Grund für die Feindseligkeit gegen das Thema.

Manchmal ist es auch angebracht, die Versuchsperson zu fragen, warum sie sich mit SF oder einem anderen identifiziert. Dies muß man zwar nicht systematisch bei jedem Bild fragen, sondern nur, wenn der Grund für die Identifikation nicht klar ist und ein Problem darstellt. Die Antwort der Versuchsperson kann uns dann zusätzlich Aufschluß geben. Daß das Kind zum Beispiel *›Säugen 1‹* SF sein möchte, ist natürlich; identifiziert es sich aber mit der Mutter, muß man nach dem Warum fragen.

5. Die direktiven Fragen

Die *direktiven* Fragen sollen auf die BI beschränkt bleiben, im Gegensatz zu den zuerst gestellten dynamisierenden Fragen, denn diese lenken die Aufmerksamkeit des Kindes meist auf einen bestimmten Punkt, über den man mehr erfahren möchte. Hat das Kind zum Beispiel einen Teil des Bildes vertuscht und hat die dynamisierende Frage »Siehst du noch etwas?« nichts gebracht, kann man ihm am Ende des Tests genauere Fragen darüber stellen, was es angeblich nicht gesehen hat. Zum Beispiel: »Schau dir diesen Teil des Bildes an. Siehst du nichts Besonderes?«

Man sollte auf alle Fälle jede Suggestivwirkung vermeiden, um die Versuchsperson nicht von der Identifikation abzubringen, die sie spontan gewählt hätte. Ein typisches Beispiel ist *›Trog‹*. Sehr oft sehen die Kinder nicht (oder wollen nicht sehen), daß SF in den Trog uriniert und entwickeln zum Beispiel ein orales Thema. Weist man sie im Verlauf der Geschichte auf ihr Versehen hin, sehen sie es entweder oder sie weigern sich weiterhin, es zu sehen. In beiden Fällen wurde wahrscheinlich ein hemmender Einfluß ausgeübt, der bei den BI durch eine Ablehnung des Bildes und durch die Weigerung, sich mit SF zu identifizieren, zutage treten kann. Man sollte daher nichts sagen und es dem Kind bis zu den BI freistellen zu sagen, warum ihm das Bild gefällt oder nicht gefällt, und es soll sich dann identifizieren. Erst dann sollte man seine Aufmerksamkeit auf die Flüssigkeit richten, die unter SF wegfließt, und das Kind fragen, was es davon hält. Dann kann es interessant sein, es erneut nach seiner Identifikation zu fragen, denn der mögliche Identifikationswechsel kann die durch eine Zensur hervorgerufene Hemmung anzeigen (hier das Beispiel eines kleinen Mädchens, das sich bei einem oralen Thema mit SF identifiziert hatte, und dann, als es auf die diesbezügliche Frage erkannt hatte, daß SF in den Trog uriniert, um seine Eltern zu ärgern, sagte, daß es »Niemand« sein möchte).

Zur Vervollständigung unserer Information müssen genaue, dem Kind zu stellende Fragen aufgestellt werden. Man könnte eine Liste aufstellen, es sollte jedoch jedem Testpsychologen selbst überlassen bleiben, die günstigsten Fragen zu stellen, je nach den Geschichten, die das Kind erzählt.

6. Zusammenfassende Fragen

Nach Beendigung des Tests, wenn das lebhafte Interesse des Kindes an den Abenteuern des Schweinchens Schwarzfuß geweckt ist, die es beim Erzählen irgendwie selbst erlebt hat, müssen *seine Gefühle* gegenüber den verschiedenen Figuren *geklärt werden.*

Dazu müssen ihm in einer aufgelockerten Unterhaltung *zusammenfassende Fragen* gestellt werden. Man sagt zum Beispiel: »Du hast mir die Abenteuer des kleinen *Schwarzfuß* sehr gut erzählt. Sie sind interessant, nicht? Wer ist deiner Meinung nach der Glücklichste in dieser Geschichte?« Hat das Kind diese Person bezeichnet, fragt man es *warum* und läßt seiner Erzählung natürlich freien Lauf.

Hier die zu stellenden Fragen mit dem anschließenden »Warum«:

Wer ist in dieser Geschichte der Glücklichste? Wer ist der Unglücklichste? Wer ist der Netteste? Wer ist am wenigsten nett?

Irgendwann, wenn man den Augenblick für günstig hält, sollte man nach den *affektiven Beziehungen* innerhalb der Familie von SF fragen, denn die Versuchsperson, die sich langsam mit den Abenteuern des Helden identifiziert, kann nicht umhin, ihre eigenen Gefühle, ihre persönliche Ansicht von familiärer Harmonie auf ihre Antworten zu projizieren. Man fragt also an dieser Stelle (die Formulierung richtet sich nach den jeweiligen Gegebenheiten): »Mag der Vater von SF eines der anderen Familienmitglieder lieber? Und die Mutter? Und wen mag SF am liebsten? Und die beiden weißen Schweinchen?«

Und schließlich: »Und wen magst du am liebsten?«

Dann fragt man:

Was wird aus SF (und vielleicht auch aus einem der anderen)?
Was hält SF von seiner schwarzen Pfote?
Es können noch weitere Fragen dieser Art gestellt werden, entweder in aufgelokkerter Unterhaltung oder schriftlich in Form von zu ergänzenden Sätzen.

Hier kann man dem Kind das Bild *›Die Fee‹* vorlegen und ihm erklären, daß dies die gute Fee von SF sei und daß es dieser drei Wünsche äußern darf. Das Kind soll die drei Wünsche von SF erraten. Auch hier spielt die Projektion eine Rolle. Die durch SF geäußerten Wünsche stehen in engem Zusammenhang mit den eigenen Wünschen des Kindes.

Hier kann man in Form eines vierten Wunsches ganz leicht den »Test du Bestiaire« von *Zazzo* einführen, jedoch auf eine projektivere Art. Man sagt zum Beispiel: »Nehmen wir an, SF möchte kein Schweinchen mehr sein und bittet die Fee, ihn in ein anderes Tier zu verwandeln. Was glaubst du, in welches Tier SF verwandelt werden möchte? Und warum?«

Dann kann man das Kind, wenn noch Zeit bleibt, bitten, aus dem Gedächtnis das Testbild zu zeichnen, das es am meisten interessiert hat. Die Wahl, die es trifft, ist von außerordentlicher Bedeutung, denn diese Wahl hängt mit seinen Problemen zusammen. Besondere Veränderungen bei dem wiedergegebenen Bild sind zu beachten, da sie ebenfalls aufschlußreich sind.

Aus demselben Grund bitten wir das Kind, einige Zeit nach Durchführung des ersten Tests sich einen Traum auszudenken, den SF gehabt hat, und diesen auf besondere Bögen zu zeichnen, die dazu geeignet sind, den Traum wie auf Comicstreifen darzustellen. Auf diese Weise haben wir ebenfalls wertvolle zusätzliche Informationen erhalten. Die außerordentlich große Ausdrucksfreiheit des kindlichen Traums wird hier durch die Projektion verstärkt und liefert uns oft eine verkürzte Zusammenfassung der Hauptthemen des Tests, da diese im Traum weniger der Abwehr unterliegen als im Test selbst.[7]

---

[7] Vgl. La technique du rêve projeté, appoint à l'interprétation projective du test PN, Rev. de Psych. Appl. (Zeitschrift für angewandte Psychologie, Nr. 4, 1967).

Die Durchführung des SF-Tests dauert im Durchschnitt eine oder eineinhalb Stunden. Der Test kann also bei einer Sitzung zu Ende geführt werden, und dies ist auf jeden Fall zu empfehlen. Steht nicht genug Zeit zur Verfügung oder ermüdet das Kind rasch, kann man den Test teilen und die BI bei einer zweiten Sitzung machen, die aber in möglichst kurzem Abstand nach der ersten stattfinden sollte.

Für diesen Test sollten zwei Tische zur Verfügung stehen. Der eine sollte so groß sein, daß man darauf alle 16 Bilder (falls keines beiseite gelegt wird) ausbreiten kann. Deswegen haben wir die Bildkarten ziemlich klein gehalten (13×18 cm), so daß sie in Viererreihen ausgebreitet eine Fläche von 72×52 einnehmen. Auf einem kleineren Tisch neben dem ersten sollen die beiseite gelegten Bilder so ausgebreitet werden, daß sie der Versuchsperson immer zur Verfügung stehen.

Es erscheint uns notwendig, den Test auf Tonband aufzuzeichnen. Das Gerät für diese Aufzeichnung ist mittlerweile in allen Laboratorien vorhanden, und bald wird es auch billige kleine Apparate geben, mit denen lange und bleibende Tonbandaufnahmen mit Hilfe eines billigen Mikrophons möglich sein werden. Die unmittelbaren Vorteile sind: 1. Vor dem Kind werden keine Notizen gemacht. Es wiegt sich daher in Sicherheit und der Test findet in Form einer vertrauten Unterhaltung statt. 2. Man kann alles aufzeichnen: die genauen Formulierungen der Versuchsperson, ihr Schweigen, ihre Versprecher, ihre affektiven Betonungen, und man ist auf diese Weise in der Lage, einen Blick oder einen besonderen Gesichtsausdruck zu registrieren. Man beobachtet meist nur richtig, was man schon weiß: gibt eine Versuchsperson in einem projektiven Test völlig unerwartete Themen, ist zu befürchten, daß man bei einer schriftlichen Aufzeichnung die weniger vertrauten Einzelheiten fallenläßt, in denen sich vielleicht der Kern des Problems finden ließe. Die *differenzierte* Aufzeichnung durch das Tonband verhindert ärgerliche Unterlassungen und ermöglicht eine Rekonstruktion des gesamten Tests. Für den Psychologen bedeutet dies natürlich doppelte Arbeit. Bei Persönlichkeitstests gewinnt man jedoch nicht durch ein Schnellverfahren Zeit, und man kann die Konflikte der kindlichen Seele nur durch eine genaue und daher langwierige Untersuchung bloßlegen.

Kapitel III
Die Themen der Bildkarten und die bevorzugten Identifikationen

Wir haben schon in Kapitel I und II kurz die Themen der verschiedenen Bildkarten angedeutet. Im allgemeinen wird das Thema jedes Bildes, das in diesem gut strukturierten Test deutlich zeichnerisch dargestellt ist, von der getesteten Versuchsperson klar erkannt. Die Erfahrung zeigt, daß einem Thema, das angeblich nicht gesehen wird, ausgewichen oder daß es vertuscht wird. Es bedarf dann nur eines geringen Anstoßes, um die Versuchsperson dazu zu bringen, das zu sehen, was sie vorher nicht gesehen hatte. Bei *›Trog‹* kommt es zum Beispiel sehr häufig vor, daß die Versuchsperson nicht sagt, daß SF in das Essen der Eltern uriniert. Aber nicht etwa deshalb, weil sie dies nicht gesehen hat, sondern weil sie es, bewußt oder unbewußt, nicht sehen *will.* Lockt man sie aus ihrer Reserve oder weicht ihre Abwehr, ändert sich die Situation vollkommen. So kann sie bei den BI ein dem Bild getreueres Thema liefern als zu Beginn. Ein noch anschaulicheres Beispiel liefert das Bild *›Nacht‹*. Vor diesem Bild erklären die Versuchspersonen oft »Man kann nicht genau erkennen, was das ist« und sie sprechen nicht weiter. Bei den BI tritt jedoch das wirkliche Thema von SF, der seine schlafenden Eltern beobachtet, deutlich zutage, das Thema, das bis dahin ganz entschieden aus dem Bewußtsein verdrängt worden war.[8]

Das heißt, daß die getesteten Versuchspersonen, die einen ausreichenden Wirklichkeitssinn besitzen, auch *bildgetreue Beschreibungen* liefern. Sie müssen dann dazu in der Lage sein, ihre eigene Persönlichkeit und ihre besonderen Probleme zu äußern:

1. durch die Wahl der ausgesuchten Bilder und durch die Reihenfolge, in der sie beschrieben werden;
2. durch die Gefühle, die den Hauptpersonen entgegengebracht werden;
3. durch den Ausgang der Geschichte;
4. durch die Art, auf die die Versuchsperson die Rollen übernimmt.

Das vorliegende Kapitel, das die von unseren zweihundert Versuchspersonen für jedes einzelne Bild gelieferten verschiedenen Themen mit der Angabe ihrer

[8] Von jetzt an wird für die bevorzugten Identifikationen immer die Abkürzung BI verwendet.

Häufigkeit enthält, stellt also eine Bezugsdokumentation dar. Wir stellen hier die *durchschnittlichen Themen,* die sehr häufig gegeben werden, den *außergewöhnlichen Themen* gegenüber, die ziemlich selten sind.

Diese außergewöhnlichen Themen weisen sofort auf ein besonderes Problem der getesteten Versuchsperson hin und liefern den Zugang zu diesem Problem.

Aber auch die durchschnittlichen Themen sind aufschlußreich. Bei einer Versuchsperson mit guten Abwehrmechanismen kann ein durchschnittliches Thema auch ein Ausweichen bedeuten. Es gibt *eine Zuflucht in die Durchschnittlichkeit,* durch die verhindert wird, daß sich die eigene Persönlichkeit bei dem Test engagieren muß. In solchen Fällen werden die Abwehrmechanismen im zweiten Teil des Tests und bei den BI oft entlarvt und die Probleme bloßgelegt, weil die Versuchsperson dann gezwungen ist, sich festzulegen.

Außerdem geben wir für jede Bildkarte die Ergebnisse der BI an. Diese statistischen Ergebnisse liefern grobe aber brauchbare Durchschnittswerte; sie zeigen das Übliche an; weicht eine Zahl bei einem einzelnen Test deutlich davon ab, ist dies ein Anzeichen dafür, daß ein Problem vorliegt. Wir werden zum Beispiel noch sehen, daß Mädchen *›Kuß‹* in 82 von 100 Fällen unter die B-Bilder einstufen. Wird es jedoch in einem besonderen Fall als NB-Bild bezeichnet, ist nach dem Grund zu forschen. Identifiziert sich die Versuchsperson noch dazu mit Niemandem (was laut Statistik nur in 4 von 100 Fällen vorkam), muß man einen schweren Ödipuskomplex annehmen. Wird *›Säugen 1‹,* das laut Statistik bei den Jungen in ⅔ der Fälle beliebt ist und bei dem ebenfalls in ⅔ der Fälle eine Identifikation mit SF erfolgt, bei einem Test unter NB eingestuft und erfolgt dabei eine Identifikation mit der Mutter (dies kommt nur in 6 von 100 Fällen vor), kann man mit ziemlicher Sicherheit auf eine schon lange bestehende Eßstörung schließen, sofern das Bild nicht unter dem ödipalen Gesichtspunkt gesehen und als solches zensiert wird.

Umgekehrt erhält man bei *›Loch‹,* das in ⅔ der Fälle NB, Identifikation mit Niemandem ist, nur wenig Ausweichidentifikationen mit Personen, die nicht auf dem Bild dargestellt sind. Die 10jährige *Rachel Y.* gibt hier eine seltene BI (3 von 100 Fällen): NB – die Mutter, mit dem Thema, daß *SF in ein Wasserloch gegangen ist, und hofft, daß man seinen Flecken in Zukunft nicht mehr sehen wird, aber man sieht ihn immer noch.* Dieses Mädchen leidet an einer schweren Verlassenheitsneurose, fühlt sich von seinen Angehörigen zurückgestoßen und möchte in seinem Innersten den Platz seiner Mutter einnehmen (mit der sie sich im Test übrigens fünfmal identifiziert).

1. ›Trog‹

Grundthema:

Während des Mittagsschlafs der Eltern und Geschwister uriniert SF demonstrativ in den großen Trog.

Dieses Thema wird in 53% der Fälle gesehen (23 Mädchen und 30 Jungen).

Von dieser Gesamtzahl äußern 29% (10 M und 19 J) aggressive Absichten gegen die Eltern.

Bei den restlichen 24% wird das Thema ohne erkennbare Aggressivität gesehen.

Andere Themen:

1. Das *Ausweichthema* ist sehr häufig, nämlich 47% (28 M und 19 J), ohne Berücksichtigung eines teilweisen Ausweichens, bei dem das Thema absichtlich übergangen oder erst im letzten Augenblick gesehen wird.
2. Bei diesen Ausweichthemen haben wir ein *orales Thema:* 15% (SF frißt).
3. Und ein *Thema vom Familientreffen:* 5%.

BI – Das Bild wirkt sehr ansprechend. Es gefällt 62%, aber nur 30% identifizieren sich mit dem Helden SF, 38% dagegen mit dem schlafenden weißen Schweinchen, 21% mit den Eltern und 11% mit Niemandem.

2. Kuß

Grundthema:

V und M umarmen sich. Hinter einem Mäuerchen schaut ein Schweinchen, dessen Identität nicht festzustellen ist, erstaunt zu.

Dieses Thema wird von 70% gesehen (M = J).

Andere Themen:

1. *Vertuschendes Thema* von 25% (M = J). Entweder wird die Handlungsweise der Eltern nicht gesehen oder die Eltern werden als Fremde oder Geschwister bezeichnet.

2. *Streitthema* von 4%.

Geschichte – Dieses Bild wirkt sehr ansprechend, vor allem auf die Mädchen. Es wird nur in einem Viertel der Fälle abgelehnt.

Es wird von 17% der Mädchen und von 8% der Jungen (die Norm beträgt 6,5) gewählt.

BI – Dieses Bild ist sehr beliebt: 76%; nach ›*Wurf*‹ die höchste Zahl.

Es ist vor allem bei den Mädchen das beliebteste Bild, nämlich bei 33%; bei den Jungen 14%.

Die Identifikation mit SF erfolgt bei 43% (M = J).

Sehr häufig schaut nicht SF zu, sondern ein weißes Schweinchen, das nur von 18% übernommen wird.

Es erfolgen viele Identifikationen mit der Mutter: 18% (vor allem bei den Mädchen); und mit dem Vater: 14% (vor allem bei den Jungen).

Man erhält nur wenige Identifikationen mit Niemandem: 8%.

Die Identifikation mit dem Helden ist schwach, wenn sie deutlich unter 5 liegt. Es gibt sogar Fälle, bei denen sich die Versuchsperson nicht ein einziges Mal mit SF identifiziert. Dies ist ganz sicher ein Anzeichen dafür, daß die im Test hervorgerufenen Tendenzen bei der Versuchsperson ein so großes Unbehagen und Schuldgefühl hervorrufen, daß sie es ablehnt, diese Tendenzen zu übernehmen. Einen Sonderfall bilden die Versuchspersonen, die angeben, daß SF ein anderes Geschlecht hat als sie selbst. Hier erhält man im ganzen deutlich weniger Identifikationen mit dem Helden als bei den anderen, was nach unserer Meinung auf ihren inneren Konflikt hinweist (vgl. die Beispiele in Kapitel IV und die Auswertung in Kapitel V).

3. Identifikationen mit dem weißen Schweinchen

Hier erhalten wir die zweithöchste Zahl von Identifikationen, nämlich 1/5 der Gesamtzahl, das heißt 340%, was einem Durchschnitt von 3 oder 4 Identifikationen pro Test entspricht. Sie werden bei unserem Test durch die Zuschauerrolle begünstigt, die die weißen Schweinchen oft spielen. Die Bilder *›Streit‹*, *›Gänserich‹* und *›Schmutzspiele‹* zum Beispiel, die oft wegen der Aggressivität der Themen Schuldgefühle erzeugen, führen oft zu dieser Ausweichidentifikation. Für diese drei Bilder erhält man 144 Identifikationen mit dem weißen Schweinchen, das tatenlos zuschaut. Ebenso identifizieren sich die Kinder bei *›Trog‹* und *›Nacht‹* 68mal mit SF und 67mal mit den schlafenden weißen Schweinchen. Es ist darauf hinzuweisen, daß auf diese 340 Identifikationen mit dem weißen Schweinchen 175 B und 165 NB fallen, was ein ganz anderes Verhältnis als bei den Identifikationen mit SF ergibt. Hier ist die Anzahl der Identifikationen bei NB-Bildern fast ebenso groß, woraus hervorgeht, daß die Ausweichidentifikation bei der Hälfte der Fälle von einem Ableugnen der Tendenz und einer Weigerung, diese zu übernehmen, begleitet ist.

Es ist bemerkenswert, daß das Kind diese Ausweichidentifikation manchmal von der Titelkarte an vorzubereiten scheint, als ob sich sein Unbewußtes durch frühere Erfahrungen mehr oder weniger mit Schuldgefühlen belastet, darauf einrichten würde, möglichst wenig Unlust zu erleiden. Indem es sich zu Beginn durch die Vermittlung des Helden das Vergnügen leistet, seine Tendenzen zu befriedigen, stellt es sich gleichzeitig mit Hilfe der Ausweichidentifikation durch gutes Betragen ein gutes Zeugnis aus. Zuerst, wenn das Kind das weiße Schweinchen, das den kleinen Bruder oder die kleine Schwester darstellt, als sehr brav und gehorsam gegenüber seinen Eltern bezeichnet, während SF ein Taugenichts ist, der allerlei Dummheiten begeht, nimmt man an, daß dieser Gegensatz Zeichen eines wirklichen Gegensatzes in der Familie ist, den das Kind nur reproduziert. Wie wir jedoch dann bei der Auswertung deutlicher sehen, kann das brave weiße Schweinchen eine zweite Identifikation des Kindes bedeuten. Es ist, als ob das Kind zu sich selbst sagte: »Ich bin der böse SF, der alle möglichen Dummheiten anrichtet. Ich kann nicht anders und außerdem macht es mir Spaß. Aber wenn meine Eltern davon erfahren, werde ich streng bestraft. Wenn man mich also fragt, wer es getan hat, sage ich, daß ich es nicht war. SF hat es getan. Ich bin das brave weiße Schweinchen.«

3. Streit

Grundthema:

SF und eines der weißen Schweinchen verbeißen sich ineinander. Das andere weiße Schweinchen läuft auf die herbeikommenden Eltern zu.

Dieses Thema wird von beiden Geschlechtern in 78% der Fälle gesehen. Es gibt dazu zwei Meinungen: Der Streit ist entweder lustig und erlaubt (46%) oder bösartig und wird bestraft (32%).

Andere Themen:

Das Thema wird von 21% (12 M und 9 J) vertuscht: entweder *vergnügtes* Thema oder *orales* Thema (sie fressen Gras).

Geschichte – Das Bild wird nur in einem Viertel der Fälle abgelehnt, wird aber selten als erstes beschrieben.

BI – Es ist in 48% der Fälle B und in 52% NB (M = J).

Es wird nur selten als das beliebteste Bild bezeichnet (1 bis 2%).

Hier wird an das starke Schuldgefühl gerührt, das die Aggression erzeugt. Das Bild wirkt wohl ansprechend, wird aber nur wenig übernommen. Die Identifikation mit SF ist die geringste von allen 16 Bildern, nämlich 24%. Die Ausweichidentifikation mit dem weißen Schweinchen, das sich in Sicherheit bringt, erfolgt bei 43% (24 M und 19 J). Mit den Eltern identifizieren sich 20%, mit Niemandem 13%. Das ergibt im ganzen 76% Ausweichidentifikationen.

4. Karren

Grundthema:

SF träumt von einem Mann, der Schweinchen auf einen Karren lädt. Er will gerade eines hinaufstoßen, das sich wehrt und quiekt. Die Eltern von SF, neben sich die beiden Kleinen, schauen zu.

Das Bild wird von 65% als *Traum* und von 35% als *Wirklichkeit* gesehen.

Bei 88% ist das Thema *dramatisch:* die Schweinchen sollen zum Metzger gebracht werden.

Besonderheiten:

Es ist nicht zu erkennen, welche Schweine mitgenommen werden. Danach ist bei den BI zu fragen.

1. *Thema vom mitgenommenen SF.* Das Thema wird von 76% als Traum und nur von 24% als Wirklichkeit angegeben (in diesem Fall erfolgen nur selten Identifikationen mit SF).

2. *Thema vom mitgenommenen Bruder.* Das Thema wird von 34% als Traum und von 66% als Wirklichkeit angegeben; das Verhältnis ist also fast genau umgekehrt.

Geschichte – Das Bild wird erstaunlicherweise zu Beginn nur in einem Viertel der Fälle abgelehnt. Es wirkt also sehr ansprechend.

BI – B und NB halten sich die Waage. Es ist jedoch eines der vier Bilder, die am häufigsten als unbeliebtestes bezeichnet werden: 12% bei Mädchen und Jungen.

Die Identifikation mit SF ist beträchtlich: 42% (M = J); jedoch erstaunlicherweise mit SF, der getötet werden soll.

Es gibt einige Identifikationen mit dem Mächtigen, hier also mit dem Bauern (14%) und 20% mit Niemandem, was die Angst unterstreicht, die diese Szene erregt.

5. Ziege

Grundthema:

SF saugt bei einer Ziege und diese schaut ihm dabei zu.

Es handelt sich um ein *orales* Thema, aber die unterschiedliche Rasse der Nährmutter führt häufig zu den Themen *Ersatzmutter* oder *Adoptivmutter* und zu Vorstellungen der Frustration und der Verlassenheit durch die Schweinemutter, verbunden mit dem Aufbruch von Zuhause und dem Zusammentreffen mit der Ziege.

Besonderheiten:

Befriedigende Ziege 51%; *ärgerliche, frustrierende* oder *aggressive* Ziege 33%.

Aggressives Thema von SF gegenüber der Ziege: 8%.

Vertuschtes Säugen: 12%.

BI – Das Bild ist bei 58% beliebt (M = J). Es ist jedoch weniger beliebt als ›*Säugen 1*‹. Andererseits erzeugt es aber auch ein Unbehagen, was sich in einer geringeren Zahl an *Identifikationen mit SF,* nämlich 37%, widerspiegelt, während sich 42% mit der Ziege und 19% mit Niemandem identifizieren.

Der Grund dafür ist wohl eine gewisse Schuld des Helden. Beweis dafür ist, daß im Fall der befriedigenden Ziege nicht mehr Identifikationen mit SF erfolgen, während das Bild mit diesem Thema fast immer B ist.

6. Aufbruch

Grundthema:

Auf einer einsamen Straße, die in die Berge führt, wandert ein Schwein unbekannter Identität; da es dem Betrachter den Rücken zukehrt, ist sein Gesichtsausdruck nicht zu erkennen.

Das Bild legt Themen des *Aufbruchs* oder der *Rückkehr* nahe.

Außerdem ist das Gefühl der *Einsamkeit* oft sehr stark, verbunden mit Themen der *Frustration* und der *Verlassenheit.*

Daraus ergeben sich zwei besondere Themen:

1. *Freudiger* Aufbruch 45% (27 M und 18 J).
2. *Trauriger* Aufbruch 55% (24 M und 31 J).

Geschichte – Dieses Bild ist sehr ansprechend. Es wird nur in einem Viertel der Fälle abgelehnt. Es wird oft *als erstes* beschrieben, vor allem von den Jungen (9 J und 7 M).

BI – Es ist ziemlich beliebt: 69% (32 M und 37 J). Häufig ist es sogar das beliebteste Bild: 15%.

Die Anzahl der *Identifikationen mit SF* ist jedoch nicht proportional dazu: sie beträgt nur 46% gegenüber 15% mit dem weißen Schweinchen, das sich auf dem Bild befindet oder auch nicht, 10% mit den Eltern und 27% mit Niemandem.

Die zuletzt genannte Zahl ist die zweithöchste bei den Identifikationen mit Niemandem, die höchste erhält man bei ›*Loch*‹, dem anderen Bild der Einsamkeit. Dies läßt den Schluß zu, daß oft ein Konflikt zwischen der Tendenz zum ungebundenen Umherstreifen (Bild B) und dem damit verbundenen Schuldgefühl entsteht, das es verbietet, die Rolle zu übernehmen.

7. Zögern

Grundthema:

Die Mutter säugt eines der weißen Schweinchen, während der Vater mit dem anderen aus dem Trog trinkt. Keiner von ihnen scheint SF zu beachten, der allein zwischen den beiden ein wenig im Hintergrund steht und der Mutter den Körper und dem Vater den Kopf zuwendet.

Andere Themen:

1. Am häufigsten ist das *Thema des Ausgeschlossenseins* von SF, der nicht wie die beiden anderen das Recht hat, zu fressen: 32%.

2. An zweiter Stelle steht das *Ausweichthema:* 23% (17 M und 6 J). Die Versuchsperson sieht ein Familientreffen oder ein Spiel, oder erklärt, daß SF schon getrunken hat.

3. *Ambivalenzthema:* SF zögert, ob er mit dem Vater oder der Mutter trinken soll. Dieses Thema ist nicht sehr häufig: 7% (2 M und 5 J). Es ist manchmal ein deutlicher Hinweis auf eine Ich-Schwäche.

BI – Das Bild ist ziemlich beliebt: 76%; jedoch bei mittlerer *Identifikation mit SF:* 27%; und einer stärkeren Identifikation mit dem weißen Schweinchen: 32%; sowie einer hohen Identifikationsziffer mit den Eltern. Dies ist ein Hinweis darauf, daß die Identifikation mit den Bevorzugten und nicht mit dem Ausgeschlossenen erfolgt.

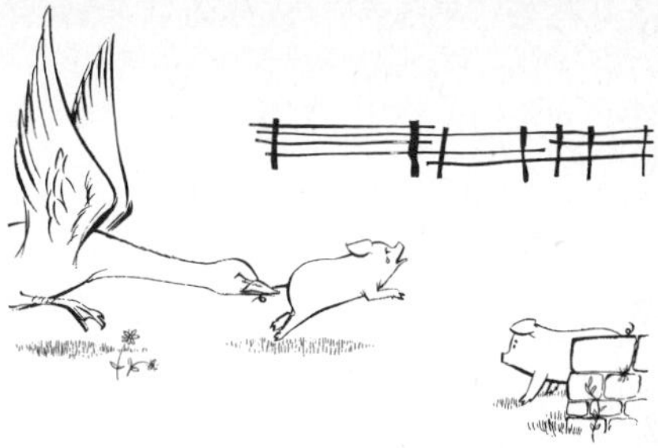

8. Gänserich

Grundthema:

Ein großer, drohender Gänserich mit ausgebreiteten Flügeln packt ein Schweinchen, SF oder eines der weißen, am Schwanz. Das Schweinchen versucht laut quiekend zu entkommen. Aus einiger Entfernung, halb hinter einem Mäuerchen versteckt, betrachtet ein anderes Schweinchen die Szene.

Diesem Thema einer *erlittenen Aggression* kann kaum ausgewichen werden. Als Grund für die Aggression wird entweder die Bösartigkeit des Vogels oder das Verhalten des Schweinchens angegeben, das den Vogel oder dessen Junge geärgert hat.

Der Angreifer ist manchmal *männlich,* manchmal *weiblich* (danach muß bei den BI gefragt werden).

Manchmal *verschlingt* der Angreifer das Schweinchen sogar.

Besonderheiten:

1. *Strafthema,* das die Autorität darstellt, die die Versuchsperson bestraft.

2. *Kastrationsthema,* das nie ausdrücklich, sondern immer nur symbolisch erwähnt wird.

BI – Dies ist neben *›Loch‹* eines der furchterregendsten Bilder des Tests und es ist meist unbeliebt: 41% (23 M und 18 J).

Bei den Mädchen ist es meist das unbeliebteste Bild: 13%.

Die projektive Identifikationsregel mit dem Helden wird hier verletzt, da das *Thema vom gebissenen SF* nur von 28% angegeben wird und nur 6 Identifikationen mit SF erfolgen.

Dagegen geben 70% das *Thema vom gebissenen weißen Schweinchen* an, mit nur 3 Identifikationen mit dem Gebissenen.

Man erhält jedoch viele Identifikationen mit SF (29%) und mit dem weißen Schweinchen (35%) (also im ganzen 64%) als Betrachter der Szene. Dazu kommen 11 Identifikationen mit dem Gänserich und 12 mit Niemandem.

9. Schmutzspiele

Grundthema:

Neben einem Misthaufen tummeln sich zwei Schweinchen munter in der Jauche. Eines davon bespritzt das Gesicht des Vaters damit. Das dritte steht außerhalb und schaut zu. Es ist nicht zu erkennen, welches der drei SF ist.

Das Bild läßt an Spiele im Schmutz denken und hat darüber hinaus eine Nuance *aggressiver Analität* gegen die Eltern, vor allem gegen den Vater. Das Schweinchen, das sich nicht schmutzig macht, stellt hier die *Reaktionsbildung* gegen den Analsadismus klar.

Es gibt ein Thema *einfachen Vergnügens:* 30%.

Das Thema der *Aggressivität* erreicht 60%, wobei sich die Aggression sowohl gegen den Vater: 34% (15 M und 19 J), als auch gegen die Mutter: 27% (13 M und 14 J) richtet. Bei den BI ist die Versuchsperson zu fragen, wer das große Schwein ist.

Andere Themen:

1. *Depressives Thema,* durch Zensur der verbotenen Handlung und Bestrafung: 10% (6 M und 4 J).

2. *Ausweichthema* bei den BI, durch Identifikation mit dem Schweinchen, das sich nicht schmutzig machen will.

Geschichte – Dieses Bild wird nur selten als erstes beschrieben, besonders nicht von den Mädchen.

BI – Es ist weniger oft B (44%), als NB (56%).

Es wird vor allem von den Mädchen: 18%; und etwas weniger oft von den Jungen: 13%; als *das unbeliebteste* Bild bezeichnet.

10. Nacht

Grundthema:

Ein vom Mond beleuchteter Stall, der durch eine Bretterwand unterteilt wird. Auf der einen Seite liegen zwei große Schweine eng beisammen, auf der anderen schlafen zwei kleine Schweinchen, und ein drittes, das aufrecht an der Bretterwand steht, betrachtet die beiden Großen. Es ist nicht zu erkennen, welches SF ist.

Meist erhält man die Antwort, daß *SF seine Eltern neugierig betrachtet:* 54% (M = J).

Andere Themen:

1. *Vertuschendes* Thema: Die Versuchsperson behauptet entweder, die Eltern nicht zu sehen, sondern fremde Schweine oder andere Tiere, oder nur einen Elternteil; oder sie will das vertraute Beisammensein nicht sehen (zum Beispiel: sie fressen): 25% (15 M und 10 J).

2. Thema der *Vereinigung mit den Eltern,* von denen sich SF schmerzlich getrennt fühlt: 12%.

3. *Aufbruch*thema: SF betrachtet seine schlafenden Eltern, weil er weglaufen will: 9% (3 M und 6 J).

Geschichte – Dieses Bild wirkt nicht sehr ansprechend. Es wird in der Hälfte aller Fälle abgelehnt.

Es gehört zu den Bildern, die selten zuerst beschrieben werden (vor allem nicht von den Mädchen).

BI – Es ist nicht sehr beliebt: 41% (M = J).

Es ist häufig das unbeliebteste Bild, mit derselben Zahl von 13% bei beiden Geschlechtern.

Wurde es von Anfang an abgelehnt, steigt die Zahl sogar von 13 auf 22%.

In dem Schweinchen, das die Eltern betrachtet, wird zwar immer SF erkannt, seine Rolle wird jedoch wenig übernommen. Es erfolgen nur 38% Identifikationen gegenüber 29% mit den schlafenden weißen Schweinchen, 16% mit Niemandem und 14% mit den Eltern.

11. Wurf

Grundthema:

Das Mutterschwein hat drei kleine Schweinchen geboren, die saugen, während die Mutter selbst aus dem Trog trinkt. Die beiden Bauern umsorgen sie. Im Vordergrund schauen die drei kleinen Schweinchen, durch eine Bretterwand von der Mutter getrennt, erstaunt zu. In der Mitte ist SF zu erkennen.

Zum Thema der *Geburt:* 86% (40 M und 46 J) tritt oft ein Thema der *Geschwisterrivalität.*

Andere Themen:

1. Das Thema der *Aggressivität gegen die Mutter* erklärt sich aus der Frustration, vor allem bei den Mädchen: 10% (7 M und 3 J).

2. *Vertuschendes* Thema: entweder Vertuschen der Mutter, oder der ganz Kleinen, oder des Säugens: 4%.

Geschichte – Das Bild wird selten abgelehnt. Es wird häufig als erstes beschrieben: 12%.

BI – Es wird von unseren 16 Bildkarten am häufigsten unter B eingestuft: 80% (M = J).

Es gehört sogar meistens zu den beliebtesten Bildern. Bei den Jungen steht es an erster Stelle mit einer Zahl von 19%. Bei den Mädchen kommt es nach ›*Kuß*‹ mit 16%.

Die Methode der BI zeigt uns, was von dieser starken Anziehungskraft zu halten ist. Die Anziehungskraft besteht nur, solange nicht die Rolle der Älteren übernommen werden muß, die sich in einer frustrierenden Situation befinden. Nur 26% *identifizieren sich mit SF.* 12% Identifikationen mit den weißen Schweinchen stellen schon ein schüchternes Ausweichen dar. Dagegen identifizieren sich 22% mit den ganz Kleinen (13 M und 8 J), 18% mit der Mutter (12 M und 6 J) und 16% mit dem Bauern (4 M und 12 J).

Manchmal ist die Sehnsucht nach der Lage der Neugeborenen sogar so stark, daß das Kind die ganz Kleinen ohne Zögern als SF und seine Geschwister bezeichnet.

12. Traum M

Grundthema:

Der schlafende SF sieht im Traum seine Mutter, die ihm zulächelt.

Es gibt zwei Interpretationen. Entweder wird angegeben, daß SF *von seiner Mutter träumt,* oder daß er davon träumt, *wie er selbst später sein wird.*

Das erste Thema ist sehr viel häufiger: 75% (M = J).

Das zweite Thema (Ich-Ideal) wird nur von 7% gesehen (M = J).

Andere Themen:

1. Das Thema des *Nährvaters,* bei dem das große Schwein mit dem Flecken nicht als Mutter, sondern als Vater gesehen wird (vgl. Kapitel IV).

Hier erhält man 19% (10 M und 9 J).

2. Das Thema der *tatsächlichen Gegenwart* der Mutter, die SF betrachtet, oder ihn aufwecken oder ärgern möchte.

Geschichte – Dieses Bild wird seltsamerweise in der Hälfte aller Fälle abgelehnt.

BI – Und trotzdem ist es sehr beliebt: 70% (M = J).

Es erfolgen viele *Identifikationen mit SF:* 62%. Überraschend ist, daß man auch ziemlich viele Identifikationen mit der Mutter erhält: 23% (sowohl bei Jungen als auch bei Mädchen); und mit Niemandem: 12%. Dies ist, wie wir noch sehen werden, eine Folge der ödipalen Störungen, vor allem bei den Jungen mit weiblicher Identifikation.

13. Traum V

Grundthema:

Der schlafende SF sieht im Traum seinen Vater, der ihn betrachtet.

Wie bei ›*Traum M*‹ erhält man zwei Interpretationen. Entweder SF *träumt von seinem Vater* oder er *träumt von dem großen Schwein, das er eines Tages sein wird.*

Bemerkenswert ist, daß dieses zweite Thema vom *Ich-Ideal* sehr viel häufiger ist als bei ›*Traum M*‹, nämlich 12% (4 M und 8 J).

Andere Themen:

Thema des *Nährvaters,* wo der Vater in der Mutterrolle gesehen wird: 19% (10 M und 9 J).

Geschichte – Dieses Bild wird wie das vorhergehende in der Hälfte aller Fälle abgelehnt.

BI – Das Bild ist B, jedoch weniger häufig als das vorhergehende: 60%.

Außerdem erfolgen weniger *Identifikationen mit SF:* 56%; und dagegen 32% Identifikationen mit dem Vater und 11% mit Niemandem.

Hier sei noch erwähnt, daß diese Ablehnung und diese Ausweichidentifikationen mit dem ödipalen Unbehagen zusammenhängen.

14. Säugen 1

Grundthema:

An einem einsamen Ort saugt SF bei seiner Mutter.

Das Bild stellt eine *glückliche Oralität* dar; dieses Thema wird jedoch nur von 70% angegeben (32 M und 38 J).

Andere Themen:

1. *Frustrierte Oralität,* wenn die Mutter SF mehr oder weniger am Saugen hindert: 11% (8 M und 3 J).

2. *Vertuschte Oralität,* wenn das Säugen nicht gesehen wird: 11% (7 M und 4 J).

3. *Aggressive Oralität,* wenn SF seine Mutter angreift oder sie beißt: 9% (M = J).

Geschichte – Dieses Bild wird erstaunlicherweise in der Hälfte aller Fälle abgelehnt.

Aus diesem Grund wird es auch nur selten als erstes beschrieben.

BI – Es ist sehr beliebt: 68% (M = J); aber selten das beliebteste.

Es folgen zahlreiche *Identifikationen mit SF:* 52%; man hätte jedoch mehr erwarten können.

Ungewöhnlich ist, daß sich 34% mit dem säugenden Elternteil und 12% mit Niemandem identifizieren. Dies unterstreicht die Häufigkeit der Störungen der Oralität und, wie wir noch sehen werden, die Häufigkeit, mit der sich eine Störung der ödipalen Beziehungen durch die Oralität äußern kann.

15. Säugen 2

Grundthema:

Dasselbe wie in Säugen 1, zusätzlich sind die beiden weißen Schweinchen auf dem Bild, die angelaufen kommen.

Hier tritt zu dem Thema *glücklicher Oralität* ein Thema der *Geschwisterrivalität.* Letzteres Thema dominiert, da es von 52% angegeben wird (häufiger bei den Jungen).

Andere Themen:

1. *Vertuschendes* Thema der Geschwisterrivalität: 35%; vor allem bei den Mädchen.

2. Thema *frustrierter, aggressiver* oder *vertuschter Oralität:* im ganzen 9%.

BI – Dieses Bild ist B: 59% (also weniger als ›*Säugen 1*‹); bei den Mädchen etwas häufiger als bei den Jungen, jedoch infolge einer Vertuschung der Rivalität.

Es ist jedoch nie das beliebteste Bild.

Es erfolgen zahlreiche *Identifikationen mit SF:* 46% (28 J und 18 M).

25% identifizieren sich mit dem weißen Schweinchen (15 M und 10 J) und 19% mit der Mutter (12 M und 7 J). Entsprechend dazu wird es abgelehnt, die Rolle des Helden zu übernehmen, von den Mädchen häufiger als von den Jungen.

16. Loch

Grundthema:

Nachts, bei klarem Mondlicht, sieht man SF halb in ein Wasserloch eingesunken und um Hilfe rufend.

Dies ist ein Thema *nächtlicher Einsamkeit.*

Besonderheiten:

1. *Unglücks*thema: SF ist verloren und in Gefahr: 77% (M = J).
2. *Glücks*thema, SF geht spazieren oder badet: 23% (13 M und 10 J).
3. *Schuld-* und *Straf*thema.
4. *Ungehorsamkeits-* oder *Flucht*thema, oft mit dem vorhergehenden verbunden.

BI – Das Bild ist nur selten B: 44%. Vor allem bei den Jungen ist es oft das unbeliebteste: 13%.

Es wird auch am wenigsten übernommen, nur 40% identifizieren sich mit SF, dagegen 36% mit Niemandem und 7% mit dem Mond.

Das Glücksthema ist natürlich eher B: 65%; bei häufiger Identifikation mit SF: 56%.

Das Unglücksthema ist dagegen wenig beliebt: 38%; mit ebenso vielen Identifikationen mit Niemandem wie mit SF: 36%.

Kapitel IV
Die großen Themen

Hier der Plan, nach dem wir bei der Untersuchung der großen Themen vorgehen:

1. Zuerst behandeln wir in der gewohnten Reihenfolge die Themen, die sich aus den Hauptphasen der Kindheit ergeben: *orales, anales* und *ödipales Thema.*
2. Dann untersuchen wir die sehr wichtigen *Themen der Aggressivität,* die nicht typisch für einen bestimmten Zeitpunkt der Kindheit sind, sondern Kennzeichen sämtlicher Phasen sein können: *oral-sadistisches und anal-sadistisches Thema, Thema der Geschwisterrivalität und der ödipalen Rivalität.*
3. Hier stellen wir die besondere Bedeutung des *Konfliktthemas Abhängigkeit–Unabhängigkeit* heraus, das oft in Phantasievorstellungen von Aufbruch oder Ausreißen zum Ausdruck kommt.
4. Als nächstes das *Schuldthema,* das sich zum *depressiven Thema* steigern kann und das ebenfalls in allen Phasen vorkommt.

Dazu noch ein besonderes Thema, das zufällig durch die schwarze Pfote unseres Helden eingeführt wurde: *das Thema vom schwarzen Flecken,* auf dessen große Bedeutung wir noch kommen werden.

5. Zuletzt untersuchen wir weniger bekannte Themen:
   – *die Themen von der Umkehrung des Geschlechts,* bei denen das Kind, ob Mädchen oder Junge, seiner Identifikationsfigur ein dem eigenen Geschlecht entgegengesetztes gibt, was meist mit persönlichen Schwierigkeiten bei der geschlechtlichen Entwicklung zusammenhängt;
   – *das Thema vom Nährvater,* bei dem die mütterlichen Eigenschaften (gebären und ernähren der Kleinen) dem Vater zugeschrieben werden und die Mutter nur eine untergeordnete Rolle spielt;
   – *das Thema von der idealen Mutter,* bei dem sich das Kind, zweifellos in seinem Bedürfnis nach der Mutter frustriert, das Bild einer idealen Ersatzmutter schafft.

I. Orale Themen

Die Bedeutung der oralen Phase, die mit den Ernährungsfunktionen zusammenhängt, ist bekannt. Die Oralität ist die eigentliche Grundlage des Lebens, auf der alles andere aufbaut. Infolge des weiteren Wachstums überwinden wir diese Phase. Dadurch wird die grundlegende Bedeutung der Oralität jedoch nicht gemindert, und sogar das Leben eines gut angepaßten Erwachsenen bleibt stark davon gekennzeichnet.

Das heißt mit anderen Worten, daß die orale Phase die bevorzugte Phase für Fixierungen und Regressionen ist. Wurde sie nicht voll erlebt und gab es in ihr Frustrationen, bleibt die Versuchsperson darauf fixiert, selbst wenn sich die ganze Persönlichkeit offensichtlich weiterentwickelt. Beim geringsten Vorfall kehrt sie zum oralen Fixierungspunkt zurück. Im projektiven Test dominiert dann die Oralität, und das Thema taucht sogar bei stimulierenden Bildern auf, die sonst meist andere Themen hervorrufen. Aber die orale Forderung, die in solchen Fällen durch die Aggressivität, mit der sie sich äußert, fast immer gegenwärtig ist, erregt häufig die Mißbilligung des Ichs, was zum Verbot der Tendenz führen kann.

Man muß also zwischen *den freien Themen,* bei denen sich die Tendenz stark und ungehindert äußert, und *den verschleierten Themen,* bei denen die Tendenz durch die Ich-Zensur gehemmt wird, unterscheiden.

1. Freie Themen

Dies sind Themen, bei denen die orale Tendenz sehr klar zutage tritt. Sie kann sich in großer Gier äußern; in dem Test wird dann nur vom Essen gesprochen. Sie kann sich aber auch durch orales, d. h. völlig passives Betragen äußern, mit einer übertriebenen Neigung, den Schutz der Eltern zu suchen, und der Tendenz, sich regressiv mit einem Säugling zu identifizieren.

A) Die orale Gier äußert sich vor allem bei den Bildern des Säugens: *›Säugen 1‹*, *›Säugen 2‹*, *›Ziege‹*, *›Wurf‹* und *›Zögern‹*, durch Themen der Gefräßigkeit, in denen oft der Wunsch von SF geäußert wird, allein zu sein und die gute Muttermilch nicht mit den anderen teilen zu müssen. Sie kann sich auch in einer oralen Antwort auf andere stimulierende Bilder äußern, z. B. *›Traum M‹: SF träumt von seiner Mutter; er möchte gern, daß sie ihm zu trinken gibt; ›Nacht‹: SF betrachtet die essenden Eltern; er möchte zu ihnen und mitessen; ›Trog‹: SF ist nachts aufgestanden, um das Futter der anderen aus dem Trog zu fressen; er läßt nichts davon übrig.*

Hier zur Veranschaulichung der Fall der 8jährigen *Virginie S.*, die als erstes Bild *›Säugen 1‹* wählt: *SF saugt bei seiner Mutter und er wird lange saugen;* dann *›Ziege‹: Die Mutter hatte keine Milch mehr, also trinkt SF bei der Ziege, und wenn das kleine Zicklein kommt, muß es eben anderswo hingehen;* dann *›Säugen 2‹: SF war noch durstig, daher ist er zu seiner Mutter zurückgekommen und trinkt wieder alles, so daß nichts für die beiden anderen übrigbleibt;* dann *›Zögern‹: SF, der nicht mehr* *durstig war, läßt die anderen trinken, aber bald wird er wieder bei seiner Mutter saugen;* dann ›*Trog*‹: *Während die anderen schlafen, geht SF zu einem Loch und frißt dort; da er hungrig war, hat er das ganze Futter für die Kleinen gefressen;* nach einigen weiteren Bildern wird ›*Streit*‹ durch die orale Rivalität erklärt: *SF und das Mädchen kämpfen miteinander um die Muttermilch.* Aus dem klinischen Bericht geht hervor, daß Virginie, die Älteste, von ihrer Mutter nicht geliebt wurde, die die beiden Jüngeren vorzog; auf diese schwere Frustration reagierte sie mit aggressivem Sadismus; sie zerriß die neuen Kleider ihrer Mutter, beschmutzte sie mit ihren Exkrementen. Außerdem steht sie nachts unbefriedigt auf und stielt Nahrung aus der Speisekammer, was ein direktes Symptom für ihre orale Forderung ist (dies ist genau das Thema von ›*Trog*‹), oder wenn sie einen Speiserest in den Hühnerhof bringen soll, ißt sie alles selber auf.

B) Das passiv-regressive Betragen der oralen Fixierung tritt ebenfalls häufig auf. Es äußert sich klinisch in einem völligen Mangel an Dynamik, sowohl zu Hause als auch in der Schule: völlige Passivität und Trägheit, Widerwille gegen jede Anstrengung, ständiges Schutzbedürfnis, schulisches Versagen trotz guter Auffassungsgabe.

Dies ist der Fall bei *Elisabeth R.*, 9 Jahre, die zwei Jahre schulischen Rückstand hat und keine Anstrengung unternimmt, diesen aufzuholen. Ihr körperlicher Zustand ist gut, wenn auch etwas verweichlicht. Sie war nicht gestillt worden. Sie hat nie den Wunsch nach Nahrung geäußert. Sie mag am liebsten Kaffee und Butterbrot, und ihr Widerwille gegen jede Anstrengung geht so weit, daß sie jede Nahrung, die gekaut werden muß, verweigert.

Ihr SF-Test ist sehr regressiv-oral. Sie bezeichnet SF als 2jähriges Mädchen, das Alter ihrer kleinen Schwester, und gibt ihm eine Schwester von 10 Jahren (ungefähr ihr eigenes Alter). Der Test ist sehr oral, das Säugen kommt häufig darin vor. Bei ›*Wurf*‹ sagt sie dann plötzlich, daß *SF groß geworden ist, geheiratet hat und daß der kleine Bruder saugt;* dieses Thema wird bei vier Bildern entwickelt: ›*Säugen 1*‹, ›*Säugen 2*‹, ›*Loch*‹ und ›*Traum M*‹. Man könnte annehmen, daß Elisabeth sich hier mit ihrer Mutter identifiziert. Aber dies ist ganz und gar nicht der Fall: bei den BI ist sie bei ›*Wurf*‹ eines der ganz Kleinen und bei den übrigen Bildern das Kleine, das saugt, also in dem Fall SF. An dem Fall dieses Mädchens ist noch etwas Besonderes: In dem Test zeigt sich keine Spur von Aggressivität, weder gegen die Eltern noch gegen die kleine Schwester; denn bei den Bildern, auf denen diese Aggressivität offenkundig ist, vertuscht Elisabeth das Thema. Wenn SF in Schwierigkeiten gerät, verteidigt er sich nicht oder kämpft, sondern er weint und ist unglücklich.
Ein Thema kehrt in diesem Test immer wieder. Elisabeth hat als erstes Bild ›*Fee*‹ gewählt und hat es dramatisch beschrieben. Sie sagte, daß *die Fee SF hinausgeworfen hat.* Im Verlauf des Tests wird dieser selbe Satz fünfmal wiederholt. Bei ›*Kuß*‹ sagt das Mädchen zum Beispiel: *SF umarmt ein anderes Schwein; die Mutter betrachtet sie zufrieden ... SF denkt an die Fee, die ihn hinausgeworfen hat.* Es sieht so aus, als ob die böse Fee das Symbol der Mutter sei. Möglicherweise deutet sich in ›*Kuß*‹ eine ödipale Beziehung zum Vater an, was aber sofort zensiert wird.
Wir gehen hier direkt zur Krankengeschichte über, denn Elisabeth wurde mehrere Male von der Familie getrennt: mit 3½ Jahren, 4 Jahren und vor allem bei der Geburt ihrer kleinen Schwester, mit 6½ Jahren, weil sie sich zu schlecht benahm und zur Besserung in ein Internat geschickt wurde. Auf diesen Ausschluß reagierte sie mit einem depressiven Zustand; sie verlor in 9 Monaten 7 Pfund und mußte nach Hause

zurückgeholt werden. Die Mutter ist eine dynamische und leidenschaftliche Frau, das Gegenteil des Mädchens, und von der Kraft dieser Zensur beherrscht, kann Elisabeth ihre aggressiven Tendenzen nicht frei äußern und ihren ödipalen Konflikt nicht richtig ausleben. Aber das ständig wiederkehrende Thema von der »Fee, die SF hinausgeworfen hat« zeigt, wie sehr sie durch die wiederholte Trennung von zu Hause traumatisiert wurde.

C) Es ist bekannt, daß die orale Regression sehr oft dann auftaucht, wenn eine Versuchsperson in einer späteren Phase ein schweres Mißgeschick erlebt, das in ihr den Wunsch erweckt, in eine glücklichere Zeit zurückzukehren. Der Test vom glücklichen Alter ist der Beweis dafür, denn die Kinder geben meist die orale Phase des Lebens als ihre glücklichste Zeit an.

Bei unserer freien Methode, bei der das Kind die Reihenfolge der Bilder beliebig wählen kann, kommt es häufig vor, daß *›Säugen 1‹* nach einer schmerzlichen Szene gewählt wird, da dieses Bild für das Kind die paradiesische Rückkehr in den mütterlichen Schutz bedeutet. Bei unseren 200 Fällen kommt *›Säugen 1‹* 21mal nach *›Streit‹* (12 M und 9 J), 21mal nach *›Säugen 2‹* (14 M und 7 J) und 17mal nach *›Loch‹* (nur bei Jungen).

Bei einigen Tests endet nach einer Reihe von Abenteuern, bei denen sich Aggressivität und Schuld von SF mischen, alles bestens, aber regressiv mit dem glücklichen Bild des Säugens.

So erzählt die 11½jährige *Cécile G.*, die kein anormales Verhalten zeigt, lebhaft von allen Dummheiten, die SF begeht, und sagt zum Schluß, daß sie ihn am liebsten habe, weil er lustig sei. Sie will sich jedoch nicht mit ihm identifizieren, und wir erfahren schließlich auch warum: er ist der Unfolgsamste und Unglücklichste. Bei den Themen flüchtet sich Cécile nach einem Ausbruchversuch, der mit einer ungenehmen Rückkehr endet, in *›Säugen 1‹: Bald sieht SF den Bauernhof und läuft schnell zu seiner Mutter, weil er noch Hunger hat. Seine Mutter freut sich, daß er wieder da ist, ebenso sein Vater und seine Geschwister. Sie sind jetzt alle glücklich und führen ein friedliches Leben.* Dies ist das einzige der 16 Testbilder, bei dem das Mädchen SF sein möchte.

D) Oral-sadistisches Thema. Entsteht während der aktiven oralen Phase, sobald das Baby Zähne hat und beißen kann, vor allem wenn es eine asthenische Konstitution hat, auch nur die geringste Frustration, entwickelt sich als Reaktion darauf ein aggressiv forderndes Verhalten mit feindseligen Ausbrüchen gegen den Urheber der Frustration, die Mutter oder ein rivalisierendes kleines Geschwister. Daraus entsteht häufig eine besondere orale Gier, verbunden mit dem heimlichen Entwenden von Nahrung, wie wir es am Beispiel von *Virginie S.* gesehen haben. Infolge von Verschiebung kann auch eine *Neigung zum Diebstahl* entstehen, aus dem unbewußten Verlangen heraus, sich das zurückzuholen, um das man sich betrogen fühlt.

Häufig äußert sich dieser Oral-Sadismus im SF-Test durch besonders aggressive Themen.

So löst bei *Patrick M.*, 9 Jahre, das Vorzeigen der Titelkarte sofort orale Aggressivität aus, noch vor Benennung der Personen, so daß es schwierig ist, herauszufinden, von wem die aggressive Handlung ausgeht und wer darunter leidet: *Der da ist böse.*

Er wird ihn fressen ... er wird sich auf ihn stürzen und ihm das Fell zerkratzen. Und von Anfang an werden ausnahmslos zu allen Bildern Themen des Streits oder Verschlingens mit leidenschaftlichem Ausdruck hervorgebracht. Zum Beispiel beim zuerst gewählten Bild: *›Nacht‹: das Schwein wird das Schaf fressen; es wird die Hütte zerstören und sich auf das Schaf stürzen, um es zu fressen ... die beiden Großen schlafen ... er schaut, ob sie da sind, denn er will sie fressen ... weil sie böse sind.*
Bei *›Ziege‹: das Schwein frißt gerade ihre Dinger. Sie läßt es sich gefallen. Es wird sich auf sie stürzen und sie fressen.* Was wird die Ziege tun? *Sie läßt es sich gefallen, aber sie wird sich auf das Schwein stürzen und es fressen.*
›Trog‹: das Schwein macht Pipi auf die Blumen. Es steht mittendrin. Ah, da ist das Große, aber es sieht nichts. Ah, sein Schwanz ist weg, er liegt am Boden. Bin ich froh! Er ist weg ... Das Schwein wird aus dem Schwanzstummel bluten ... Dieses da wird seinen Schwanz fressen. Es steckt seinen Rüssel hinein. Was wird es tun? *Sie werden es mit einem Schlag töten und zum Metzger bringen und es aufessen.*
›Streit‹: Sie rennen um die Wette. Dann stürzen sie sich auf das Kleine, dann springen sie über den Zaun und zertrampeln es ... Sie tun das, weil sie nichts zu fressen haben, und sie wollen es töten und dann fressen. Sie werden sich daraufstürzen und dann werden sie es fressen.
In seinen Psychodramen kreist Patrick ebenfalls immer um aggressive orale Themen, aber etwas genauer als in seinem SF-Test, denn man erkennt hier deutlich ein Kind, das das Bild der Eltern, vor allem der Mutter, leidenschaftlich angreift, ihnen weh tut und sie verschlingt. Es findet jedoch als Gegenreaktion immer eine Vergeltung statt: Der Angreifer wird selbst angegriffen und verschlungen.
Patricks Krankengeschichte enthüllt eine schwerwiegende Frustration. Das bei der Geburt schwächliche Kind, dessen Ernährung schwierig war, wurde im Alter von 2 Monaten in Pflege gegeben, weil seine Mutter arbeitete. Er blieb dort bis zum Alter von 6 Jahren und schien dabei sehr glücklich zu sein. Dann nahmen ihn seine Eltern zu sich, sie konnten aber kein affektives Verhältnis zu ihm herstellen. Da sie beide außer Haus arbeiteten, vertrauten sie ihn einer Tante an, die ganz in der Nähe wohnte; außerdem tadelten sie ihn oft. Die orale Frustration spielt bei Patrick die Hauptrolle. Er gibt 6 Jahre als glückliches Alter an, weil es da genug zu essen gibt; vorher gab es nicht genug. Die glücklichste Person des SF-Tests ist der Vater, weil er zu essen hat. Die unglücklichste ist die Mutter, weil sie nichts zu essen hat. SF ist glücklich, weil er alles zu essen hat.

Das Besondere am Fall von Patrick ist seine infantile Persönlichkeit, die Schwierigkeit, richtige Objektbeziehungen herzustellen (wir haben gesehen, wie schlecht er beim SF-Test die Personen charakterisiert, von denen er spricht), die wilde Aggressivität, die er zusammen mit oralem Sadismus an den Tag legt, die Aggressivität ohne erkennbare Ursache; außerdem die wilde und fast ständige Wiedervergeltung, die den Angreifer dasselbe Schicksal erleiden läßt wie den Angegriffenen.

Der Fall von *Yves G.*, 8½ Jahre, ist ausgeprägter. Die Aggressivität ist hier thematischer, mit einer genauen Rechtfertigung, die uns besser als im vorhergehenden Fall über das ursprüngliche psychologische Trauma aufklärt. Sein SF-Test ist durch eine starke orale Tendenz gekennzeichnet, die sich bei Bildern äußert, auf denen sie normalerweise nicht gesehen wird: *›Streit‹*, *›Trog‹*, *›Traum M‹*. Aber bei den fünf Bildern des Säugens: *›Säugen 1 und 2‹*, *›Zögern‹*, *›Wurf‹* und *›Ziege‹*, wiederholt sich immer wieder dasselbe sadistische Thema: *SF (oder eines der weißen Schweinchen beißt die Mutter.* Warum? *Weil die Mutter böse war; sie hat das Schweinchen ge-*

schlagen oder gebissen. Was wird sie tun? *Sie wird es wieder beißen.* Bei der Titelkarte hat er SF als einen Jungen von 9 Jahren bezeichnet, mit einem 6jährigen Bruder; beide sind Waisen, denn die Eltern sind die Eltern des anderen weißen Schweinchens, eines 8jährigen Mädchens. Wird er im Test darauf angesprochen, sagt er, daß die Mutter nicht Mutter von SF ist, sondern des kleinen Mädchens. Dieses Ausweichen kann jedoch vor der Wirklichkeit nicht standhalten, denn Yves täuscht sich mehrmals und sagt: *SF beißt seine Mutter.*
Das Thema von ›*Wurf*‹ soll hier ganz wiedergegeben werden: *Ein Vater mit Stroh, der die Schweinemutter vertreibt ... Da sind kleine Kinder, die die Mutter beißen, weil die Mutter sie geschlagen hat. Sie wird sie wieder schlagen ... Und dann vertreibt der Vater die Mutter. Und dann trinkt sie, sie will nicht weggehen.* Warum will er sie vertreiben? *Damit die kleinen Kinder zu trinken haben, denen die Mutter nicht ihren Platz überlassen will.* Was siehst du noch? *Den kleinen Kindern, die zuschauen, gelingt es vorbeizukommen ... sie werden die Mutter schlagen ... und dann können sie trinken.*
Es zeigt sich also sehr deutlich, daß die Mutter, die selbst zu gierig ist, den Kleinen nichts zu essen gibt, sie mißhandelt und auf diese Weise ihre Aggressivität weckt. Das Säugen wird überhaupt nicht gesehen. Beim Blacky-Test geschieht dasselbe. Bei Bild 1 *(Säugen)* sieht Yves, daß sich Blacky und seine Mutter schlagen.
Als wir den Test mit Yves nach 8 Monaten wiederholen, sieht er die Titelkarte etwas anders. SF ist immer noch ein Junge von 9 Jahren, aber diesmal mit dem großen Schwein mit dem schwarzen Flecken als Vater, der im Test die Rolle des *Nährvaters* spielen wird. Die beiden weißen Schweinchen sind zwei jüngere Schwestern, Freundinnen von SF, und das große weiße Schwein ist ihre Mutter. Diese Mutter der Mädchen wird als die Böseste bezeichnet, weil sie die kleinen Kinder schlägt, während der Vater lieb ist. Er gibt SF bei ›*Säugen 1 und 2*‹, einem kleinen Mädchen bei ›*Zögern*‹ und den ganz Kleinen bei ›*Wurf*‹ zu trinken. Die ›*Ziege*‹ ist ebenfalls frustrierend und weigert sich zu trinken zu geben, aber SF beißt sie nicht. Als wir am Ende des Tests auf das Problem des Nährvaters zurückkommen und Yves fragen, wo die Mutter von SF ist, antwortet er, daß *SF keine Mutter hat, daß seine Mutter nichts von ihm wissen wollte und daß sie in den Wald gegangen ist.*

Vergleicht man die beiden Tests, abgesehen von der Wertsteigerung des Vaters als Ernährer, nimmt man mit Erstaunen die Änderung zur Kenntnis, die im Verhältnis zur Mutter stattgefunden hat. Im ersten Test war sie aggressiv und angegriffen; im zweiten Test ist sie nicht vorhanden, sie wird vertuscht oder, genauer gesagt, sie existiert zwar, aber in Gestalt einer fremden Mutter, der Mutter der beiden anderen kleinen Mädchen, und ist ebenfalls böse.

Dieses zweimalige Durchführen des Tests liefert eine ausgezeichnete Erklärung für das klinische Problem des kleinen Yves und wird umgekehrt auch von ihm selbst erklärt. Yves erlitt eine schwere Frustration durch seine Mutter. Als er drei Jahre alt war, starb seine ältere 5jährige Schwester an einer Gehirnblutung. Die Mutter nahm sich diesen Tod so zu Herzen, daß sie zwei Jahre lang ihr Haus und die anderen Kinder völlig vernachlässigte und ganze Tage auf dem Friedhof verbrachte. Sie ist eine leidenschaftliche, impulsive und ungestüme Frau, die ihre Kinder ohrfeigt, so daß wir uns fragten, ob sie nicht mitschuldig am Tod ihrer kleinen Tochter war und sie zu stark geschlagen hatte. Sie hat den kleinen Yves praktisch zwei Jahre lang der Pflege einer Nachbarin überlassen, hat sich kaum mit ihm beschäftigt und ihn nur barsch angefahren. Sie wollte ihn durch Prügel zur Sauberkeit erziehen, jedoch ohne Erfolg, da Yves erst mit 3 Jahren sauber war. Dies erklärt den Ausbruch von Oral-Sadismus gegen die Mutter beim ersten Test. Außerdem wird verständlich, warum die Mutter in beiden Tests nicht die Mutter von SF ist, sondern des Mädchens. Dies erklärt die klinische Wirklichkeit: Für Yves ist diese Mutter, die ihn, das lebendige Kind vernachlässigt und sich nur mit der toten Tochter beschäftigt hat, die Mutter dieses Mädchens und nicht seine eigene.

Man sollte daraus jedoch nicht schließen, daß sich dieser Oral-Sadismus auch in Yves Leben äußern würde. Ganz im Gegenteil. Yves ist ein gehemmter kleiner Junge, übertrieben ruhig, wenig aktiv, oft traurig, und so verletzlich, daß er weint, sobald man ein wenig lauter spricht. Sagt er nicht in seinem »Test du village«, daß alle Leute dort unglücklich sind? Dieser gehemmte Aspekt ist ein Hinweis darauf, daß die vitalen Haupttendenzen durch ein starkes Tabu neutralisiert wurden. Auch hier tritt wieder der häufige Fall ein, daß der projektive Test die Befreiung unbewußter Tendenzen bewirkt, die sich im täglichen Leben nicht äußern können. Darin liegt sein besonderer Wert. Es ist jedoch sehr wahrscheinlich, daß Yves nach seiner freien Äußerung ein unbestimmtes Schuldgefühl hatte, das seine Ich-Abwehr in Gang setzte, so daß im zweiten Test jeder Oral-Sadismus verschwunden war und seine selektivere Einrichtung der Beziehungen zu den Eltern dem Vater, der hier als Nährvater gesehen wird, mehr zugute kam als der Mutter. Gleichzeitig erhalten wir zum Schluß die Erklärung für die Ablehnung der Mutter: »SF hat keine Mutter, denn seine Mutter wollte nichts von ihm wissen; dann ging sie in den Wald«, eine fast direkte Übertragung der Wirklichkeit.

2. Verschleierte Themen

Wird die Oralität durch die Ich-Abwehr zensiert und ist sie Gegenstand einer Verdrängung, tritt sie hinter den Themen zurück und man könnte denken, daß sie in Wirklichkeit ganz fehlt. Ist die Verdrängung dauerhaft, entwickeln sich *Reaktionsbildungen,* die die oralen Triebe ins Gegenteil verkehren.

Das Tabu ist um so stärker, je aggressiver die oralen Triebe sind. Dies geht so weit, daß man bei den Bildern *›Säugen‹*, wenn das übliche Thema fehlt oder nicht übernommen wird, einen heimlichen Oral-Sadismus vermuten muß.

Während aus der glücklichen Oralität eine heitere und selbstsichere Stimmung entsteht, führt die verdrängte Oralität zu einer traurigen und pessimistischen Stimmung. Wie wir bei der vorhergehenden Beobachtung gesehen haben (wo aggressive Oralität sehr schnell zensiert wurde), war der kleine Yves meist von Traurigkeit erfüllt. Diese Traurigkeit kann bei ziemlich passiven Temperamenten bis zu einer echten Depression gehen. Ein ausgezeichnetes Beispiel dafür war der bereits beschriebene Fall von *Elisabeth R.* mit dem Thema »die Fee hat SF hinausgeworfen«.

Bei der Depression wird die Aggressivität sehr oft gegen die eigene Person gerichtet, was sich in spezifischen Ängsten äußert, die das Gegenstück zu den oralsadistischen Trieben darstellen. An die Stelle des Wunsches, zu beißen, zu verschlingen oder seine Rivalen zu töten (zum Beispiel seine Geschwister), tritt hier die Angst, gebissen oder verschlungen zu werden oder zu sterben. Die Kinder mit einer oralen Fixierung fürchten außerdem oft, durch Nahrungsentzug bestraft zu werden, oder es tritt die verstärkte Furcht auf, von einem Wolf verschlungen zu werden oder zu verhungern und zu verdursten. Diese Furcht kam sehr stark bei dem bereits beschriebenen Fall von *Patrick M.* zum Ausdruck (oral-sadistische Themen).

Daß die orale Tendenz häufig zensiert wird, zeigt sich durch die erstaunliche Feststellung, daß das Bild *›Säugen 1‹* zwar oft, aber doch nicht immer B ist. In 32 von 100 Fällen ist es NB. Außerdem identifiziert sich das Kind bei weitem nicht immer mit SF, der doch hier eine bevorzugte Rolle spielt. Auf 52 Identifikationen mit SF kamen 48 Identifikationen mit anderen Personen. Auffallend ist, daß sich weniger Mädchen als Jungen mit SF identifizieren (20 gegenüber 31); die Mädchen identifizieren sich dafür weitaus häufiger mit der Mutter (20 gegenüber 9). Bringt man dies mit der größeren Häufigkeit von *Anorexia nervosa* bei Mädchen in Zusammenhang, scheint es, daß diese Ablehnung des Säugens mit einem komplizierten Problem zusammenhängt, bei dem die Aggressivität gegen die Mutter eine wichtige Rolle spielt. Es ist bekannt, daß die Mädchen in der ödipalen Phase große Schwierigkeiten haben, gute Beziehungen zu ihrer Nährmutter aufrechtzuerhalten, da sie in eine Rivalität mit ihr, die bis dahin Hauptgegenstand der Zuneigung war, treten. In der ödipalen Phase entsteht eine Feindschaft zwischen beiden, und diese Feindschaft richtet sich nicht nur gegen die Quelle der Frustration – hier die Mutter –, sondern auch gegen das Säugen an sich. Die Identifikation mit der Mutter, die hier die Identifikation mit SF ersetzt, stellt eine Identifikation mit dem Aggressor dar.

Die Ablehnung der Bilder *›Säugen‹* läßt sich bei sehr verschiedenen klinischen Fällen feststellen. Bei *Anorexia nervosa* ist sie fast immer vorhanden. Dieses seltsame klinische Syndrom scheint zuerst ganz im Gegensatz zu der oralen Gier zu stehen. Dies ist jedoch ein Irrtum. Es ist in Wirklichkeit die Folge einer vergleichbaren Frustration, aber wegen eines unterschiedlichen Temperaments reagiert die Versuchsperson auf die Frustration nicht mit verstärkter Gier, sondern mit Ablehnung: »Weil ich nicht bekomme, was ich will, will ich gar nichts.« Diese Ablehnung entsteht bekanntlich nur in Gegenwart der Person, die für die Frustration verantwortlich gehalten wird, nämlich der Mutter. Eines der auffallendsten Merkmale dieser Krankheit ist, daß das zu Hause appetitlose Kind, sobald es seine Mahlzeit anderswo, zum Beispiel in einem Ferienlager, einnimmt, ißt wie alle anderen. Dies unterstreicht die unausgesprochene Aggressivität. Die Weigerung zu essen ist ein unbewußtes Mittel, die Mutter zu tyrannisieren und während der endlosen Mahlzeiten ihre ganze Aufmerksamkeit völlig in Anspruch zu nehmen. Ein weiteres Anzeichen für die *negative orale Fixierung* dieser Eßstörung ist, daß wie bei jeder Reaktionsbildung die ursprüngliche Tendenz immer gegenwärtig ist, wenn auch meist verschleiert. Zwischendurch kommt sie dann in Form plötzlich auftretender Gier zum Ausbruch.

Hier der Fall der 10jährigen *Annie D.*, deren Ernährung schwierig war (sie wurde nicht gestillt), sie trank nie ihre Flasche leer und hatte auch später nie Hunger. Sobald sie anfängt zu essen, sagt sie, sie könne nicht mehr; die Mutter regt sich auf und es folgen unendlich lange Sitzungen, bei denen Mutter und Tochter weinen.

Körperlich ist das Mädchen *zurückgeblieben*[9], schmächtig und leicht frierend, und es ist seinem Typ entsprechend übersensibel, ängstlich und vergießt grundlos Tränen.

Annie ist jedoch sehr gierig. Erstens auf Nahrung: Sie will zum Beispiel das größte Stück Kuchen und sagt: *Welches ist das Größte? Das ist für mich,* ißt es aber dann nicht auf; oder, wenn sie Süßigkeiten bekommt: *Meine Schwestern haben keine bekommen!* Außerdem will sie stets die Erste sein, will die schönsten Gegenstände, die schönsten Spielsachen, will ihre Mutter ganz für sich allein, und will nicht, daß diese mit ihrer großen Schwester weggeht.

Sie macht sich selbst Vorwürfe, und es kommt vor, daß sie ein Bonbon zurückweist, weil Fastenzeit ist, und weil sie, wie sie sagt, büßen will, was ihre Tendenz zu Reaktionsbildungen zeigt.

Etwas ist bemerkenswert: sie wollte nie blutiges Fleisch essen; sie will es gekocht »wie eine Sohle«. Es ist bekannt, daß es sich dabei häufig um eine Reaktionsbildung gegen den Oral-Sadismus handelt, und die Abscheu vor allem Blutigen den Wunsch nach Blut neutralisiert. Bei Annie ist dies der Fall. Im Alter von zwei Jahren biß sie ihre beiden Schwestern blutig und griff sogar die ganz Kleine, die noch in der Wiege lag, an. Zur Strafe biß ihre Mutter sie ebenfalls. Und seitdem hat Annie, die es daraufhin nie wieder tat, Angst vor allen Tieren, die beißen, eine solch panische Angst, daß sie sich, wenn sie auf der Straße einen Hund sieht, vor ein Auto werfen würde, um ihm zu entgehen. Beim Düss-Fabeltest hat sie Angst, daß ein Tiger oder ein Wolfshund nachts eindringen und sie beißen könnten.

Die orale Funktion wird vor allem tabuisiert, wenn eine sadistische Aggressivität zugrunde liegt. Infolge einiger typischer Beobachtungen kamen wir zu dem Schluß, bei einer ausgeprägten Ablehnung des Säugens beim SF-Test hinter dieser Ablehnung eine starke orale Aggressivität zu vermuten, selbst wenn diese überhaupt nicht geäußert wird.

Im Fall von Annie D. ist der SF-Test sehr aufschlußreich, was die verschiedenen Aspekte der nervösen Anorexie betrifft. Als eines der ersten Bilder wählt sie ›*Säugen 2*‹. Während sie SF zu Beginn als einen 5jährigen Jungen bezeichnet hatte, gibt sie dann folgendes Thema: *Die Schweinemutter hatte noch ein kleines 2jähriges, das sie lieber hatte als die anderen; sie gibt diesem alles und den anderen nichts; die 4jährigen Zwillinge sind eifersüchtig.* Annie wagt jedoch nicht, sich mit SF zu identifizieren, sie ist einer der Zwillinge. Bei ›*Trog*‹ sagt sie: *SF ist nachts aufgestanden, um zu essen und zu trinken; er war immer hungrig; die Eltern sind aufgewacht und haben ihn essen gesehen; er hat sich den Magen verdorben; der Doktor sagte, er sei ein Vielfraß* (Identifikation: *eine kleine Schwester, weil diese niedlicher ist*). Dann bei ›*Zögern*‹: *SF wurde immer schwieriger. Er aß fast gar nichts mehr. Seine Mutter ist ärgerlich – Warum ißt du nicht? – SF nörgelt und schmollt. Seine Mutter ist verzweifelt, daß er nicht essen wollte* (Identifikation: *SF, weil er wie ich ist*). Hier kommen nacheinander Gier und Ablehnung zum Ausdruck; die Gier ist jedoch heimlich und wird nicht übernommen; die Ich-Abwehr erzwingt im Gegenteil mit der Identifikation mit SF, »weil er wie ich ist«, die ablehnende Haltung.

Hier kann man eine genauere Untersuchung anstellen und zu einem dynamischen Verständnis der Anorexie dieses Mädchens kommen. Wie wir bereits wissen, stellt ihre Anorexie die Verdrängung einer gierigen und aggressiven Oralität dar, einer

[9] Bei einer zurückgebliebenen Gesamterscheinung mit schmächtigem Körper und schmalem Gesicht fallen überentwickelte Einzelheiten, vor allem ein großer Mund, auf.

Unterdrückung, die durch das überempfindliche und ängstliche Wesen des Mädchens begünstigt wird, das von der mütterlichen Autorität, die sich in der beschriebenen Weise äußerte, fast erdrückt wurde. Der männlichen Identifikation mit SF ist jedoch Beachtung zu schenken, sie ist kein Zufall. Als Annie geboren wurde, wünschte sich die Mutter einen Jungen; als sie sah, daß es ein Mädchen war, weinte sie drei Tage lang, und Annie kam nach und nach zu der Ansicht, daß sie als Junge mehr geliebt worden wäre. Sie bekam immer wieder zu hören, daß sie nicht stark sei, weil sie nichts aß, und da Jungen stärker sind als Mädchen, zog Annie daraus ihre Schlüsse. Einige Übereinstimmungen bei den Tests geben uns Aufschluß über ihr verborgenes Denken. Beim Düss-Fabeltest gibt Annie folgendes Thema: *Das Große gehorcht seiner Mutter und geht mit den anderen auf die Weide. Das Kleine ist zufrieden; es wird trinken; aber es wird nie so stark sein wie das Große. Dann läuft das Kleine heimlich, ohne Wissen seiner Mutter, davon; es geht zu einer anderen Mutter, die viel Milch hat und stark ist; es bleibt für immer bei ihr; es wird stark; es ist ein Lamm-Junge. Das Große ist ein Lamm-Mädchen; wenn es einmal Mutter sein wird, wird es seinem kleinen Kind sagen, daß es nie davonlaufen soll.* Die Methode der BI, die wir auch beim Fabeltest anwenden, hat hier ein etwas unerwartetes Ergebnis geliefert, denn Annie ist wider Erwarten nicht das Lamm-Mädchen; sie identifiziert sich mit dem kleineren Lamm-Jungen. Wie schon erwähnt, wurde Annie nicht gestillt. Hat sie mit dem erstaunlichen Ahnungsvermögen der ganz Kleinen erkannt, daß ihre Mutter sie nicht wollte und deswegen keine Milch für sie hatte? Dies ist durchaus möglich. Ihre Beschreibung des Fabeltests rechtfertigt jedenfalls diese Ansicht.

Annie ist hierbei frustriert, obwohl sie sich mit einem kleinen Lamm-Jungen identifiziert; sie beansprucht die stärkere Milch einer anderen Mutter, die sie besser ernährt als ihre eigene Mutter. Und am Ende, als sie sich für einen Augenblick wieder mit dem Lamm-Mädchen identifiziert, nimmt sie sich vor, ihr zukünftiges Kind nicht so zu behandeln, wie ihre Mutter sie behandelt hat, damit es nicht davonläuft.

Hier sei noch abschließend hinzugefügt, daß Annie mit ihrer Neurose die ödipale Situation nicht akzeptieren konnte. Ihre aggressive Rivalität mit ihrer Mutter hat sich verstärkt, konnte sich jedoch nur in der schon etablierten Form der Anorexie äußern. Selbst in dieser Form ruft sie ein starkes Schuldgefühl hervor und wenn die Mutter bei den Mahlzeiten zu Annie sagt: »Du bringst mich noch um«, hat das Mädchen schreckliche Angst, daß dies wirklich eintreten könnte und daß es dafür verantwortlich wäre. Diese schlimme Lage, in der sie sich abquält, erklärt ihre Regression: Sie identifiziert sich ständig mit einem kleinen Jungen (vgl. Fabeltest); in ihrem »Test du village« stellt sie besonders ein Baby in den Mittelpunkt, das von allen Leuten bewundert wird; in den Psychodramen spielt sie immer die Rolle des kleinen Jungen. Das glückliche Alter ist für sie zwei Jahre, das Alter, das sie in ihrem SF-Test dem Kleinen gegeben hat, »das von der Mutter bevorzugt wurde«. Diese Regression läßt sich erklären: bei ihrer Identifikation mit dem kleinen Jungen rivalisiert Annie nicht mehr mit der Mutter; sie hat sich von der Angst befreit, die durch ihre aggressiven Gefühle erzeugt wird, und sie hat sich außerdem von der Angst vor Vergeltung befreit, der Angst, die im SF-Test bei *›Loch‹* zum Ausdruck kommt: *SF hat sich in der Nacht verirrt; seine Eltern haben ihn nicht gefunden; er wird verhungern.*

3. Ersatzmutter und Nährvater

Wir werden im Kapitel »Deutung« noch auf die Realität der Frustrationen zurückkommen, die in den projektiven Themen der Kinder zum Ausdruck kommen. Hier sei nur soviel gesagt, daß es eine beträchtliche Anzahl von Fällen gibt, in denen das Kind wirklich schwere Frustrationen erlitten hat und daß es sich häufiger um entbehrte Liebe als um entbehrte Nahrung handelt. Es gibt aber auch Fälle, bei denen die Frustration nicht objektiv festgestellt werden konnte und bei denen wir annehmen müssen, daß sie von dem Kind nur wegen seiner besonderen Verletzlichkeit erlebt wurde.

Wie dem auch sei, die wirkliche oder eingebildete Frustration spielt in der Entwicklung der kindlichen Persönlichkeit eine wichtige pathogene Rolle, da sie das Kind innerlich in einer ständigen Sehnsucht nach der glücklichen oralen Phase leben läßt und es daher an der Entwicklung hindert.

Wir werden am Ende dieses Kapitels sehen, daß sie in der Phantasie einiger Versuchspersonen besondere Ideen hervorbringt, einmal die Idee von der *Adoptivmutter* oder Ersatzmutter, der idealen Mutter, die ihnen gibt, was ihnen die wirkliche Mutter vorenthalten hat, und zum anderen die Idee vom *Nährvater,* bei der die Aufgabe der Ernährung der Kinder nicht mehr Sache der Mutter, sondern des Vaters ist.

4. Ambivalenz

Bei vielen Kindern ist die orale Regression nur teilweise. Von Zeit zu Zeit und je nach ihrem Gesundheitszustand machen sie entweder Fort- oder Rückschritte. Sobald sie sich in schwierigen Lebensumständen befinden, zögern sie, ob sie sich erwachsen zeigen oder wieder klein werden sollen. So zum Beispiel, wenn sie durch die Geburt eines Geschwisterchens traumatisiert werden. Diese Ambivalenz der Gefühle gehört in gemäßigter Form zum Normalzustand. Ist sie jedoch sehr stark, führt sie zu einer schwachen Persönlichkeit, die sich nicht anpassen kann. Unser Bild *›Zögern‹* bringt in einigen Fällen diese Ambivalenz zum Vorschein, und es ist interessant, festzustellen, wie sie in einem bestimmten Fall gelöst wird, je nachdem, ob SF wie ein ganz kleines Kind bei seiner Mutter saugt oder wie ein großes Kind mit seinem Vater aus dem Trog trinkt.

Ein besonders interessanter Fall, der vor allem bei Mädchen häufig vorkommt, ist, daß ein Mädchen vor der ödipalen Situation, bei der es in Wettstreit mit der Mutter treten muß, zurückweicht, und in die orale Phase zurückkehrt, um die guten Beziehungen zu ihrer Ernährerin aufrechtzuerhalten und so dem Schuldgefühl zu entgehen. Wir haben dafür schon das Beispiel von *Annie D.* angeführt.

Hier sei noch die 6jährige *Françoise B.* erwähnt, auf deren Beobachtung wir noch bei den ödipalen Themen zurückkommen werden. Klinisch äußert sich bei ihr eine starke Aggressivität gegen die Mutter. In dem Test identifiziert sie sich neunmal mit der Mutter. Viermal ist sie jedoch auch SF, der ganz kleine Vierjährige, den seine Schuldgefühle beunruhigen und der mehrere Male, vor allem bei *›Loch‹, Angst hat, seine Mutter nicht wiederzufinden.* Bei den Psychodramen spielt sie die ödipale Situation mit einer starken Aggressivität gegen die Mutter, das Spiel endet jedoch oft mit einer oralen Regression, und sie ist dann das Baby, das getröstet werden will.

II. Anale Themen

Aus Kapitel I geht die Bedeutung der *analen Phase* hervor, der Phase, in der normalerweise die Beherrschung der Schließmuskeln eintritt. Hier muß noch einmal betont werden, daß das Kind große Lust bei der Befriedigung seiner Triebe je nach Laune findet und daß jede zu strenge Erziehung, die die Reinlichkeit zu schnell erreichen will, eine gefährliche Frustration erzeugt. Wie wir gesehen haben, kommt es häufig vor, daß Kinder, die in dieser Phase Frustrationen erlitten, bis in ein Alter, in dem den anderen die Reinlichkeit längst zur Gewohnheit geworden ist, immer noch ihre Exkremente nach Belieben ausscheiden. Diese Handlungsweise erfolgt oft in aggressiver Absicht gegen die für die Frustration verantwortliche Person, also hier noch die Mutter. In der Mehrzahl der Fälle ist die Tendenz einem stärkeren Tabu unterworfen und kann nur im Schlaf befriedigt werden, wenn die große Entspannung der Ich-Zensur eintritt. Die extreme Häufigkeit von *nächtlicher Enuresis* bei Kindern, die frühzeitig bei Tag sauber waren, ist bekannt.

Die Fixierung auf die anale Phase kann sich durch Verschiebung auch in einer Tendenz zur Unsauberkeit äußern, wie dies bei Kindern der Fall ist, die sich weigern, sich zu waschen, oder die sich gerne beschmieren oder im Schmutz herumwaten. In der Schule können sie ihre Hefte nicht sauberhalten.

Bei der üblichen Erziehung sind diese analen Tendenzen einer viel stärkeren Zensur unterworfen als die oralen Tendenzen. Ist diese Zensur sehr stark, kommt es oft zu sehr ausgeprägten *Reaktionsbildungen,* mit Ordnungs- und Sauberkeitsmanien, die das Negativ der verbotenen Tendenzen darstellen.

Hier kann man noch zwischen *freien Themen* und *verschleierten Themen* unterscheiden, muß jedoch hinzufügen, daß die Unterscheidung zwischen beiden nicht klar zu treffen ist, da die freien Themen fast immer sie verändernden Zensuren unterworfen sind, so daß wir in diesem Kapitel eher eine Abstufung geben können und von den freiesten Themen zu den am meisten verschleierten Themen übergehen.

Unser SF-Test enthält zwei Bilder, die zu analen Themen anregen: ›*Trog*‹ und ›*Schmutzspiele*‹. Hierzu ist gleich zu bemerken, daß diese Themen, selbst wenn sie geäußert werden, vom Ich nicht ebenso toleriert werden wie die oralen Themen, und daß sie sich fast nie auf andere Testbilder ausdehnen. Wie aus Kapitel III hervorgeht, ist es sogar selten, daß man ohne absichtliche Übergehung frei geäußerte und übernommene Themen erhält. Bei ›*Trog*‹ tut die Mehrzahl der Kinder so, als ob sie nicht sehen würde, daß SF in den Trog uriniert, und dies geschieht aus Ablehnung; macht man sie nämlich darauf aufmerksam, sehen sie es schließlich. Wir haben außerdem berichtet, wie selten sie die Handlungsweise von SF übernehmen, da sie sich nur 30mal mit ihm identifizieren, dagegen aber 38mal mit den weißen Schweinchen, die zuschauen (bei den Bildern, auf denen das Urinieren nicht vertuscht wird).

Bei ›*Schmutzspiele*‹ passiert nicht ganz dasselbe. Die meisten Kinder beschreiben mit Vergnügen, wie sich die beiden Schweinchen in der Jauche tummeln. Bei der Aggression gegen den Vater sind sie schon zurückhaltender, sie ist oft »nicht absichtlich«. Aber schließlich identifizieren sich nur wenige mit dem Helden, da sie nur 29mal eines der beiden schmutzigen Schweinchen sind, dagegen aber 55mal das saubere.

Es läßt sich mit ziemlicher Sicherheit feststellen, daß die auf diesen Bildern dargestellte anal-sadistische Aggressivität nur von Kindern ohne analen Konflikt bereitwillig gesehen wird. Bei allen Fällen, in denen sich die Fixierung auf die anale Phase klinisch äußert, geschieht dies dagegen nie ohne ernsthaften Konflikt zwischen Tendenz und Ich-Zensur.

Hier zum Beispiel der Fall des 8jährigen *Dominique H.*, der wegen einer ständigen *nächtlichen Enuresis* zu uns gebracht wird. In seinem SF-Test beschreibt er *›Trog‹* ausweichend und läßt SF auf den Kartoffeln herumtrampeln. *›Schmutzspiele‹* wird bildgetreu beschrieben: Das Wasser ist schwarz und den Schweinchen macht es Spaß, den Vater damit zu bespritzen, der ihnen dafür eine Tracht Prügel geben wird. Bei den BI gefallen dem Jungen alle Bilder, weil SF drollig ist. *›Trog‹*, weil er in den Kartoffeln herumspringt und sich darauf freut, mit den anderen davon zu essen; Identifikation mit SF. Um die Aussage *»SF macht Pipi; das hatte ich nicht gesehen; ich dachte, das sei verspritztes Wasser; wenn Vater und Mutter davon essen, wird es nicht besonders gut schmecken«*, zu erhalten, muß er erst darauf aufmerksam gemacht werden. *›Schmutzspiele‹* gefällt ihm, weil *es ihnen Spaß macht, das Gesicht des Vaters mit Schmutz zu bespritzen;* Identifikation mit SF und dem anderem im Schmutz stehenden Schweinchen. Bei den abschließenden Fragen erfahren wir, daß SF der Unartigste ist, weil er überall Pipi macht, vor allem in die Kartoffeln; daß er deswegen aber auch der Glücklichste sei, weil er überall Pipi macht und immer wenn er Lust hat. Dominique bevorzugt SF, weil er ungehorsam ist, weil er seine Eltern wütend macht, um ihnen Kummer zu bereiten, denn er mag sie nicht, weil sie ihn bestrafen. Bei Vorzeigen der *›Fee‹* wünscht sich SF jedoch, daß ihm geholfen wird, nicht mehr ungehorsam zu sein und nicht mehr überall Pipi zu machen.

In dem Test bestätigt sich also, wenn auch zu Beginn noch zurückhaltend, welche Lust der Junge bei der Befriedigung seiner analen Tendenzen empfindet, mit gleichzeitiger Aggressivität gegen die Eltern, eine Lust, die durch die Tatsache zum Ausdruck kommt, daß 14 von 16 Bildern B sind und daß er sich 12mal mit SF identifiziert.

Es ist außerdem bemerkenswert, daß *Kuß‹* das unbeliebteste Bild ist (was nur selten vorkommt), mit der Begründung, daß es dem weißen Schweinchen, das zuschaut, nicht gefällt, daß sich die Eltern umarmen. Es handelt sich jedoch nicht um SF, sondern um einen Bruder. Dieses Ausweichen in Verbindung mit der Ablehnung des Bildes ist ein Hinweis auf die starke ödipale Eifersucht des Jungen. Bei den Themen wurde *›Kuß‹* als eines der letzten Bilder analysiert, und zwar auf eine Weise, die das Unbehagen des Jungen bei diesem Bild nur allzu deutlich zeigt.

Im Wald gibt es Bäume, Holzbündel, Tannen, eine Eiche ..., dann ist da ein Schweinchen, das an einer mit Blumen bewachsenen Mauer lehnt... Vater und Mutter umarmen sich und tanzen. SF und das andere Schweinchen sind zum Fressen in den Schweinestall gegangen. SF frißt aus dem Trog, in den das Fressen für die Eltern und das andere Schweinchen geschüttet ist.

Wir haben hier eine eigenartige Ich-Abwehr, auf die in »Deutung« (Kapitel V) noch im einzelnen eingegangen wird. Vom Hauptthema des Bildes, das deutlich in den Vordergrund gerückt ist, in Verlegenheit gebracht, schleicht das Kind wie die Katze um den heißen Brei: es weicht in die Beschreibung der unwichtigen Einzelheiten aus, beschreibt dann das Schweinchen, ohne diesem jedoch irgendein Gefühl zu verleihen, nur als »an die Mauer gelehnt«, spricht schließlich doch von den Eltern, weicht dann aber vom Bild ab und erzählt ein orales Thema von dem abwesenden SF, das die Rache an den Eltern zu sein scheint. Dies läßt auf eine starke ödipale Rivalität schließen, die in dem Test vor allem durch orale (SF entwendet Nahrung) und anale Themen zum Ausdruck kommt. Es ist bekannt, daß Analität wie Oralität eine regressive Art sein können, den ödipalen Konflikt auszudrücken; Kinder, die Bettnässer sind, schliefen häufig lange Zeit im Schlafzimmer der Eltern.

Das Bettnässen ist, da es im Schlaf geschieht, eine unbewußte, von der Ich-Zensur verdrängte erotische Äußerung. Es ist daher nur natürlich, daß nie die reine Tendenz geäußert wird, sondern immer eine durch Abwehrmechanismen veränderte Tendenz. Das oben angeführte Beispiel zeigt dies schon, obwohl die Tendenz schließlich doch klar zum Ausdruck kommt.

Die Mehrzahl unserer Bettnässer weist denselben Konflikt zwischen Tendenz und Zensur auf.

Der 12jährige *Pierre-Yves A.* zum Beispiel, der bis zum Alter von 7 Jahren Bettnässer war, gibt bei ›*Trog*‹ folgendes Thema: *SF macht Pipi in den Trog der Eltern, um diese zu ärgern, weil er sie nicht mag.* Das Bild ist NB. Identifikation mit der schlafenden Schwester. Und bei ›*Schmutzspiele*‹: *SF bespritzt seine Mutter absichtlich. Die beiden Kleinen vergnügen sich; das dritte, auf der linken Seite, kommt ebenfalls dazu.* Das Bild ist NB. Identifikation mit Niemandem.

Bei dem 9jährigen *Daniel L.* ist das Thema von ›*Trog*‹ noch stärker: *SF uriniert in den Trog der Eltern; wenn diese daraus fressen, werden sie vergiftet.* Das Bild ist NB. Identifikation mit Niemandem.

Wie schon erwähnt, wurde der Vater in ›*Schmutzspiele*‹ so dargestellt, daß man ihn mit der Mutter verwechseln kann. Je nachdem, ob das Kind darin Vater oder Mutter erkennt, sehen wir, gegen wen sich seine Aggressivität richtet (nämlich 34mal gegen den Vater und 27mal gegen die Mutter).

Diese anal-sadistische Aggressivität erreicht ihren Höhepunkt bei den Fällen anhaltender *Enkopresis.* In vier Fällen, immer bei Jungen, war dies eine feindliche Äußerung gegen die Mutter.

Jean-Paul B. zum Beispiel kotete bis zu 6 Jahren ein. Seine Mutter, eine Lehrerin, war eine strenge Frau, forderte viel von ihm und wollte, daß er Klassenbester war. Deswegen zwang sie ihn schon mit 3 Jahren, zur Schule zu gehen. Es war ihm gerade gelungen, seine Schließmuskeln zu beherrschen. In der Schule fing er wieder an, jeden Tag in die Hosen zu machen, und die Lehrerin war jedesmal gezwungen, ihn nach Hause zu schicken. Die Nachbarn erzählten, daß der kleine Junge triumphierend zurückkehrte und auf dem ganzen Weg sang: *Ich habe in die Hosen gemacht!*

Abschließend erwähnen wir als Beispiel für ein *verschleiertes Thema* den Fall des 8jährigen *Henri P.*, der ›*Schmutzspiele*‹ so beschreibt: *Sie vergnügen sich und spielen im Schlamm. Ein Schweinchen ist sauber; das andere bewirft es mit Schmutz. SF bewirft die Mutter mit Schmutz, nein! SF ist am wenigsten schmutzig, er bleibt sauber. Er schaut zuerst zu, macht aber dann auch mit.* Bei den BI wird das Bild unter

NB eingestuft: *Da ist ein weißes und ein schwarzes Schweinchen. Sie wollen die Tiere mit Mist bespritzen. SF bespritzt mit den Pfoten seine Mutter ... ich finde das ekelhaft.*

Identifikation mit Niemandem. Hier folgen sehr rasch aufeinander die starke Äußerung der Tendenz und die sofortige Zensur; die Weigerung, sich zu identifizieren, bildet den Schlußpunkt. Dieses Kind hatte eine starke oral-sadistische und anal-sadistische Aggression gegen seine Eltern, vor allem gegen seine Mutter, fühlte sich aber schuldig dabei.

Im Rahmen dieser Studie über die Analität ist noch einmal darauf hinzuweisen, daß sich bei der Fixierung auf eine vorgenitale Phase, ob oral oder anal, immer ein Problem erhebt, nämlich ob sie nicht eine ödipale Regression darstellt, in der sich in diesem Fall die Liebesbeziehung sadistisch äußert. Bedeutend ist in diesem Zusammenhang noch, daß es sich in allen vier Fällen der Enkopresis um Jungen handelt und daß sich deren Aggressivität immer gegen die Mutter richtet. Es besteht Grund zu der Annahme, daß die Aggressivität hier wie in vielen Fällen das Ergebnis einer frustrierten Liebe ist (vgl. § III unten).

III. Themen der Sexualität

Zwei unserer Bildkarten beziehen sich hauptsächlich auf die Intimität der Eltern: *›Kuß‹* und *›Nacht‹*. Das Bild *›Wurf‹* regt zu Themen an, die im Zusammenhang mit der Geburt stehen. Das Bild *›Gänserich‹* steht oft im Zusammenhang mit Kastrationsängsten.

1. *›Kuß‹* ist zusammen mit *›Wurf‹* das beliebteste Bild (76%). Es ist vor allem bei den Mädchen B (82%). Die Handlung findet am hellen Tage und in Form einfacher Zärtlichkeit statt, so daß die meisten Kinder bei der Beschreibung kein Unbehagen empfinden und sich entweder mit dem zuschauenden Schweinchen oder mit einem Elternteil identifizieren. Für den Nachweis der ödipalen Eifersucht einiger Kinder ist kein Bild besser geeignet. Einige weigern sich, in den beiden großen Schweinen die Eltern zu sehen; sie sagen, es seien fremde Schweine oder SF mit seiner Schwester oder seinem Bruder. Andere lehnen das Bild ab oder verweigern eine Identifikation oder äußern Schuldgefühle.

Hier die mit dem Bild verbundenen Abwehrmechanismen des 11jährigen *Philippe G.* Das Bild wird zuerst abgelehnt. Bei den BI ist es NB und nach längerem Zögern sagt der Junge: *Leute, die sich umarmen, und ein kleiner Junge, der zuschaut.* Wer ist das? *Der Vater und die Mutter.* Was passiert? *Nichts.* Auf eine diesbezügliche Frage sagt er: *Das Bild gefällt mir nicht.* Identifikation mit Niemandem.

Der 16jährige *Marcel D.*, einziger Sohn, der an beginnender Schizophrenie leidet, macht den SF-Test mit minutiöser Genauigkeit, zögert jedoch ständig zwischen allen möglichen Situationen und ist nicht in der Lage, Partei zu ergreifen. Bei einigen für ihn entscheidenden Themen zögert er jedoch nicht und drückt sich sehr deutlich aus. Bei ›*Kuß*‹, das er ablehnt und unter NB einstuft, sagt er, daß es ihm nicht gefällt, weil *es die Liebe von ... Mutter und Vater darstellt.* Ist es nicht schön, daß sich Vater und Mutter lieben? – *Nein.* – Aber das ist doch normal? – *Ja.* – Was stört dich dann? – *Ich mag das nicht sehen.* Identifikation mit Niemandem.

2. ›*Nacht*‹ führt zu ähnlichen Themen, aber mit der ganzen beunruhigenden Atmosphäre der Nacht, die das Schlafzimmer der Eltern für das Kind oft geheimnisvoll erscheinen läßt. Es wird sehr oft abgelehnt und ist sehr oft NB, häufig mit der Begründung, daß man nicht genau feststellen könne, was es darstellt. Es ist jedoch bewiesen, daß ausnahmslos alle Kinder in den beiden großen Schweinen die Eltern wiedererkennen; wenn sie sie also nicht benennen, geschieht dies aus Abwehr. Es kommt zum Beispiel vor, daß die Eltern, die bei dem Thema mehr oder weniger vertuscht wurden, bei den BI auftauchen, wenn die Abwehr verschwunden ist. Das Schuldgefühl des Schweinchens, das zuschaut, äußert sich oft in der Verweigerung einer Identifikation.

Das Ausweichen kann auch in anderen Themen als dem Thema der Intimbeziehungen zum Ausdruck kommen.

Bei dem sehr infantil gebliebenen 18jährigen *Yvonnick C.* ist das Thema oral: *Das ist ein Schwein ... das seinen Vater und seine Mutter beobachtet ... und die beiden anderen schlafen ... Es beobachtet aufmerksam ... Was machen Vater und Mutter?* (schüchtern) *Sie essen wohl. Warum schaut es ihnen zu? Weil es vielleicht auch gerne essen möchte.* Bei den BI ist das Bild NB, weil *das Schweinchen seine Eltern beobachtet, statt zu schlafen ... es beobachtet, was sie machen.* Auf eine diesbezügliche Frage: *Das ist SF* (Identifikation mit den schlafenden Kleinen).

Claude M., 13 Jahre, äußert ein sadistisches Thema. Beim Betrachten des Bildes fragt er: *Ist das ein Wolf oder ist es der Vater?* Dann, als er selbst entscheiden soll: *Während seine Schwestern schlafen, schaut SF zu. Er weiß nicht, ob es ein Wolf oder der Vater ist.* Was glaubt er? *Zum Beispiel, daß ein Wolf durch das Fenster gekommen ist und daß seine Mutter in Gefahr ist ... er beobachtet ... er weckt vielleicht seine Schwestern, aber vielleicht glaubt er auch, daß seine Mutter sich selbst wehren kann.* Bei den BI, bei denen das Bild NB ist, *weil man im Dunkeln nicht gut sieht und weil SF zu neugierig ist,* verschwindet jedoch sein Zögern (Identifikation mit einem der Mädchen, nicht mit SF, weil dieser zu neugierig ist und weil das nicht gut ist).

3. ›*Traum M*‹ und ›*Traum V*‹ lassen sich ebenfalls mit dem ödipalen Thema verknüpfen, sofern sie das Liebesobjekt (andersgeschlechtlicher Elternteil) oder das Ich-Ideal (gleichgeschlechtlicher Elternteil) darstellen. Sie sind oft B. Normalerweise identifiziert sich das Kind entweder mit SF, der vom andersgeschlechtlichen Elternteil träumt, oder mit dem Elternteil, der das Ich-Ideal darstellt. In ›*Traum V*‹ sind die Mädchen 58mal SF und in ›*Traum M*‹ 23mal die Mutter. Die Jungen sind in ›*Traum M*‹ 62mal SF und in ›*Traum V*‹ 27mal der Vater.

Diese Bilder werden aber auch häufig abgelehnt und sind NB. Dies ist ein Anzeichen dafür, daß die Träume von SF Schuldgefühle hervorrufen, die vom Ich zensiert werden.

Hier zum Beispiel der Fall von *Raymond C.*, 15 Jahre, der für ›*Traum M*‹ ein auf den ersten Blick unverfängliches Thema gibt: *SF schläft, träumt, sieht seine Mutter.*

Wacht dann plötzlich auf und sieht sie nicht mehr. Was macht er? *Er sucht sie, um zu trinken.* Das Bild ist jedoch nicht sehr beliebt und er identifiziert sich mit Niemandem, nicht mit SF, weil SF von seiner Mutter träumt.

4. Ist das ödipale Thema stark, kommt es häufig auch in anderen Bildern zum Ausdruck. Vor allem in den Bildern *›Säugen‹* kann sich eine erotische Beziehung äußern.

So lehnt der 8jährige *Jean-François N.* alle ödipalen Bilder sowie die beiden Bilder *›Säugen‹* ab und gibt bei diesen ein Thema von Freundschaft und wiedergefundenen kleinen Geschwistern *(›Säugen 2‹)*, nachdem diese verlorengegangen waren *(›Säugen 1‹)*. Bei den Bl gefallen sie ihm halbwegs mit der Begründung: *Man sieht die Mutter, die ihr Kleines umarmt, und die beiden anderen, die herumspringen und zufrieden sind, und das Kleine, das seine Mutter küßt* (Identifikation mit Niemandem).

In den meisten Fällen ist die Versuchsperson jedoch selbst der Angreifer, und wie wir bei der Oralität gesehen haben, läßt sich die häufige Ablehnung des Säugens als heimliches Vorhandensein eines mit einem Schuldgefühl verbundenen oral-sadistischen Themas deuten. Hier muß man noch hinzufügen, daß der Grund für diese Ablehnung auch in einem mit einem Schuldgefühl verbundenen sexuellen Thema liegen kann, wie im Fall des bereits erwähnten *Jean-François N.;* dieses Thema tritt jedoch nicht immer deutlich zutage. In extremen Fällen erkennen wir das Tabu, mit dem das Thema versehen wird, nur auf dem Umweg über die Identifikation und die Klassifizierung des Bildes als NB. Bei mittelschweren Fällen äußert sich die Zensur auf eine Art und Weise, die keinen Zweifel zuläßt.

So macht die 16jährige *Maryvonne P.*, die wegen eines Zustandes ständiger Traurigkeit und Furcht, verbunden mit dem Gefühl, einen Kloß im Hals zu haben und der Angst, zu ersticken, zur Konsultation kommt, einen deutlich ödipalen SF-Test und identifiziert sich auf vier Bildern des Säugens (einschließlich *›Ziege‹*) mit der Mutter. Aber außer *›Ziege‹* sind die Bilder des Säugens NB, mit der Begründung, daß Maryvonne das nicht schicklich findet und daß sie die Zitzen und den saugenden SF nicht gerne sieht. Sie stuft *›Nacht‹* zwar unter B ein, identifiziert sich jedoch mit einem der schlafenden Geschwister. *›Kuß‹* ist dagegen, was selten vorkommt, das unbeliebteste Bild, weil SF sich zwar freut, daß sich die Eltern lieben, es sich aber dennoch nicht schickt, daß sie sich öffentlich umarmen, und weil SF außerdem indiskret ist.

5. *›Wurf‹* regt zum Geburtsthema und zugleich zur möglichen Eifersucht der Größeren an, die sich verdrängt fühlen. Es folgt häufig auf *›Nacht‹*, da das Kind den Zusammenhang zwischen der Intimität der Eltern und der Geburt erkannt hat. Es ist meist B, die Identifikation mit SF oder einem seiner Gefährten erfolgt jedoch nicht oft (38), weil sie hier in einer ungünstigen Lage sind. Die Ausweichidentifikationen sind zahlreich: 18 mit der Mutter, 16 mit dem Bauern und 22 mit den ganz Kleinen. Hier ist die Häufigkeit der Identifikation mit dem Bauern bei Jungen hervorzuheben (12); es handelt sich dabei sicher um ein väterliches Bild und die Identifikation ist ödipal.

Ist die Rivalität gegenüber den ganz Kleinen stark, kann das Bild abgelehnt oder die Neugeborenen können vertuscht werden. Wir werden diese Themen noch bei der Geschwisterrivalität finden. Hier beschränken wir uns darauf, ein Beispiel für eine aggressive Äußerung zu geben.

Bei dem 13jährigen *Claude M.* ist das Thema zuerst durchschnittlich: *Der eine Bauer bringt ihnen zu essen, der andere bringt Stroh. SF und seine Schwestern schauen zu ... Kleine Geschwister sind zur Welt gekommen. Die Mutter ißt.* Andere Bilder jedoch, vor allem ›*Nacht*‹, dessen Thema bereits beschrieben wurde, haben in der Zwischenzeit seine ödipale Eifersucht erregt und ›*Wurf*‹ wird unter NB eingestuft, mit folgender Begründung, bei der die Feindseligkeit zuerst durch einen Rationalisierungsversuch verborgen wird, sich jedoch im weiteren Verlauf frei äußert: *NB, weil es nach nichts aussieht ... es ergibt nicht viel Sinn.* Warum? *Nun, die drei Kleinen da schauen zu. Man weiß nicht, bei was sie zuschauen: ob sie beim Fressen zuschauen oder ob sie die kleinen Geschwister anschauen oder ihre Mutter.* Was denkt SF? *Er ist eifersüchtig ... Man sieht, daß er finster schaut.* Was will er? *Er will seine Mutter nicht mit den Kleinen teilen.* Was wird er tun? *Er wird sie vielleicht beißen, wie seine kleinen Schwestern* (Identifikation mit Niemandem).

Manchmal regt dieses Bild zu Geburtsthemen an, bei denen die kindlichen Phantasien freien Lauf haben.

So entwickelt sich bei dem 8jährigen *Joel N.*, der in seinem Test einen Nährvater erfunden hat, ein orales Geburtsthema: *Die ganz Kleinen waren einen Monat alt.* Woher kommen sie? *Sie lebten da drinnen* (er zeigt auf den Trog) ... *Ah! ich weiß. Der Vater hat daraus getrunken, dann hat sich das in seinem Bauch vermischt, dann sind sie aus dem Maul des Vaters gekommen und da sind sie: die kleinen Schweinchen leben.*

6. ›*Gänserich*‹ kann neben dem Sinn der Bestrafung oder Aggressivität gegen einen Bruder auch ein Kastrationsthema enthalten, obwohl dies nie offen geäußert wird. Es ist das unbeliebteste von allen Bildern, da es nur in 41% der Fälle B ist. Die Tatsache, daß der Held SF im Gegensatz zur projektiven Regel nur selten im Mittelpunkt der Geschichte steht, ist darüber hinaus ein Beweis, daß die Versuchsperson bei diesem Bild großes Unbehagen empfindet: Das Thema vom gebissenen SF taucht nur 28mal auf, mit nur 6 Identifikationen mit dem Helden. Das Thema vom gebissenen weißen Schweinchen taucht dagegen 70mal auf, man erhält jedoch nur 3 Identifikationen mit dem gebissenen Schweinchen. Dies ist natürlich eine Ausweichreaktion, wie einige Fälle deutlich zeigen.

Norbert M., 12 Jahre, sagt, daß *die Gans einen Freund von SF erwischt hat und daß ein anderer Freund zuschaut; SF ist nicht da.* Bei den BI gibt der Junge dasselbe Thema an, aber bei der Analyse des unbeliebtesten Bildes ›*Trog*‹ sagt er: *SF ist böse; er versucht, seinen Vater und seine Mutter zu vergiften, weil er zornig auf sie ist ... weil sie ihn nicht gegen den Gänserich verteidigt hatten.*

1. Freie ödipale Themen

Ein Thema ist dann als *ödipal* zu bezeichnen, wenn eines der oben erläuterten charakteristischen Bilder im Mittelpunkt der von dem Kind erzählten Geschichte steht. Es gibt Fälle, in denen das Thema frei geäußert wird und in denen das Kind keineswegs zögert, wenigstens im Traum die Stelle des rivalisierenden Elternteils einzunehmen und sich mit ihm zu identifizieren. So ist die Identifikation eines Mädchens mit der Mutter und eines Jungen mit dem Vater, wenn sie in dem Test häufig vorkommt, Anzeichen für eine ödipale Situation.

Hier der Fall der 6jährigen *Françoise B.*, die Charakterstörungen mit häufigen Wutausbrüchen aufweist. Es wird rasch deutlich, daß ihre vor allem gegen die Mutter gerichtete Aggressivität mit einem starken Schuldgefühl verbunden ist, so daß das kleine Mädchen ständig zwischen Wut und mürrischer, depressiver Stimmung schwankt. Der SF-Test ist stark von Oralität und streng zensierter Geschwisterrivalität geprägt. Auffallend ist vor allem die Häufigkeit der Identifikationen mit der Mutter, nämlich 10, was ganz und gar ungewöhnlich ist. Sie ist nicht nur auf allen Bildern des Säugens einschließlich *›Wurf‹* die Mutter, sondern auch auf den beiden ödipalen Bildern *›Kuß‹*, das B ist, und *›Nacht‹*, das als einziges Bild abgelehnt wird und das unbeliebteste Bild ist. Das dazu gegebene Thema muß erwähnt werden: *SF betrachtet seine schlafenden Eltern ... Er ist zufrieden ... Dann wird er bei seiner Mutter trinken, ohne daß diese ihn dabei sieht ... Sie wacht nicht davon auf.* Dieses orale Thema wird wahrscheinlich infolge einer regressiven Ausweichreaktion geäußert, die das kleine Mädchen von seinem ödipalen Schuldgefühl befreit. In seinen Psychodramen finden wir dieselbe Situation. Einerseits spielt Françoise meistens die Rolle eines Babys, das den Schutz seiner Eltern sucht. Andererseits zeigt dieses Baby eine extreme Aggressivität gegen die Mutter, die es mißhandelt, schlägt, der es die Augen auskratzt, die es sogar tötet. Dabei verbündet es sich mehr oder weniger mit dem Vater und legt sich dann zärtlich in sein Bett. Diese aggressiven Themen, bei denen der ödipalen Rivalität freier Lauf gelassen wird, sind anfangs immer von starken ängstlichen Reaktionen des Schuldgefühls begleitet.

Hier ein Fall, bei dem sich das Thema auf *›Traum M‹* und *›Traum V‹* konzentriert.

Der 10jährige *Lucien H.* äußert offen seine Eifersucht, indem er bei *›Kuß‹* sagt, daß sich die Eltern umarmen, daß SF eifersüchtig ist, daß er sich den Eltern nähert, diese ihn aber verjagen. Hier das Thema von *›Traum V‹*, nach langem Zögern: *SF träumt von seinem Vater ... der im Himmel ist ... weil er tot ist.* Auf Anfrage: *SF ist nicht glücklich, weil sein Vater tot ist.* Dann *›Traum M‹: SF träumt von seiner Mutter. Er träumt, daß sie nicht tot ist. Sie hat die Augen geöffnet, der Vater jedoch nicht. SF ist zufrieden.* Auf Anfrage: *Das schönere der beiden Bilder ist ›Traum M‹, weil sein Vater tot ist* (dann verbessert er sich): *weil seine Mutter im Himmel ist ... weil sie nicht tot ist.* Was passiert mit SF, da sein Vater tot ist, seine Mutter aber nicht? ... *Er wird zu seiner Mutter gehen.* Die drei Bilder sind B, bei *›Kuß‹* identifiziert er sich mit Niemandem, bei den beiden anderen mit SF.

Hier der Fall von *Joel P.*, 12 Jahre, der sich in dem Test als einzigen Sohn bezeichnet, da SF Sohn der Mutter mit dem Flecken, das große weiße Schwein jedoch Vater der beiden weißen Schweinchen ist, aus denen schließlich eine einzige Person, nämlich die Schwester von SF wird, was die klinische Wirklichkeit wiedergibt: Joel hat in Wirklichkeit eine jüngere Schwester, auf die er äußerst eifersüchtig ist, denn als sein Vater inhaftiert war, mußte seine Mutter arbeiten, gab ihn ins Internat und behielt die kleine Schwester bei sich. Der Test zeigt eine sehr starke Geschwisterrivalität, aber damit verbunden ein deutlich ödipales Thema. Bei *›Nacht‹* sieht Joel *SF* *mit seiner Mutter, und der, der zuschaut, ist ein kleiner Bär.* Es ist in der Tat Joels heimlicher Wunsch, bei seiner Mutter die Stelle des abwesenden Vaters einzunehmen; dieser Wunsch wird jedoch zensiert und das Bild ist NB, Identifikation mit Niemandem. Bei ›*Kuß*‹ versucht Joel auszuweichen: *SF und seine Schwester umarmen sich,* aber kurz danach spricht er wieder von Vater und Mutter (NB, Niemand). Gleich nach diesem Bild beschreibt Joel ›*Traum M*‹ mit dem Thema: *SF träumt, daß er groß ist,* und bei den BI, *er sieht sich schon als Vater und wird vielleicht kleine Schweinchen von seiner Mutter haben* (B, SF).

2. Verschleierte ödipale Themen

Immer wenn eine ödipale Situation, die einem Tabu unterliegt, Angst hervorruft, wird sie wenigstens teilweise verdrängt und kommt im Test nicht offen zum Ausdruck. Aber auch in verschleierter Form ist sie nicht weniger wichtig, im Gegenteil. Auf dieses Problem ist besonders bei den Tests zu achten, bei denen ›*Kuß*‹ und ›*Nacht*‹ abgelehnt werden oder NB sind.

Der 11jährige *Michel L.* ist ein sehr gehemmter Junge, dessen affektive Tests, wenn auch noch verhalten, von einer starken Geschwisterrivalität geprägt waren. Im SF-Test trat eine ausgeprägte ödipale Situation zutage, die von der Ich-Zensur bis dahin unterdrückt worden war. ›*Kuß*‹ provozierte in der Tat eine starke Hemmung mit einer Reaktionszeit von 35 Sekunden, nach der ein ganz durchschnittliches Thema kam: *Das ist der Vater von SF, der arbeiten war, spazierengegangen ist und zurückkommt ... und dann küßt er seine Frau ... dann ist da der kleine SF, der zuschaut.* Dieses Bild ist dann NB, weil sich Vater und Mutter küssen; Identifikation mit dem Vater. Dann saß Michel vor ›*Traum M*‹ und ›*Traum V*‹, die er zu Beginn des Tests entschieden beiseite gelegt hatte. Hier erklärt er uns, warum es sich um traurige Träume handelt: ›*Traum V*‹: *SF, der von seinem Vater träumt.* Auf Anfrage: *Daß man ihn ins Schlachthaus bringen wird* (NB, der Vater). ›*Traum M*‹: *SF träumt, daß er seine Mutter sieht.* Auf Anfrage: *Kein schöner Traum, weil seine Mutter weint, weil sie den Vater weggehen sieht* (NB, die Mutter). Bei den Wünschen an die ›*Fee*‹ sagt Michel unter anderem, daß SF sich wünscht, gut zu schlafen und nachts nicht mehr zu träumen. Seine Träume ängstigen ihn also, sowohl die beiden eben beschriebenen Träume als auch der Traum von ›*Karren*‹, wo zugleich sein Vater und seine rivalisierenden Geschwister zum Schlachthof gebracht werden. Zum klinischen Problem ist zu bemerken, daß dieser Junge immer im Zimmer der Eltern schlief und daß uns berichtet wurde, daß er sehr spät einschläft und unruhige Nächte hat. Es ist noch hinzuzufügen, daß er bis zu sieben Jahren Bettnässer war und daß er bei ›*Trog*‹ sagt, daß SF schmutzig ist und im Halbschlaf Pipi in den Trog macht. Bei den BI weigert er sich, SF zu sein, und will sich mit einem der Schlafenden identifizieren. Bei ›*Nacht*‹ findet er nach einer 18 Sekunden lang dauernden Hemmung die Möglichkeit, die Eltern bei der Beschreibung des Bildes völlig zu vertuschen; es ist offensichtlich, daß er sie *nicht* sehen *will;* er verschafft sich noch zusätzliche Sicherheit, indem er sich weigert, sich mit dem zuschauenden SF zu identifizieren; er ist eines der schlafenden Geschwister.

Hier wird klar, daß das nächtliche Thema vom Elternschlafzimmer für diesen Jungen Gegenstand der Angst und Verdrängung ist, daß die absichtlichen Übergehungen, die Hemmungen und Ausweichidentifikationen dem ödipalen Thema eine vorrangige Bedeutung einräumen lassen.

Es kommt nicht selten vor, daß das ödipale Tabu stärker ist als alle übrigen Tabus und daß bei einer Verbindung mit der Geschwisterrivalität, wie dies bei *Michel L.* der Fall ist, das am wenigsten zensierte Thema – das der Rivalität – offener geäußert wird als das andere. Wir haben in dem Kapitel über die analen Themen den Fall von *Dominique H.* gesehen, einen Fall nächtlicher Enuresis, bei dem sich das ödipale Thema schemenhaft hinter den deutlicher sichtbaren oralen und analen Themen abzeichnete.

Das ödipale Thema kann manchmal auch von einem anderen Thema überdeckt werden. Dies haben wir schon im Fall von *Dominique H.* (anale Themen) und von *Michel L.* (Themen der Geschwisterrivalität) gesehen. Wir haben außerdem schon mehrmals festgestellt, daß ein orales Thema anstelle eines ödipalen treten und einen unvoreingenommenen Betrachter irreführen kann.

IV. Aggressive Themen

Es ist bekannt, daß in den vorgenitalen Phasen ein allgemeiner Trieb besteht, mehr oder weniger alles, was ein Hindernis darstellt, zu zerstören. Es ist außerdem bekannt, daß dieser Trieb bei einer Frustration überhandnimmt und daß das Kind dann sehr starke Aggressionen gegen die für die Frustration verantwortlichen Personen, im allgemeinen die Eltern oder Geschwister, entwickelt. Das Kind macht sich dann keine Gedanken über andere: es mißhandelt sie, tut ihnen weh und zerstört erbarmungslos. *Freud* hat in dieser kindlichen Grausamkeit zurecht den Keim der Perversion gesehen, die bei Erwachsenen als Sadismus bezeichnet wird. Wie bereits festgestellt, handelt es sich um *Oral-Sadismus,* wenn das Kind alles, was ihm Widerstand leistet, beißt und verschlingt, und um *Anal-Sadismus,* wenn es die Personen, denen es seine Feindschaft zeigen will oder einen Gegenstand, der ihnen gehört, mit seinen Exkrementen, die es für zerstörend hält, bedeckt, oder es wirft diese Personen oder Gegenstände, nachdem es ihnen Schmerzen zugefügt hat, in den Abfalleimer, wie dies in den Psychodramen vorkommt.

Angesichts der Häufigkeit dieser Zustände vorgenitaler Regression bei *Problemkindern* überrascht es nicht, daß bei den projektiven Tests und Psychodramen sehr oft aggressive Themen vorkommen. Wird diese Aggressivität nicht aufgrund der Regression und der Verdrängungen sublimiert und sozialisiert, äußert sie sich hier im ursprünglichen Zustand, als wilde, entfesselte Kraft. Die Stärke der Haßausbrüche, die die Kinder gegen ihre gewohnte Umgebung, mit der sie doch freundschaftliche Beziehungen zu unterhalten schienen, an den Tag legen, ist immer wieder überraschend.

Aber genau in diesem Punkt sind diese Kinder nicht adaptiert. Außerdem wird diese Aggressivität fast immer ins Gegenteil verkehrt und zwar in ebenso heftiger Form wie der ursprüngliche Trieb. Der Angreifer ist dann fast immer Gegenstand der Aggression jener, die er angegriffen hat, und erleidet dann das Schicksal, das er ihnen zufügen wollte. Hier ist der Projektionsmechanismus bei Kindern mangelnder psychischer Reife am Werk, die deshalb unbewußt ihre

Aggressivität in den Gegner projizieren; je stärker deshalb ihre Aggressivität ist, desto stärker ist die Gegenreaktion der Bestrafung. Kurz gesagt, je böser das Kind ist, desto mehr fürchtet es die Strafe für seine Bösartigkeit. Bei den oral-sadistischen Themen haben wir als ausgezeichnetes Beispiel dafür den Fall von *Patrick M.* gesehen. Bisher war man der Ansicht, daß es bei *Perversen* keine solche Schuldgefühle gebe; echte Perverse sind jedoch sehr selten und in vielen Fällen ist ein perverses *Verhalten* im Unterbewußtsein von einem starken Schuldgefühl begleitet. Ein gutes Beispiel dafür liefert der Fall von *Alain A.*, der noch beschrieben wird.

In unserem Test decken mehrere Karten diese Aggressivität auf : *›Trog‹* und *›Schmutzspiele‹* gegen die Eltern; *›Streit‹*, *›Karren‹*, *›Wurf‹*, *›Säugen 2‹* gegen die Geschwister. Die depressive Gegenreaktion findet oft bei *›Karren‹*, *›Gänserich‹* und *›Loch‹* statt.

Unser Test beweist, daß sich die aggressiven Tendenzen bereitwillig in der freien Atmosphäre der Projektion befriedigen, da viele dieser Bilder B und Gegenstand von Themen sind, an denen das Kind Gefallen findet. Auf der anderen Seite zeigt er auch, daß sie starke Schuldgefühle hervorrufen, weil das Kind, selbst wenn sie B sind, sehr oft nicht die Verantwortung dafür übernimmt und es ablehnt, sich mit dem Helden zu identifizieren. Zählt man die 300 Identifikationen bei den drei aggressiven Bildern *›Trog‹*, *›Streit‹* und *›Schmutzspiele‹* zusammen, so ergeben sich 97 Identifikationen mit SF gegenüber 144 Identifikationen mit dem weißen Schweinchen, das nichts tut, und 59 verschiedenen Ausweichidentifikationen.

In dieser kategorischen Weigerung, sich zu identifizieren, muß man alle subtileren Abwehrmechanismen hinzufügen, die das Tabu gegenüber der Aggressivität verraten; die Themen werden dann *abgeschwächt, verneint oder vertuscht.*

Bei dieser Aggressivität gibt es erhebliche Unterschiede zwischen den Geschlechtern. Jungen zeigen im ganzen mehr aggressive Gefühle als Mädchen und übernehmen sie auch besser. Charakteristisch für die Meinung, die Versuchspersonen beider Geschlechter von Mädchen haben, ist folgendes: Hat ein Kind eines der beiden weißen Schweinchen als Mädchen bezeichnet, ist es dann fast immer das Mädchen, das sich nicht an der Auseinandersetzung in *›Streit‹* beteiligt, das sich bei *›Schmutzspiele‹* nicht schmutzig machen will und das bei *›Trog‹* brav schläft.

1. Aggressivität gegen die Eltern

Die Aggressivität gegen die Eltern kommt deutlich in *›Trog‹* und *›Schmutzspiele‹* zum Ausdruck und hängt in beiden Fällen mit dem Anal-Sadismus zusammen. In Kapitel III haben wir den Scharfsinn gesehen, mit dem die Kinder zwar ihre Tendenzen befriedigen, jedoch die Möglichkeit finden, der Verantwortung dafür auszuweichen. Wir haben gesehen, daß *›Trog‹* vor allem bei Mädchen oft infolge einer Ausweichreaktion B ist; dieses Ausweichen führt dazu, daß das Thema vom Urinieren in den Trog völlig vertuscht oder daß der Ernst der Handlung heruntergespielt wird, indem sich die Mädchen weigern, darin eine aggressive Geste zu sehen. Andererseits erhält man aber nur 30% Identifikationen mit SF.

›Schmutzspiele‹ ist dagegen nicht oft B, während jedoch in der Mehrzahl der Fälle behauptet wird, daß die Personen großen Spaß beim Herumwälzen im Schmutz haben. In 60% der Fälle kommt zu diesem Vergnügen eine Aggressivität gegen die Eltern, die natürlich zensiert wird. In 34 Fällen ist der Vater Gegenstand der Aggression, in 27 Fällen die Mutter. Bei diesem Bild haben wir eine Ausweichreaktion leicht gemacht, indem wir das weiße Schweinchen nicht an der Handlung teilnehmen ließen. Auf 29 Identifikationen mit den schmutzigen Schweinchen kommen 55 mit dem sauberen, und in zahlreichen Fällen stellt diese Identifikation eine Reaktionsbildung gegen die Analität dar.

Besteht eine starke Aggression gegen die Eltern, kommt sie bei Bildern zum Ausdruck, die auf den ersten Blick keine solche zu enthalten scheinen. So äußerte sich in dem schon erwähnten SF-Test von *Yves G.* bei allen Bildern des Säugens ein oral-sadistisches Thema; SF oder sogar die ganz Kleinen von *›Wurf‹* bissen ihre Mutter, weil diese sie geschlagen hatte, und wir haben beschrieben, welch starker Frustration im Leben des kleinen Jungen dies entsprach (vgl. auch den Fall *Patrick M.* im selben Absatz).

Hier der bemerkenswerte Fall des 10jährigen *Alain A.*, der SF das Alter von 13 Jahren gibt; dieser SF hat zwei Schwestern von 4 und 3 Jahren. Er teilt die Bilder in zwei annähernd gleiche Teile ein: angenommene und abgelehnte Bilder. Aus den angenommenen Bildern konstruiert er eine Geschichte, die von Anfang an dramatisch ist, wobei allerdings die Themen ziemlich entstellt werden, was so weit geht, daß er in *›Säugen 2‹* einen fressenden Wolf sieht. In seiner Geschichte wird zuerst eine der kleinen Schwestern vom Metzger geschlachtet, dann alle übrigen Familienmitglieder außer SF, der noch zahlreiche Abenteuer erlebt. Schließlich wird SF aber auch vom Metzger geschlachtet und hier haben wir die depressive Gegenreaktion des Schuldgefühls.
Dann nimmt Alain auf Bitten das Paket der abgelehnten Bilder und entwickelt aus diesen eine ebenso bemerkenswerte Geschichte wie die erste. Bei *›Loch‹* erklärt er, daß SF, immer noch 13 Jahre alt, allein und in der Nacht verloren, vom Wolf gefressen wird. Er stirbt also zweimal und verschwindet aus der Geschichte. Vom zweiten Bild an ändert sich die Geschichte, da SF nicht mehr da ist und seine ganze Familie im Schlachthaus gelandet ist. Die Schweine auf den folgenden Bildern sind andere Schweine: eine neue Familie, bestehend aus den Eltern und ihren beiden Töchtern sowie einem anderen Schweinchen, einem Waisenkind von 4 Jahren. Dieses kleine 4jährige Schweinchen, das der Bauer bei seinen Schweinen aufnimmt, entpuppt sich als streitsüchtig und böse bis zur Grausamkeit. Durch verschiedene böse Listen gelingt es ihm, daß nacheinander alle Schweine der Adoptivfamilie zugrunde gehen, zum Schluß wird es jedoch selbst vom Wolf gefressen. Mit kleinen Unterschieden werden hier also zwei ganz ähnliche Themen erzählt, und der zweifache SF, einmal 13 und einmal 4 Jahre, spielt ganz ähnliche Rollen. Es besteht also Grund zu der Annahme, daß es sich um ein und dieselbe Person handelt. Dies wird durch ein Versehen bewiesen, das Alain beim zweiten Bild des zweiten Teils unterläuft, als er sagt: *Da sind alle Schweine und das 13jährige, ach nein!, das 4jährige, das der Bauer aufgenommen hat, weil es ganz allein war.*
Hierzu ist zu bemerken, daß Alain zu Beginn des Tests SF eine 4jährige Schwester gegeben hatte, das Alter des zweiten SF. In Wirklichkeit ist dies das Alter seines jüngeren Bruders Dominique. Dies ist für ihn außerdem das glückliche Alter, denn nach seinen Worten sind Kinder mit 4 oder 3 Jahren glücklicher, weil sie nicht zur Schule gehen, keine Aufträge ausführen müssen und weil sie nicht die ganze Zeit geschol-

ten werden. Warum dies für ihn das glückliche Alter bedeutet, ist leicht einzusehen. Alain, der nur drei Monate lang gestillt worden war, wurde dann zu einer Pflegemutter gegeben, weil seine Mutter arbeitete. Bei dieser Pflegemutter gefiel es ihm sehr gut und er kannte seine Mutter kaum noch, die ihn nur selten besuchte. Er blieb dort bis zum Alter von 4½ Jahren. Dann lebte er 3½ Jahre lang bei seinen Großeltern, die er sehr gern hatte. Während dieser Zeit wurde Dominique, sein unmittelbarer Rivale geboren. Als Alain mit 7½ Jahren zum erstenmal bei seinen Eltern lebte, fand er dort zwei kleine Brüder von 2 Jahren und 8 Monaten vor. Von der Strenge seiner Eltern gegen ihn war er sehr enttäuscht. Vom Alter von 8 Jahren an versagte er in der Schule, war wiederholt ungehorsam und stahl zu Hause Geld.

Hier ergeben sich interessante Parallelen zwischen dem SF-Test und dem Test des glücklichen Alters. Man kann mit Sicherheit annehmen, daß Alain zuerst durch die Identifikation mit SF versucht hat, seine Stellung als Ältester zu bestätigen, indem er sich älter machte, dann aber in der zweiten Geschichte plötzlich in eine Regression verfiel und die Stelle des bevorzugten Rivalen einnahm (die kleine 4jährige Schwester des Schweinchens im Test; Dominique, in Wirklichkeit ein Junge von 4 Jahren) und durch diese Regression wieder in die Zeit zurückkehrte, in der er in seiner Adoptivfamilie lebte, eine glückliche Zeit, aber doch in Anbetracht der dramatischen Atmosphäre seiner zweiten Geschichte nicht ganz glücklich. Der SF-Test gibt Aufschluß über die tieferen Beweggründe des rächenden Verhaltens des kleinen Alain. Seine Feindseligkeit gegenüber seinen Angehörigen, seine Weigerung zu gehorchen und in der Schule zu arbeiten sowie seine Diebstähle sind Zeichen einer schweren Störung der affektiven Beziehungen zwischen Alain und seinen Angehörigen, einer Störung, die der Test in Form eines äußerst aggressiven Hasses, der von starkem Schuldgefühl begleitet ist, zutage fördert. Klinisch ließe die Kälte, mit der Alain gegenwärtig seinen Angehörigen gegenüberzustehen *scheint,* an eine angeborene Perversion denken; der projektive Test spricht jedoch gegen eine solche Behauptung.

Es ist sehr schwierig, diese Aggressivität gegen die Eltern richtig zu deuten. Es wurde oft gesagt, daß Liebe und Haß nahe beieinander liegen und daß eine tief enttäuschte Liebe leicht in Haß umschlagen kann. Diese Behauptung, die auf die Welt der Erwachsenen zutrifft und zahlreiche Verbrechen aus Eifersucht erklärt, trifft um so mehr auf die Welt der Kinder zu, und man muß sich in jedem Fall fragen, ob die Aggressivität eines Kindes gegen einen Elternteil nicht Anzeichen von frustrierter Liebe ist, das heißt also trotz der mörderischen Gewalt eine doch positive Beziehung bedeutet. Es ist vor allem bekannt, daß ein Kind, das in seiner ödipalen Phase frustriert wird, leicht in vorgenitale Phasen zurückfällt, und daß dann die affektive Beziehung zu seinen Eltern die Form einer vorgenitalen sadistischen Beziehung annimmt. Im besonderen Fall von Alain scheint sich sein Haß auf den ersten Blick gleichmäßig auf Vater, Mutter und rivalisierende Brüder zu verteilen. Zeigt man ihm jedoch nach einiger Zeit noch einmal die Bilder *›Traum V‹* und *›Traum M‹* (die er beim erstenmal etwas außergewöhnlich beschrieben hatte), und fragt ihn, welches ihm besser gefällt, antwortet er:

›Traum V‹, weil SF mehr an seinen Vater denkt als an seine Mutter. Was denkt er? *Daß er seinen Vater sah, der ins Schlachthaus gebracht worden war ... um geschlachtet zu werden ... weil SF nichts tun konnte, als sein Vater da war.*

Und bei dem anderen Bild: Denkt er dasselbe? *Nein! Er glaubt, daß seine Mutter dableiben wird.* Auf Anfrage: *Er findet es schön, daß sie bleibt ... sie wird nicht ins Schlachthaus gebracht.*
Welches ist schöner? *Das erste (›Traum V‹), weil SF froh ist, daß sein Vater ins Schlachthaus gebracht wird.*

Daraus können wir schließen, daß sich seine Aggression gegen seinen Vater oder seine Mutter jeweils verschieden äußert. Es ist übrigens bemerkenswert, daß er sich bei den BI bei *›Traum V‹* mit dem Vater identifiziert, also seine Stelle einnimmt, und bei *›Traum M‹* mit SF.

Wenn wir uns mit der vorhergehenden Bemerkung noch ausführlicher beschäftigen, müssen wir die *Themen freier Aggressivität* gegenüberstellen, die sich durch Vertuschung des rivalisierenden Elternteils äußern. Dieses Vertuschen bedeutet: »Ich will nichts mit dir zu tun haben«, oder »Ich leugne diese Existenz«, oder »Ich beseitige dich und nehme deine Stelle ein«. Taucht eine Person im Test nicht auf, ist immer besonderes Augenmerk auf diese zuerst leicht zu übersehende Tatsache zu richten, denn sie ist ein Zeichen äußerster Aggressivität gegen diese Person. In dem schon beschriebenen Test von *Michel S.* haben wir aus der Tatsache, daß der Vater auf keiner der Bildkarten vorkam, daß er nie erwähnt wurde, auf eine äußerst feindliche ödipale Haltung gegenüber dem Vater geschlossen.

Hier sei noch erwähnt, daß *Yves G.*, der wegen seines andauernd oral-sadistischen Themas gegen die Mutter angeführt wurde, als er den Test nach einem Jahr noch einmal machte, einen Nährvater erfand; die Mutter kam diesmal nicht in dem Test vor, *weil sie ihr Kind nicht ernähren wollte, weil sie es nicht liebte.* Die Aggressivität gegen die Mutter taucht also in dem zweiten Test nicht auf, wir sind jedoch der Ansicht, daß die Vertuschung der Mutter ein noch schwerwiegenderes Anzeichen für die schwere Störung in den Beziehungen zwischen dem Jungen und seiner Mutter ist.

2. Geschwisterrivalität[10]

Die Geschwisterrivalität (GR) ist in unserem Test sehr oft dargestellt, nämlich in *›Streit‹, ›Karren‹, ›Zögern‹, ›Gänserich‹, ›Wurf‹* und *›Säugen 2‹*. Dies ist nicht verwunderlich. Sie ist eine der mächtigsten Antriebskräfte des kindlichen Lebens und außerdem die häufigste Quelle von Konflikten. Über die GR lernt das Kind das Leben in der Gemeinschaft, die Notwendigkeit, Rücksicht auf »den anderen« zu nehmen, die Notwendigkeit zu teilen und gewöhnt sich so an den sozialen Wettbewerb. Das Einzelkind, das keine Geschwister hatte, an denen es sich reiben konnte, ist dagegen für diesen Wettbewerb sehr wenig ausgerüstet und zeigt sich dem Leben in der Gesellschaft weniger gewachsen, als ein Kind aus kinderreicher Familie. Aus dieser GR entstehen jedoch andererseits, wenn sie

[10] Diese Rivalität war in ihrer verschleierten Form, die der SF-Test enthält, Gegenstand einer genaueren Untersuchung in unserem Buch »Psychopathologie de la rivalité fraternelle« (Dessart, Paris 1969).

sich unter ungünstigen Bedingungen vollzieht, die meisten Konflikte und Dramen der Kindheit. Hier wie auch an anderer Stelle muß man zwischen Verdrängung und Sublimierung unterscheiden. So günstig sich der Wettbewerb zwischen Geschwistern auf die Charakterbildung auswirkt, wenn er in freier Atmosphäre stattfindet und schließlich durch einen zufriedenstellenden Kompromiß unter dem verständnisvollen Blick wohlmeinender Eltern gelöst wird, so traumatisierend ist er andererseits, wenn er eine Hemmung, ein Hin- und Hergerissensein zwischen erschöpfender Aggressivität und deprimierendem Schuldgefühl als Gegenreaktion hervorruft.

Wir müssen also bei allen Tests darauf vorbereitet sein, GR zu finden, ohne daß man daraus *an sich schon* Schlüsse auf den Grad der Anpassung der Versuchsperson ziehen könnte. Nur eine genaue Deutung kann Aufschluß darüber geben, ob diese GR Störungen verursacht oder nicht. Hier muß man dann wiederum zwischen den Fällen unterscheiden, in denen sich diese GR offen äußert, und den Fällen, in denen sie verdrängt wird, wobei letztere die schwierigeren sind.

a) Freie Themen

Die GR äußert sich natürlich bei den zu diesem Zweck konzipierten Bildern, vor allem *›Streit‹* und *›Säugen 2‹*. Sie kann sich dagegen auch bei *›Karren‹*, *›Zögern‹*, *›Gänserich‹* und *›Wurf‹* äußern. Bei Fällen starker GR taucht sie als Thema also auch bei diesen Bildern auf. Es kommt zum Beispiel häufig vor, daß das Kind *›Karren‹* als Beseitigung seiner Rivalen deutet, die vom Metzger ins Schlachthaus gebracht werden.

Die 10jährige *Maryse O.* verbindet *›Wurf‹* und *›Karren‹* mit dem Thema, daß *der Bauer die beiden ganz Kleinen weggebracht hat, um sie zu töten, weil zu viele Mäuler zu füttern waren,* und dieses mit ängstlicher Stimme geäußerte Thema betonte die GR des Mädchens, Älteste von vier Geschwistern.

›Wurf‹ erregt häufig die Eifersucht des Kindes, das sich mit einem der drei Großen identifiziert, und das Thema der GR kommt dabei manchmal sehr stark zum Ausdruck. *Michel S.*, der schon an anderer Stelle erwähnt wurde, sagt, daß *SF über die Bretterwand springen und die ganz Kleinen töten wird.*

›Gänserich‹ liefert Themen indirekter GR: das Kind setzt seinen Bruder oder seine Schwester an die Stelle des angegriffenen Schweinchens und manchmal mit großer Ausdruckskraft, wie bei *Basile C.*, der erklärt, daß *die Gans die kleine Schwester fressen wird und daß dann eine weniger wäre.*

Diese *ungeschminkten* Themen enthüllen in der Tat *Probleme.* Diese Probleme müssen nicht isoliert sein, sondern können Teil eines Ganzen sein, wodurch der auswertende Psychologe mehrere übereinstimmende Hinweise erhält. So kann man auf eine krankhafte GR schließen, wenn sich die Aggressivität gegen die Rivalen auf Bilder ausdehnt, die eigentlich keine solche enthalten. Es kann zum Beispiel vorkommen, daß die Versuchsperson bei *›Schmutzspiele‹* einen Kampf zwischen Kindern sieht (wie die bereits erwähnte *Maryse O.*) oder bei *›Trog‹* einen Beweis der Feindseligkeit von SF gegen seine Geschwister. Ein pathologischer Zustand der Rivalität ist natürlich gegeben, wenn diese bei den Themen sämtlicher Bilder zum Ausdruck kommt und vor allem, wenn sie sehr heftig geäußert werden, wie im Fall des bereits erwähnten *Alain A.*, der zweimal alle seine Rivalen verschwinden ließ.

Hier ist darauf hinzuweisen, daß den Kindern im allgemeinen diese Bilder des Kampfes sehr gut gefallen, daß die geäußerten Tendenzen jedoch weitgehend zensiert sind. Aufschlußreich ist zum Beispiel, daß das Thema der GR bei *›Streit‹* in nur 22 von 100 Fällen verschleiert wird und 48mal beliebt ist, daß es aber sehr schlecht übernommen wird, da wir hier von allen Bildern die geringste Zahl an Identifikationen mit SF erhalten: 24 gegenüber 43 mit dem weißen Schweinchen, das sich in Sicherheit bringt, 17 mit den Eltern und 11 mit Niemandem. Diese Zensur kann man sicherlich als normal betrachten, als einfache Folge der Tabus der konventionellen Erziehung, und außer in Fällen, in denen sie außergewöhnlich stark ist, stellt sie kein pathologisches Anzeichen dar.

Die Aggressivität erzeugt also fast immer Schuldgefühle. Manchmal sofort, noch in dem Thema, in dem sie geäußert wird; bei *›Karren‹* und *›Gänserich‹* verrät das Kind zum Beispiel sehr schnell seine Angst, selbst genauso bestraft zu werden wie der andere; bei *›Zögern‹* und *›Wurf‹* hat seine Eifersucht oft zur Folge, daß es ausgeschlossen, gejagt wird. Manchmal kommt das Schuldgefühl bei den darauffolgenden Bildern zum Ausdruck, wenn das Kind nach dem aggressiven Bild ein bestrafendes Bild wählt (zum Beispiel *›Loch‹*). Manchmal ist der Zensurmechanismus auch subtiler: *›Säugen 1‹*, das dem Kind gefiel, weil SF darauf ganz allein mit seiner Mutter ist, wird bei den BI als NB abgelehnt, während *›Säugen 2‹* B ist, mit der Begründung, daß SF zu viel frißt und bestraft werden muß.

Die Strafe steht im allgemeinen im Verhältnis zur Aggressivität, und wir haben zum Beispiel bei *Alain A.* gesehen, daß SF, nachdem er seine Rivalen sterben ließ, selbst getötet wurde.

Bei den freien Themen gibt es Themen, die besondere Situationen ausdrükken. So zum Beispiel das *Thema vom geopferten Ältesten* und das *Thema vom Waisenkind.*

Das Thema vom geopferten Ältesten

Das Thema vom geopferten Ältesten nimmt einen großen Teil des Tests der 10jährigen *Anne M.* ein.

›Zögern‹, das abgelehnt wird, wird bei den BI folgendermaßen beschrieben: *Nun, SF hat nichts in der Geschichte zu suchen!* Erklär das näher! *Da ist ein Schweinchen, das mit dem Vater trinkt; SF schaut ihnen zu, und da ist noch ein anderes, das gesäugt wird.* Was macht SF? *Er ist wahrscheinlich böse.* Warum? *Weil ihn Vater oder Mutter weggeschickt haben.* Was denkt er? *Nun, er wird sich rächen.* Wie? *Indem er mit Bruder oder Schwester rauft, oder ...* (Identifikation mit SF). *›Loch‹: SF ist weggegangen und in einen Graben gefallen.* Warum? *Weil er unglücklich war, weil seine Eltern seinen Bruder und seine Schwester lieber hatten* (keine Identifikation mit SF, aus Angst zu ertrinken). *›Karren‹: Der Mann bringt SF ins Schlachthaus, weil er der Älteste ist* (keine Identifikation mit SF, sondern mit einem Kleinen, das nicht weggebracht wird). Bei *›Säugen 1‹* und *›Säugen 2‹* erfahren wir jedoch, daß Annes Wunsch, das einzige Kind zu sein, sehr stark zensiert ist. Nach langem Zögern vor

›*Säugen 2*‹ gelang es ihr, eine Geschichte zu erfinden, die ihren Wünschen entsprach: *Die Mutter stößt den Bruder und die Schwester weg, um SF saugen zu lassen, und wenn SF weggegangen ist, sind wieder die beiden anderen an der Reihe.* Auf diese Weise kann das Bild unter B eingestuft werden, mit der Begründung, daß SF glücklich ist, und Bruder und Schwester eifersüchtig sind (Identifikation mit SF). ›*Säugen 1*‹ wurde jedoch abgelehnt und ist eines der beiden unbeliebtesten Bilder mit der Begründung: *weil auf dem Bild nur zwei sind, weil Bruder und Schwester nicht darauf sind.* Warum ist es besser, wenn alle zusammen sind? *Um die Mutter zu unterhalten.* Aber was denkt SF? *Er ist glücklich, er ist lieber ganz allein.* Und die Mutter? *Sie hat lieber alle drei zusammen* (Identifikation mit SF).
Da sie ihren Wunsch nicht triumphieren lassen kann, weil sie die Mißbilligung ihrer Mutter auf sich ziehen würde, findet Anne in ihrer Verwirrung eine regressive Lösung. Sie ist natürlich SF, dessen Vorrechte sie mehrere Male verteidigt, und zum Schluß erklärt sie, daß er der Netteste und zugleich der Unglücklichste sei. Es kommt jedoch mehrere Male vor, daß sie sich mit den ganz Kleinen identifiziert, und bei ›*Wurf*‹ identifiziert sie sich mit dem *ganz Kleinen in der Mitte, das 15 Tage alt und das Netteste ist.* Dies ist ein Hinweis darauf, wie sehr sie beim Anblick der Neugeborenen vor den Kopf gestoßen ist, denn sie beschließt das Thema damit, daß die Mutter die Großen nicht mehr saugen läßt. Das glückliche Alter ist für sie also, *wenn man noch ein Baby ist ... 9 oder 10 Monate, weil einem niemand den Rang streitig macht.*

Das Thema vom Waisenkind

Das Thema vom Waisenkind taucht schon bei der Titelkarte durch den Ausschluß von SF auf, der als elternloses Kind bezeichnet wird, da die beiden großen Schweine die Eltern der beiden weißen Schweinchen sind.

Hier der Fall des 12½jährigen *Claude V.*, der einen sehr regressiven Test macht und SF als neugeborenes Mädchen angibt. Die weißen Schweinchen sind sehr viel ältere Spielkameraden und die beiden Großen sind ihre Eltern. Dieses Anfangsthema taucht am Ende wieder auf, wo gesagt wird, daß das Mädchen SF zu seinen Eltern zurückkehren wird, weil sich die Eltern seiner Kameraden nicht mehr um es kümmern. Es findet seine schwarze Pfote häßlich und glaubt, daß die Leute deswegen nichts mehr von ihm wissen wollen; es möchte lieber weiß sein. Das Problem ist jedoch nicht so einfach. Der Test weist zum großen Teil Zweideutigkeiten auf: SF rivalisiert mit den beiden anderen; bei ›*Streit*‹ wird das Thema vertuscht (sie vergnügen sich), bei ›*Karren*‹ (das als erstes ausgewählt wird) und ›*Gänserich*‹ dagegen werden die Rivalen beseitigt, sie werden entweder zum Metzger gebracht oder vom Gänserich gefressen. Bei ›*Aufbruch*‹ geht eines der beiden Geschwister weg und wird vom Wolf gefressen. ›*Loch*‹, das *abgelehnt* wird, liefert bei den BI dasselbe Thema, ohne daß gesagt wird, um welches Schweinchen es sich handelt. Bei den Bildern des Säugens überkommt Claude dagegen Sehnsucht, und er macht aus dem großen Schwein mit dem schwarzen Flecken wieder die Mutter von SF und beschränkt sich darauf, die Familie zu teilen, indem er das große weiße Schwein als Mutter der beiden anderen bezeichnet. Claude zeigt im täglichen Leben ein ziemlich regressives Verhalten. Er ist bei allen Tätigkeiten sehr langsam und er ist noch Bettnässer. Er ist ein Adoptivkind; er hat eine 9jährige Schwester, die ebenfalls adoptiert ist, und einen 8jährigen Bruder, das eigene Kind der Mutter. Die Familie gibt an, daß er nichts von seiner Adoption wisse; in dem Test kommt jedoch sehr wohl das tiefe Unbehagen eines Kindes zum Ausdruck, das sich in der Familie fremd fühlt und sich nach einer Mutter ganz für sich allein sehnt.

b) Verschleierte Themen

Wird die GR durch starke Zensuren gehemmt, erhält man *verschleierte Themen,* bei denen entweder die Aggressivität oder der Rivale vertuscht werden.

Bei ›*Streit*‹ zum Beispiel, wo es unmöglich ist zu übersehen, daß ein weißes Schweinchen mit SF rauft, führt das Vertuschen des aggressiven Themas dazu, daß das Bild in 22 von 100 Fällen so beschrieben wird: *sie vergnügen sich* oder *sie grasen zusammen.* Bei manchen Kindern unterliegen alle aggressiven Bilder demselben Abwehrmechanismus und vor allem die GR wird in Freundschaft umgewandelt, in das Vergnügen, zusammenzusein.

Noch häufiger wird der Rivale vertuscht. Manche Kinder beschreiben ›*Wurf*‹, ohne überhaupt von den Neugeborenen zu sprechen. Andere beschreiben ›*Zögern*‹, ohne die Gruppe der Mutter und des saugenden Kleinen zu erwähnen. Bei ›*Säugen 1*‹ und ›*Säugen 2*‹ erklären die Kinder häufig, daß es sich um dasselbe Bild handelt, weil sie sich weigern, die beiden hinzukommenden Rivalen zu sehen.

Der 13jährige *Claude M.* lehnt ›*Säugen 2*‹ zum Beispiel ab und beschreibt ›*Säugen 1*‹ so, wie es ist. Dann, beim Beschreiben der abgelehnten Bilder, sagt er bei ›*Säugen 2*‹, daß er es schon gesehen habe und legt es zum zweitenmal weg. Bei den Bl stuft er es paradoxerweise unter B ein und legt ›*Säugen 1*‹ weg, weil es zweimal vorkommt. Er beschreibt es zuerst so, als ob nur SF und seine Mutter dargestellt wären, und betont, daß SF sehr glücklich sei. Als wir ihn fragen, ob SF vollkommen glücklich sei, antwortet er: *Ja, weil er nicht an seine Geschwister denkt, die kommen werden, um ihn zu ärgern* (Identifikation mit SF). Diese Antwort enthält eine echte Projektion der Gedanken des Jungen, das heißt, daß er die Rivalen wohl gesehen hat, aber nicht daran denken will und sie daher vertuscht. Daß diese Ablehnung bei Claude eine deutliche Feindseligkeit gegenüber seinen beiden jüngeren Schwestern bedeutet, erweist sich am Ende des Tests, wo der Junge erklärt, daß *SF böse geworden ist, seit er zwei kleine Schwestern hat, vorher war er nicht böse, aber da er keine kleinen Schwestern wollte, hat er sie gebissen.* Und er zögert nicht, die Fee als erstes darum zu bitten, *daß er keine Brüder und Schwestern mehr bekäme, weil er sie überhaupt nicht möge.*

Dieses Vertuschen rivalisierender Geschwister beginnt oft schon bei der Titelkarte. Versucht man eine Parallele zwischen den wirklichen Geschwistern des Kindes und der Familie, die es sich im Test gibt, zu ziehen, so fällt auf, daß Alter und Geschlecht der beiden weißen Schweinchen manchmal mit dem Alter und dem Geschlecht der anderen Kinder der eigenen Familie übereinstimmen, daß aber manchmal auch eines der Kinder nicht vorkommt. Daraus kann man dann wohl schließen, daß die Versuchsperson es nicht im Test haben wollte und daß sie gegen dieses Kind die größten Aggressionen empfindet, obwohl diese Gefühle in den Themen nicht vorkommen.

Der 14jährige *Daniel T.* identifiziert sich zum Beispiel mit einem 7jährigen SF und gibt die beiden weißen Schweinchen als 4jährige Zwillinge an. Er hat in Wirklichkeit zwei Halbbrüder, 3jährige Zwillinge, aber die beiden anderen Brüder Daniels, 11 und 9 Jahre, kommen in dem Test nicht vor. Wir erfahren, daß Daniel stark mit ihnen rivalisiert, während er sich sehr gut mit den kleinen Zwillingen versteht. Er streitet sich natürlich in dem Test mit den beiden; dies ist jedoch weit weniger ernst als das völlige Vertuschen der beiden Größeren.

Das Thema von dem Kind, das gerne ein Einzelkind sein möchte

Im Extremfall äußert sich dieses Übergehen der Rivalen bei der Titelkarte durch das Thema von dem Kind, das gerne ein Einzelkind sein möchte.

Der 12jährige *Norbert M.* macht aus SF zum Beispiel einen 8jährigen Jungen, einziges Kind seiner Eltern, und aus den beiden anderen, einem Mädchen und einem Jungen, die beide jünger sind, Spielkameraden. Diese Darstellung hält jedoch der Wirklichkeit nicht stand. Erstens begeht Norbert bei der Analyse von *›Karren‹*, dem beliebtesten Bild, einen schweren Fehler: *das Schwein, das der Kaufmann stößt, ist ein Freund von ... ist ein Kind von ... der Mutter von SF ... und er bringt es ins Schlachthaus.* Zweitens ist er, obwohl er ein Einzelkind sein *möchte*, eifersüchtig und findet, daß sich seine Eltern nicht genug mit ihm beschäftigen; dies verrät sich in *›Traum V‹* und *›Traum M‹*, wo er träumt, daß SF froh wäre, wenn er einen anderen Vater und eine andere Mutter hätte; seine eigenen setzen sich nicht genug für ihn ein (sie haben ihn nicht vor dem Gänserich geschützt; vgl. an entsprechender Stelle); er sagt zum Schluß, daß er versuchen wird, wegzulaufen und andere Eltern zu finden, die netter zu ihm sind, was sein zweiter Wunsch an die Fee ist.

In der Regel werden die beiden weißen Schweinchen immer als Geschwister von SF betrachtet, selbst von Einzelkindern. Das Thema von SF als Einzelkind (wobei die beiden anderen als Freunde oder Fremde betrachtet werden) ist also ein Hinweis auf einen Abwehrmechanismus, wobei die Versuchsperson ihren Wunsch, ein Einzelkind zu sein, auf den Test projiziert. Dieser Wunsch wird jedoch, wie wir im Verlauf des Tests gesehen haben, von dem *tatsächlichen* Vorhandensein der Rivalen bekämpft.

Hier noch der Fall des 10jährigen *Paul P.*, der eine starke aggressive Rivalität gegen seine 8jährige Schwester hegt. In seinem Test beseitigt er sie und nimmt ihre Stelle ein, indem er aus SF ein 8jähriges Mädchen macht. Die beiden weißen Schweinchen sind Spielkameraden. Die Beseitigung der Schwester erweist sich jedoch als problematisch, und im Verlauf des Tests wird sehr schnell klar, daß die kleinen Spielkameraden, hier kaum verhüllt, das kleine Mädchen ersetzen: bei mehreren Themen wird SF wegen seiner Bösartigkeit verdrängt und die Spielkameraden sind dann bei den Eltern von SF.

Ein dem Thema vom Einzelkind verwandtes Thema ist dann gegeben, wenn das Kind von der äußeren Ähnlichkeit des Falls beeinflußt, die Familie trennt und aus dem großen Schwein mit dem schwarzen Flecken die Mutter von SF und aus dem großen weißen Schwein die Mutter der beiden weißen Schweinchen macht.

Der 12jährige *Joel P.*, der in starker Rivalität zu seiner 8jährigen Schwester steht, gibt SF zum Beispiel als einen 3jährigen Jungen an (glückliches Alter: 3 Jahre; er hatte damals noch keine kleine Schwester), den einzigen Sohn seiner Mutter, und die beiden weißen Schweinchen als 2jährige Fremde, Kinder des großen weißen Schweins, das ihr Vater ist. Aber auch hier hält diese Wunschfamilie nicht der Wirklichkeit stand, und vom siebten Bild *›Säugen 1‹* an führt Joel wieder seine eigene Familie ein, so wie sie wirklich ist, und die beiden Fremden (es war nicht zu erkennen, ob Mädchen oder Jungen) sind von da an die *Schwestern* von SF.[11]

c) Identifikation mit dem Rivalen

Die *Identifikation mit dem Rivalen* stellt einen der interessantesten Gesichtspunkte der GR in unseren Tests dar. In Übereinstimmung mit dem Lustprinzip möchte jedes Kind die Stelle eines Rivalen einnehmen, von dem es zu Recht oder zu Unrecht annimmt, daß er bevorzugt wird. Es ist zum Beispiel bekannt, wie häufig bei Geschwistern von Neugeborenen Regressionen ins Babyalter vorkommen; sie halten jedoch nicht an und die für einen kurzen Augenblick unterbrochene Entwicklung der Größeren geht weiter. Ist die Identifikation jedoch stärker und hält länger an, entwickelt sich daraus ein pathologischer Zustand mit einer manchmal tiefgreifenden Veränderung der Persönlichkeit.

1. Der typische Fall ist die *regressive Identifikation.* Der Test vom glücklichen Alter zeigt uns, wie häufig die *Tendenz* zu dieser regressiven Identifikation besteht. Wir haben schon bei ›*Wurf*‹ die große Zahl der Identifikationen mit den ganz Kleinen gesehen. Wir haben außerdem durch die Einführung der *Methode der BI* gezeigt, wie sehr sie Aufschluß über das durch die große Beliebtheit des Bildes der GR im Blacky-Test (Bild Nr. 8) gestellte Problem gibt; in der Mehrzahl der Fälle wollte das Kind, wenn es sich identifizieren sollte, Tippy, das ganz Kleine, sein, das von den Eltern bevorzugt wird.

Die bereits erwähnte 11jährige *Anne M.*, die die älteste von drei Kindern ist, sagt in dem Test mehrere Male, daß SF nicht glücklich sei, weil er der Älteste ist und immer ausgeschimpft wird, daß seine Eltern seine Geschwister lieber haben, sie sind die Lieblinge. Sie reagiert darauf depressiv und äußert bei ›*Karren*‹ und ›*Wurf*‹ den Wunsch, das Kleinste zu sein, und identifiziert sich damit. Ihr glückliches Alter ist 9 oder 10 Monate, weil man da nicht ausgeschimpft wird. Diese regressive Fixierung äußert sich in ihrem Leben durch Passivität und Langsamkeit, die ihre schulischen Fortschritte sehr behinderten.

Wir haben bei den oralen Themen den analogen Fall von *Elisabeth R.* gesehen, die sich in ihrem Test systematisch mit den Kleinsten identifizierte.[12]

2. Ein anderer typischer Fall ist die *Identifikation mit dem anderen Geschlecht.* Wenn der Rivale, dessen Stelle das Kind einnehmen will, nicht vom selben Geschlecht ist, möchte es das Geschlecht ändern. So zum Beispiel der bereits erwähnte *Paul P.*, der in dem Test die Stelle seiner 8jährigen Schwester einnimmt, in der Absicht, sie zu beseitigen. Wie wir gesehen haben, erscheinen die als Spielkameraden bezeichneten weißen Schweinchen bald als Ersatz der abwesen-

[11] Dieser starke Wunsch, sich der Ausschließlichkeit der Eltern oder wenigstens der Mutter zu versichern, kommt bei manchen Kindern im täglichen Leben deutlich zum Ausdruck. So fragt ein kleines Mädchen, *Colette C.*, das eifersüchtig auf sein neugeborenes Schwesterchen ist, das Françoise heißt, seine Mutter: »Wo ist die Mutter von Françoise?«

[12] Bei kleineren Kindern bedarf es keiner Projektion, damit diese den Wunsch äußern, die Stelle der ganz Kleinen einzunehmen. Die 3jährige Régine M. ist sehr eifersüchtig auf ihre kleine, 14 Monate alte Schwester Rosine. Sie sagt zur Psychologin: »Rosine ist größer als ich, sie ißt ganz allein. Ich will meinen Vater und meine Mutter nicht mit ihr teilen.«

den Schwester und rivalisieren mit SF. Hier stellt man jedoch fest, daß die Aggressivität gegen die kleine Schwester, da strafbar, streng zensiert ist und sich nur schüchtern äußert; jedesmal, wenn sich das Mädchen mit SF schlagen will, wird es von den Eltern daran gehindert, vor allem von der Mutter, die die Streitenden trennt, und auf Anfrage kann Paul nicht sagen, wer der Stärkere sein wird. Andererseits lehnt er von selbst ohne äußeres Tabu den Streit (wie in ›Streit‹) ab und will ihn nicht übernehmen, weil es, wie er sagt, nicht gut ist, sich zu schlagen. Auf subtilere Weise äußert sich sein Schuldgefühl wegen seines Wunsches, die Rivalin zu beseitigen, in der Tatsache, daß er die Bilder bevorzugt, auf denen alle versammelt sind; so zieht er trotz seiner Eifersucht *›Säugen 2‹* dem *›Säugen 1‹* vor. Seltsamerweise richtet sich Paul auch im täglichen Leben nach dieser weiblichen Identifikation. Er ist streitsüchtig, wagt es jedoch nicht, sich mit den anderen Jungen zu schlagen. Zu Hause kann er sich nicht behaupten. Nur wenn er außer sich gerät, schlägt er seine Mutter und seine Schwester; hier spielt der Zorn die gewohnte Rolle der klassischen Entladung, wird jedoch sofort mit einem Tabu belegt.

Bei den Mädchen kann auch die Rivalität mit einem von den Eltern bevorzugten Bruder der Ursprung der männlichen *Identifikation* sein.

Dies ist der Fall bei *Marie R.*, 17 Jahre, die in den drei Schweinchen Jungen sieht. Ihr SF ist der einzige Sohn, die beiden anderen sind Spielkameraden, und ihr Test ist ziemlich oral-regressiv. Der Held zeigt jedoch einen sehr unabhängigen Charakter, geht bei *›Loch‹*, das als erstes Bild gewählt wird und B ist, spazieren. Bei *›Aufbruch‹* glaubt Marie, daß er sich in Abenteuer stürzt und sehr sehr glücklich ist. Außerdem bewundert das junge Mädchen den Gänserich, der SF angreift, und betont dabei, daß der Vogel männlich ist, weil Männer stärker sind. Etwas später sagt sie, daß *›Traum V‹* ein schöneres Bild sei als *›Traum M‹*, und unterstreicht, daß SF seinen Vater als Vorbild bevorzugt, weil er ein Junge ist. Klinisch leidet Marie seit Beginn der Pubertät an Appetitlosigkeit, weil sie, da sie zu dick war, abnehmen wollte. Darin ist eine Ablehnung der Weiblichkeit zu sehen, die auch im SF-Test zum Ausdruck kommt. Als sie *›Traum V‹* und *›Traum M‹* vergleichen soll, sagt sie nämlich: *man könnte auf die Zitzen verzichten ... sie sind häßlich ... sie machen nur schwerfällig.* Außerdem erklärt sie, daß sie die Jungen wegen ihrer Vorrechte, ihrer Unabhängigkeit, ihrer Kraft sehr beneide und daß sie bis zum Alter von 12 Jahren gerne ein Junge sein wollte. Sie möchte übrigens ein Ingenieurstudium machen, wie ihr Vater.

An diesen Beispielen ist zu erkennen, daß eine durch GR hervorgerufene Identifikation mit dem anderen Geschlecht *mit der zusätzlichen Hilfe entsprechender körperlicher Merkmale* die Persönlichkeit eines Kindes verändern kann und es nach einem Bild geformt wird, das nicht seinem Geschlecht entspricht. Daraus kann eine völlige Deformation, wie die Homosexualität, entstehen oder zumindest ein innerer Ambivalenzkonflikt, bei dem die Identifikation mit dem anderen Geschlecht mit dem eigenen Temperament der Versuchsperson in Widerspruch gerät. Im Fall der gerade erwähnten Marie bestand ein schwerer Konflikt zwischen dem männlichen Anspruch und einer kindlichen Abhängigkeitssituation, die es ihr unmöglich machte, bestimmte Situationen ohne Hilfe ihrer Mutter zu meistern.

V. Konfliktthema Abhängigkeit–Unabhängigkeit

Die Bedeutung dieses Konflikts bei Kindern ist bekannt. Einerseits wird das kleine Kind hilflos geboren und bedarf, um am Leben zu bleiben, des ständigen Schutzes seiner Eltern. Andererseits strebt es, je größer es wird und je mehr es zu einem aktiveren Leben fähig ist, danach, sich aus dieser anfänglichen Abhängigkeit zu befreien und unabhängig zu werden. Da jedoch eine völlige Unabhängigkeit den Bruch mit der schützenden Umgebung bedeuten würde und Unsicherheit und Gefahren aller Arten zur Folge hätte, schreckt das Kind, nachdem es sich diese Unabhängigkeit gewünscht hat, vor den möglichen Folgen seines Wunsches zurück und kehrt zu seiner ursprünglichen Abhängigkeit zurück. Es befindet sich also in einem ständigen Konflikt zwischen seinem Wunsch (nach Freiheit) und seinem Unvermögen, diese ganz zu übernehmen (da es nicht ohne Schutz auskommen kann).

In unserem Test stellt die Mehrzahl der Bilder den Helden in seiner Familie dar, und es hat sich herausgestellt, daß einige, selbst in gewisser Weise traumatisierende Situationen (zum Beispiel ›*Trog*‹ oder ›*Schmutzspiele*‹) manchmal beliebt sind, soweit sie das Familienleben darstellen. Die Bilder, auf denen der Held allein ist, erschrecken das Kind dagegen oft. Dies sind die beiden Bilder ›*Aufbruch*‹ und ›*Loch*‹. Das erste ist ein fröhliches Bild voller Sonnenschein und daher auch oft B: 69%. Das zweite beunruhigt dagegen wegen seiner nächtlichen Atmosphäre und ist wenig B: 44%.

Wie wir noch sehen werden, haben diese Bilder des Aufbruchs bei vielen Versuchspersonen vor allem die Bedeutung *des Ausgeschlossenseins, der Einsamkeit.* Für das Kind bedeutet die Einsamkeit den Tod, und einige drücken dies aus, indem sie sagen, daß der Held sich verirren wird, daß er fern von den Seinigen verhungern wird oder daß er von einem Wolf gefressen wird.

Man konnte sich leicht vorstellen, daß dies bei ›*Loch*‹, das an sich schon tragisch ist, ebenso sein würde. Tatsache ist, daß die Situation von SF, der spazierengeht, in 23 Fällen als glücklich beschrieben wird und in 77 Fällen als unglücklich: das Schweinchen hat sich verirrt. Oft kommt auch ein verborgener Gedanke an Schuld und Strafe im Zusammenhang mit Themen eines Aufbruchs aus Ungehorsam zum Ausdruck. Dieses Bild ist nicht nur wenig B, sondern wird auch selten übernommen, da auf 40 Identifikationen mit SF 43 Identifikationen mit Niemandem kommen.

Dagegen hätte man annehmen können, daß ›*Aufbruch*‹, oft B, die Neigungen zum unabhängigen Umherstreifen ganz befriedigen würde. Es stellte sich jedoch heraus, daß diese Neigungen von einem starken Schuldgefühl begleitet sind. Die Themen teilen sich auf in 45 glückliche und 55 unglückliche »Aufbrüche«. Außerdem ist darauf hinzuweisen, daß viele der Versuchspersonen, die ein glückliches Thema angeben, es später ablehnen und nicht übernehmen, was ein Hinweis darauf ist, daß das anfänglich gegebene Thema schon ein Ausweichthema war oder daß die Tendenz zum Ausbrechen sehr schnell ein Schuldgefühl hervorgerufen hat.

Tatsache ist, daß der Aufbruch hier oft Anlaß zu vielerlei Unglücksfällen ist und daß der Held froh ist, als es ihm gelingt, gesund und munter nach Hause zurückzukehren. Die Ich-Abwehr macht sich übrigens durch zahlreiche Ausweichidentifikationen bemerkbar. Auf 46 Identifikationen mit SF, der in dem Schweinchen auf der Straße gesehen wird, kommen 16 Identifikationen mit dem an- oder abwesenden Schweinchen, 10 mit den Eltern und 26 mit Niemandem; diese letzte Zahl ist die zweithöchste bei den Identifikationen mit Niemandem nach *›Loch‹* mit 43, wo Einsamkeit und Verlassenheit noch weitaus stärker zum Ausdruck kommen.

Es folgt ein sehr typischer Fall dieses Konflikts zwischen Abhängigkeit und Unabhängigkeit.

Jean-Paul D., 11 Jahre, einziger Sohn, hängt sehr an seiner familiären Umgebung und will sie nicht verlassen, um zum Beispiel in ein Ferienlager zu gehen. Er hat schulische Schwierigkeiten, die im Zusammenhang mit einer Opposition gegen die Eltern zu stehen schienen, die ihn immer zu schulischer Arbeit anhalten. Tatsache ist, daß er, als seine Familie angewiesen wurde, ihn allein arbeiten zu lassen, seine Arbeit nicht zu kontrollieren und ihm zu vertrauen, wieder ein guter Schüler wurde; er wurde auch gleichzeitig unabhängiger. Seine Unabhängigkeit hat eine besondere Form angenommen: er geht zum Beispiel an schulfreien Tagen den ganzen Tag allein spazieren und erklärt, daß er alles machen wolle, was ihm gefällt, ohne daß er dazu angehalten würde; er möchte jedoch andererseits abends nach Hause zu seiner Familie zurückkehren.

Sein SF-Test ist charakteristisch. *›Aufbruch‹* wird nach *›Nacht‹* beschrieben; bei *›Nacht‹* vertuscht er die Eltern und sieht an ihrer Stelle eine Hirschkuh in Freiheit; dabei denkt er daran, daß er auch frei sein möchte (B – SF). Bei *›Aufbruch‹ hat er den Weg der Freiheit gewählt und wandert der Sonne nach.* Dieses Thema ist jedoch dann NB; *SF wollte die Freiheit, wird jedoch dann Angst vor dem Alleinsein haben, dann wird er Hunger bekommen und sich daran erinnern, daß er bei seiner Mutter sicher zu essen bekommt und zu ihr zurück wollen.* Dann folgt *›Loch‹*, die Strafe: *SF fällt auf dem Rückweg in ein Loch, versinkt und kommt nicht mehr heraus ... Seine Mutter wird ihn schließlich befreien* (B – SF). Dann folgt *›Säugen 1‹*, die Tröstung, wo SF seine Mutter wiederfindet und gesäugt wird (B – SF).

In seinem Test kommt auch mehrmals eine Ambivalenz zwischen dem Wunsch, groß zu werden, und dem Wunsch, klein zu bleiben, zum Ausdruck. Der Test beginnt mit *›Traum V‹*, mit dem Traum, groß und stark wie der Vater zu sein. Dieser Traum wird jedoch, kaum ist er geäußert, als nicht realisierbar zurückgezogen, und Jean-Paul sagt mehrere Male, daß es besser sei, klein als groß zu sein, weil man dann noch länger lebt; vor allem aus diesem Grund identifiziert er sich bei *›Wurf‹* mit den Kleinen.

Es ist darauf hinzuweisen, daß Unabhängigkeit bedeutet, daß man alles tun kann, was man will, also auch, was die Eltern verbieten, und dieses oft wiederkehrende Thema ist offensichtlich von Schuldgefühlen begleitet. Dies ist bei Jean-Paul sehr ausgeprägt. Zum Schluß sagt er, daß SF der Glücklichste sei, da er ein aufregendes Leben führt, aber trotzdem von seinen Eltern geliebt wird, da er genug zu essen hat und sich mit seinen Eltern versöhnt hat. Seine drei Wünsche an die *›Fee‹* sind übrigens aufschlußreich:

1. so schnell wie möglich nach Hause zurückzukehren;
2. daß seine Eltern ihm sein Ausreißen verzeihen sollen;
3. daß er immer zu essen hätte und ein glückliches Leben führen würde.

Schließlich ist noch festzuhalten, daß sein SF 1 Jahr alt ist, was genau seinem glücklichen Alter entspricht, mit der Begründung, daß man sich in diesem Alter keine Gedanken darüber macht, was man tut, daß einem die Eltern immer verzeihen und daß man immer glücklich ist.

Der innere Konflikt zwischen seinem Wunsch, glücklich zu sein, was der Fall ist, solange man noch ganz klein ist, einerseits, und seinem Wunsch, alles mögliche unternehmen zu können, so mächtig wie der Vater zu sein, einem Wunsch, der aus Angst vor Einsamkeit und den tödlichen Gefahren, in die man geraten kann, stark bekämpft wird, andererseits, ist bei Jean-Paul sehr ausgeprägt.

Dieser Konflikt kommt sogar bei normalen Kindern äußerst häufig vor. Bei Jean-Paul ist er nur besonders ausgeprägt.

Bei einer bestimmten Anzahl von Fällen ist die Behauptung der Unabhängigkeit eine Reaktionsbildung auf eine starke Abhängigkeit, und wie immer in solchen Fällen enthüllen die Tests neben den Themen der Unabhängigkeit starke Anzeichen für eine zugrundeliegende orale Abhängigkeit. Dies war der Fall bei dem eben genannten Jean-Paul D.

Ebenso häufig kommt es vor, daß *der Aufbruch Folge einer Frustration ist.* Es ist aufschlußreich, daß *›Aufbruch‹* in 30% der Fälle nach *›Säugen 2‹*, dem Bild der GR, gewählt wird. Bei solchen Fällen tritt meist auch Ambivalenz auf: der enttäuschte SF geht weg, er hat jedoch die geheime Hoffnung, daß es seinen Eltern leid tun wird und daß sie sich auf die Suche nach ihm machen werden. Oder er trifft, wie es häufig vorkommt, die Ziege, und diese, eine ideale Mutter, gibt ihm die gute Milch, die ihm seine eigene Mutter verweigert hat.

Michel P., 9 Jahre, wählt zum Beispiel zuerst *›Säugen 1‹: er wird von seiner Mutter gesäugt,* dann *›Säugen 2‹: Sein Bruder und seine Schwester kommen dazu und dann ... schicken sie ihn weg.* Dann kommt *›Aufbruch‹*: mit großer Erregung sagt Michel: *... Dann geht er weg.* Danach kommt *›Gänserich‹: er findet eine Gans, bei der er versucht zu trinken, wie bei seiner Mutter; sie beißt ihn jedoch in den Schwanz* – und bei *›Ziege‹: Er findet eine Ziege, bei der er dann trinken kann, wie bei seiner Mutter.* Er fühlt sich jedoch in dieser Situation sehr verlassen und sagt bei *›Loch‹*, dem darauffolgenden Bild: *Dann kommt die Nacht ... er schläft ein.* Bei den BI fügt er dann noch hinzu, daß *SF seine Angehörigen verloren hat, daß er Angst hat;* als er dann das Bild zeichnen soll, das ihm am meisten interessiert hat, zeichnet er dieses Bild und schreibt darunter: *Er hat nachts Angst.*

Den eben beschriebenen Themen des Aufbruchs, die mit Schuldgefühlen verbunden sind, sind die bei den zu uns in die Beratung gebrachten Kindern seltener vorkommenden Themen gegenüberzustellen, bei denen der Aufbruch als glückliches Abenteuer betrachtet wird, mit einer Hinwendung zu Neuem und zur Zukunft.

So zum Beispiel bei *Bernard C.*, 11 Jahre, bei dem *›Aufbruch‹* das beliebteste Bild ist; diese Wahl rechtfertigt er mit einer begeisterten Beschreibung der schönen Landschaft und der Berge; dieses Bild zeichnet er auch am Schluß. Bei den BI sagt er: *Man sieht, daß das Schweinchen sehr glücklich darüber ist, zu einem Abenteuer aufzubrechen, einen anderen Bauernhof zu finden, in dem es bleiben kann,* und er ist der glückliche kleine SF dieses Abenteuers. Es ist sehr wahrscheinlich, daß dieses Thema eine wirkliche Situation wiedergibt, die Bernard erlebt hat. Der Junge besitzt eine lebhafte Intelligenz, leidet aber an einer Lese-Rechtschreib-Schwäche (LRS); aus diesem Grund mußte er in der Schule und auch in der Familie schmerzliche Erfahrungen machen, denn er wurde unaufhörlich kritisiert. In unser medizinisch-pädagogisches Zentrum wurde er zur Umerziehung geschickt, und trotz der Trennung von der Familie erklärt er, daß es ihm hier sehr gut gefalle, und er geht sogar so weit, zu behaupten, daß er noch nie in seinem Leben so glücklich war.

Diese Themen der Abhängigkeit–Unabhängigkeit sind ein Hinweis auf den Grad der Selbständigkeit, den die Versuchsperson erreicht hat. Es ist bekannt, daß das Kind in seiner präödipalen Phase eng von seiner familiären Umgebung abhängig ist, daß seine Selbsteinschätzung, sein Vertrauen, sein Antrieb, sein ganzes Leben von der Gegenwart und Unterstützung anderer abhängig ist. Mit der ödipalen Phase beginnt dagegen eine neue Einstellung zum Leben, da das Kind im Verhältnis zu seinen »Objekten« eine gewisse Unabhängigkeit gewinnt, so daß der Verlust des Liebesobjekts zwar Kummer verursachen kann, jedoch keinen Zusammenbruch wie in den früheren Phasen. Anders gesagt erreicht das Ich in der ödipalen Phase größere Kraft, kann das Lustprinzip durch das Realitätsprinzip ersetzen, das heißt, es ist in der Lage, bestimmte schmerzliche Situationen zu ertragen. In unserem Test kommt dies in Identifikationen mit SF zum Ausdruck, selbst bei Bildern, die ein Schuldgefühl hervorrufen. Besonders bei Bildern der Einsamkeit und des Aufbruchs zeigt sich das Kind in der Lage, eine gewisse Unabhängigkeit zu behaupten, ohne sogleich von Angst gepackt zu werden und zurückzuweichen, wie dies in der präödipalen Phase der Fall gewesen wäre.

VI. Themen der Schuld

Die Themen der Schuld tauchen sehr häufig auf. Sie erscheinen meist als Reaktion auf aggressive Triebe. Es ist bekannt, daß die Aggressivität im Leben des Kleinkindes in den prägenitalen Phasen immer vorhanden ist. In gemäßigter Form ist sie ein normaler Bestandteil des Lebens und nicht mit Schuldgefühl verbunden. Oft wird sie jedoch zu stark, besonders bei einer Frustration, und richtet sich dann besonders gegen die für die Frustration verantwortlichen Personen, meist die Eltern. Das Kind fürchtet in seiner Hilflosigkeit, daß die Eltern durch Druckmittel Vergeltung üben und es die Schwere seiner Verfehlung spüren lassen.

Wir stoßen auf folgende Themen der Schuld:

1. Bei aggressiven Bildern: ›*Trog*‹, ›*Streit*‹, ›*Schmutzspiele*‹, ›*Säugen 2*‹ und ›*Wurf*‹.
2. Bei oralen Bildern, wenn die Oralität ein Element extremer Gier oder, was dasselbe bedeutet, aggressiver Forderung enthält, wie zum Beispiel bei ›*Säugen 1* oder *2*‹, und vor allem bei ›*Ziege*‹.
3. Bei ödipalen Bildern: ›*Kuß*‹, ›*Nacht*‹ und sogar ›*Traum*‹, in Form einer Zensur der verbotenen Neugier, die immer mehr oder weniger stark von Rivalität gefärbt ist.

4. Bei Bildern der Unabhängigkeit: *›Aufbruch‹*, *›Loch‹*, vor allem, wenn ein Gedanke an Ungehorsam zugrunde liegt.

Wie aus Kapitel III hervorgeht, werden einige Triebe (zum Beispiel die von *›Trog‹* und *›Streit‹*) gewöhnlich als strafbar kritisiert, im Hinblick auf die herkömmlichen Normen der Erziehung, andere sind dagegen nur strafbar infolge persönlicher Umstände, die von den eigenen Lebenserfahrungen der Versuchsperson abhängen, sei es, daß diese Triebe von der besonderen Erziehung, die sie erhalten hat, verdammt wurden, oder sei es, daß die Stärke der Aggressivität bei der Versuchsperson infolge der hervorgerufenen Angst eine Verkehrung ins Gegenteil bewirkt hat. Wir haben zum Beispiel bei den ödipalen Themen den Fall der 12jährigen Evelyn gesehen, bei der *›Kuß‹* das unbeliebteste Bild ist, wegen der indiskreten Neugier von SF; auf *›Kuß‹* folgt bei ihr *›Karren‹*, wo der kleine Neugierige zur Strafe getötet wird.

Wie wir noch an anderer Stelle sehen werden, wird die Schuld nur selten übernommen. Die Tatsache, daß ein Bild bei den BI NB ist und keine Identifikation mit dem Helden erfolgt, ist ein ziemlich sicherer Hinweis darauf, daß das Thema des Bildes ein Schuldgefühl hervorruft, was uns Aufschluß über die inneren Konflikte der Versuchsperson gibt, selbst wenn diese nicht zugegeben werden.

Das Vergehen muß bestraft werden. Es ist bei unseren Tests wirklich außergewöhnlich, daß ein schwerwiegendes Vergehen nicht bestraft wird. Ist dies nur bei wirklich Perversen der Fall? Wir sind nicht dieser Ansicht und neigen eher dazu, daß eine Tendenz, die in unserem Test nicht bestraft wird, noch innerhalb der Grenzen des Erlaubten liegt, die durch die Erziehung des Kindes gesteckt wurden. Die Tatsache zum Beispiel, daß SF sehr gefräßig ist, hindert die Kinder nicht daran, *›Säugen 1‹* zu lieben und sich mit SF zu identifizieren. Enthält seine Gefräßigkeit jedoch ein Element oraler Aggressivität gegen die Mutter oder starker Rivalität gegen die Geschwister, verbunden mit dem Wunsch, alles zu trinken und ihnen nichts zu lassen, ist es wahrscheinlich, daß das Kind ablehnt, das Thema zu übernehmen.

Die Strafe wird von den Eltern oder einem Elternersatz (wie dem Gänserich oder dem Bauern) ausgeführt. In nicht sehr schwerwiegenden Fällen wird SF ausgeschimpft, geschlagen oder darf nicht an der Mahlzeit teilnehmen. Es gibt jedoch schwerere Strafen infolge eines starken Schuldgefühls:

1. *Liebesentzug* mit Verlassenheit und Ausschluß. Dies kommt oft bei *›Zögern‹*, *›Aufbruch‹* und vor allem bei *›Loch‹* und *›Karren‹* zum Ausdruck. Es ist bekannt, daß das geschlagene Kind trotz der Schläge affektive Beziehungen zu der Person, die es schlägt, haben kann; denn ein Kind schlagen bedeutet immerhin, daß man sich mit ihm beschäftigt. Was das Kind jedoch vor allem fürchtet, ist der Bruch des Kontaktes, das Ausgeschlossensein, denn ohne Liebe und menschliche Nähe kann es nicht existieren.

2. *Tod*, entweder durch Nahrungsmangel, wenn es sich verirrt hat oder alleingelassen wurde, durch einen Unfall oder durch einen Angriff von Wilden, die es auffressen. Ein besonderer Fall ist der des Gänserichs, einer schreckenerregenden elterlichen Gestalt, der meist durch Kastration bestraft.

1. Grad der Schuld

Auf die Anregungen durch die Bilder des SF-Tests reagiert jedes Kind gemäß seiner eigenen Psychologie. Kinder, bei denen das Gefühl, ein Vergehen begangen zu haben, nur schwach entwickelt ist, erzählen die Abenteuer von SF ohne Zögern und übernehmen sie auch freiwillig (B – SF); oft wird SF am Schluß als der Ungehorsamste bezeichnet, weil er so viele Dummheiten macht, aber zugleich als der Glücklichste, und das Kind mag ihn am liebsten und identifiziert sich oft mit ihm.

Die wegen ihrer Konfliktstellung interessanten Fälle sind dagegen jene, wo das Gefühl des Vergehens sehr ausgeprägt ist. Es treten vor allem zwei Fälle auf: einmal ist ein Thema mit einem besonders starken Schuldgefühl verbunden, und dies geht dann aus der Beschreibung der entsprechenden Bilder hervor, aus der damit verbundenen Gemütsbewegung, der Hemmung, der möglichen Auswirkung auf die darauffolgenden Bilder und dem Unbehagen bei der Identifikation bei den BI; zum anderen kommt das Schuldgefühl in dem gesamten Test zum Ausdruck: alle Themen unterliegen einer Hemmung und werden mit ängstlicher, tonloser Stimme geäußert, und das Ganze hat einen ausgeprägt depressiven Charakter. Dieses diffuse Schuldgefühl äußert sich bei den BI durch eine Angst, sich mit dem Helden zu identifizieren, der zum Schluß als der Ungehorsamste und Unglücklichste bezeichnet wird.

Hier das Beispiel des in fünf Bildern erzählten depressiven Tests des 16jährigen *Germain G.* SF sieht bei ›*Nacht*‹ seine Eltern, dann hat die Mutter bei ›*Wurf*‹ Kleine (lebhafte Gemütsbewegung); SF streitet sich bei ›*Schmutzspiele*‹ mit seinem Vater; da er sich nicht mit seinen Geschwistern versteht, geht er weg: ›*Aufbruch*‹; bei ›*Karren*‹ schließlich wird SF mit seinem Bruder und seiner Schwester ins Schlachthaus gebracht; die Neugeborenen bleiben bei den Eltern. Die ersten vier Bilder sind B, aber nur ›*Nacht*‹ wird übernommen; Germain ist bei ›*Wurf*‹ und ›*Karren*‹ (NB) der ganz Kleine, bei ›*Schmutzspiele*‹ das saubere Schweinchen und bei ›*Aufbruch*‹ Niemand. Zum Schluß wird SF als der Unglücklichste bezeichnet, der nicht geliebt wird und nicht bei den anderen sein darf.

2. Ausdrucksformen der Schuld

Bei einigen Versuchspersonen äußert sich die Aggressivität zuerst ungehemmt in wilden Themen. Dann wird das Vergehen bei anderen Bildern ebenso brutal bestraft. Ein ausgezeichnetes Beispiel dafür war bei den Themen der Aggressivität der Fall *Alain A.*, wo SF, nachdem er alle seine Familienmitglieder hat umkommen lassen, zweimal selbst von einem Wolf gefressen wird. Solche Versuchspersonen scheinen zumindest in ihrer Einbildung in einer schrecklichen Welt wilder Aggressivität zu leben, gegen die anderen und gegen sich selbst gewandt, ohne daß ihr Ich die Möglichkeit hat, einen annehmbaren Kompromiß zu schließen.

Es scheint, daß die eigentlich moralische Zensur in solchen Fällen versagt. Wir befinden uns hier auf dem Gebiet einer sehr primitiven Mentalität, wo das Gesetz der Vergeltung herrscht. Dies ist in gewisser Weise der Instinkt, der sich gegen sich selbst kehrt. Das Ich ist hier schwach und unfähig, seine normalisierende Rolle zu übernehmen.

Ist das Ich stärker, dient es als Vermittler zwischen den Trieben und den elterlichen Zensuren und schließt zwischen beiden gültige Kompromisse. Es gibt dann beim Test keine wilde entfesselte Aggressivität, sondern eine gemäßigte Aggressivität und daher als Gegenreaktion ein weniger ausgeprägtes Schuldgefühl. In solchen Fällen sind die Themen oft beliebt und werden vom Helden übernommen.

Bei mittelschweren Fällen ist ein Nebeneinander von Tendenz und Zensur zu beobachten. Das heißt, die Tendenz äußert sich zuerst frei und mit einer gewissen Freude. Dann macht die Versuchsperson entweder am Ende des Themas oder bei den BI ihr Verhalten rückgängig. Am Ende des Themas wird es abgeschwächt oder sogar verneint. Bei den BI lehnt es die Versuchsperson ab, die Tendenz 6u übernehmen. Ein bemerkenswertes Beispiel dafür liefert *›Schmutzspiele‹:* sehr oft beteiligt sich das Kind vergnügt an der Schmutzschlacht der kleinen Schweinchen und an der Aggression gegen den Vater; sobald es sich jedoch identifizieren soll, ist es meist das Schweinchen auf der linken Seite, das sich nicht schmutzig macht, meist mit der Begründung, *daß es Angst hat, ausgeschimpft zu werden, wenn es auch mitmacht.* Dies bedeutet eine Anwendung des Lustprinzips, das, wie bekannt ist, bei Versuchspersonen mit noch unreifem Ich herrscht. Sie freuen sich zuerst über ihre Tendenzen, lehnen jedoch dann die möglichen unangenehmen Folgen, nämlich geschimpft oder bestraft zu werden, ab.

Hier ist auch noch auf die Häufigkeit der Identifikation mit den Eltern hinzuweisen. Eingeschüchtert von dem Gedanken, für seine Dummheiten verantwortlich zu sein und dafür bestraft zu werden, identifiziert sich das Kind mit dem Mächtigen, der straft. Diese Identifikation kann als Vorstufe zur Bildung des Über-Ich betrachtet werden. Die Identifikation geht der Introjektion voraus. Ein Schritt weiter, und das Kind introjektiert in sein Ich die elterliche Autorität und wird dann sein eigener Richter. Es bedarf dann nicht mehr der Gegenwart und der Drohung der Eltern, um zu erkennen, daß es etwas Böses getan hat; die Stimme seines Gewissens sagt es ihm und die Strafe wird hier zur Selbstbestrafung. Gleichzeitig wird die Schuld übernommen und die Identifikationen mit SF sind zahlreich. Es ist bekannt, daß diese Bildung des Über-Ich ein Anzeichen dafür ist, daß das Kind im richtigen Augenblick über die ödipale Phase hinausgewachsen ist.

Hier ist zwischen den Fällen zu unterscheiden, in denen Über-Ich, Ich und Es infolge eines gegenseitigen Übereinkommens einen Kompromiß schließen, der im Test durch sehr differenzierte, sozialisierte und übernommene Themen zum Ausdruck kommt, und den Fällen, in denen zwischen den drei Tendenzen ein Wettstreit besteht, der Konflikte in zwei verschiedenen Formen erzeugt.

Im ersten Fall entwickelt das Ich, das sich zur Neutralisierung der strafbaren Tendenzen mit dem Über-Ich verbündet, *Reaktionsbildungen,* die sich gegen die Tendenzen stellen. Nehmen wir hier noch einmal das ausgezeichnete Beispiel von *›Schmutzspiele‹:* hier wird die Identifikation mit dem weißen Schweinchen, das sich nicht schmutzig macht, nicht mehr durch die Angst vor den Eltern begründet, einer durch und durch äußerlichen Angst, sondern mit der Bemerkung, daß sich das Schweinchen nicht schmutzig machen will, daß es das nicht gerne hat und daß es die anderen widerlich findet.

Im zweiten Fall wird das Ich von der übermäßigen Strenge des Über-Ich, das heißt der Schuld, erdrückt. Man erhält dann einen depressiven Test. Bei den abschließenden Fragen ist SF der Ungehorsamste und Unglücklichste, aber mit der Bemerkung, daß er aus eigenem Verschulden der Unglücklichste ist, wegen seiner bösen Streiche oder seiner bösen Gedanken. So sind die Wünsche an die ›*Fee*‹ hier keine Wünsche des Wohlergehens, sondern der moralischen Besserung, die Zeichen der Reue der Versuchsperson sind.

3. Die starken Schuldgefühle

Bei starkem Schuldgefühl spielt sich der Test in einer Atmosphäre der Traurigkeit und Angst ab. Selbst wenn es dem Kind gelingt, was häufig der Fall ist, dem Thema auszuweichen, ist auf die Gemütsbewegung zu achten, die oft sehr aufschlußreich ist; vor allem auf den erstickten Ton der Stimme, mit vielen Seufzern, und auf die unruhigen Blicke des Kindes.

Die 10jährige *Rachel Y.* zeigt bei der Beschreibung von ›*Kuß*‹ eine Angst, die in keiner erkennbaren Beziehung zu dem gegebenen Thema steht: *Das Schweinchen sieht seinen Vater und seine Mutter, die sich lieben.* Bei den BI ist das Bild jedoch dann NB, *weil sich Vater und Mutter lieben und das Schweinchen nicht geliebt wird ... es glaubt, daß es nicht geliebt wird.* Diese Äußerung ist schon der Hinweis auf das klinische Problem dieses kleinen Mädchens: bei der Geburt einer kleinen Schwester, als sie zwei Jahre alt war, war sie 5 Monate lang von zu Hause weg und dadurch sehr frustriert; seitdem ist sie von der Überzeugung besessen, daß ihre Mutter sie nicht liebt und sie sogar los sein möchte. Ihr ganzer Test ist daher depressiv, wie wir später bei den Themen vom schwarzen Flecken noch im einzelnen sehen werden.

Bei den uns vorgeführten pathologischen Fällen ist das Schuldgefühl oft stark und mit traumatisierenden Kindheitserlebnissen verbunden, die damals eine derartige Angst hervorriefen, daß das Motiv für das Schuldgefühl ins Unterbewußtsein verdrängt wurde. Im Bewußtsein bleibt dann lediglich ein unbestimmtes schmerzliches Gefühl von Niedergeschlagenheit und Traurigkeit. Eine solche unbewußte Disposition bedingt geradezu ein Schuldgefühl bei der Versuchsperson: die geringste Mahnung wegen eines Vergehens, das heißt wegen der geringfügigsten Dummheit, oder ein leichtes Ausschimpfen findet in der Seele des Kindes ein unverhältnismäßig starkes Echo. Dies ist der Fall bei Kindern, die leicht weinen, die auf den geringsten Vorwurf mit übermäßiger Empfindlichkeit reagieren, die sogar manchmal traurig werden, wenn ein anderer geschimpft wird, die unaufhörlich fragen, ob sie auch nicht böse waren, und wissen möchten, ob man sie noch gerne mag.

Diese starke innere Belastung durch die Schuld ist bei unserem Test der Ursprung für das Thema vom schwarzen Flecken.

4. Das Thema vom schwarzen Flecken

Als wir dem Helden des Tests eine schwarze Pfote gaben, hatten wir nicht vorausgesehen, daß sich auf dieses unbedeutende Merkmal die depressiven Tendenzen des Kindes konzentrieren würden. Dann gingen wir aufgrund der Erfahrung dazu über, bei den abschließenden Fragen folgende Frage zu stellen: *Wie denkt SF über seine schwarze Pfote?* Bei vielen Antworten liegt die Betonung auf der Entehrung durch den Flecken, der als ein Zeichen der Unreinheit gesehen wird. Und in solchen Fällen äußert das Kind bei den Wünschen an die Fee oft den Wunsch, daß der schwarze Flecken verschwinden möge.

Einige sehen darin sogar das Zeichen ihrer Schuld.

So zum Beispiel *Henry B.*, der auf die Frage: *Was würdest du tun, wenn du SF wärst?* antwortet: *Ich würde mir die schwarze Pfote ausreißen und sie zerbrechen, um weniger böse zu sein.* Bei *François D.* ist der Bericht der Schuld noch deutlicher zu erkennen, denn nach dem Gesetz der Vergeltung *fällt SF, der eine Dummheit gemacht hat und auf einen Baum geklettert ist, um Vögel aus dem Nest zu holen, herunter und bricht sich die schwarze Pfote.*

Andere beklagen das schlimme Schicksal.

So denkt zum Beispiel *Claude M.*, daß sein schwarzer Flecken *vielleicht eine Krankheit ist oder daß er ihn von seiner Mutter geerbt hat, die ja auch einen Flecken hat.* Freut er sich darüber oder nicht? *Er soll ihn vielleicht streitsüchtig oder bösartig machen, weil die anderen diesen Flecken nicht haben.*

Hier der Fall des 12jährigen *Michel G.*, der einen nervösen Tick hat sowie nächtliche Ängste, verbunden mit Todesangst. Nach einem Test, bei dem er sich ziemlich zurückhaltend zeigt und sich bei den von ihm gegebenen Themen nicht festlegt, ist es am Schluß ziemlich überraschend, daß SF als Ungehorsamster bezeichnet wird, weil er Dummheiten macht, und als Unglücklichster. Dennoch übernimmt er seine Rolle, bezeichnet ihn als bevorzugt und identifiziert sich neunmal mit ihm. Er ist der Unglücklichste, weil er eine schwarze Pfote hat und die Fee bitten wird, ihn davon zu befreien. Der zweite Wunsch ist jedoch aufschlußreich: er bittet sie, glücklich sein zu dürfen, das heißt braver; er ist also unglücklich über seine Bösartigkeit. Schließlich wird nach langem Zögern der dritte Wunsch geäußert: *lange zu leben.* Vergleicht man dies mit den klinischen Befunden, vor allem seiner Todesangst, kommt man zu dem Schluß, daß er fürchtet, daß seine Vergehen mit dem Tod bestraft werden. Um welche Vergehen handelt es sich? Man kann dazu nur eine Hypothese aufstellen, die aufgrund von *›Trog‹* und *›Nacht‹* zustande kommt. *›Trog‹* wurde als letztes Bild gewählt und genau, jedoch ohne Gefühl, analysiert; bei den BI ist es dann NB, mit großer Verwirrung und der Begründung: *Ich weiß nicht warum* (Identifikation mit dem schlafenden Mädchen). *›Nacht‹*, das abgelehnt wird, ist am wenigsten B, *weil ich es nicht verstehe;* er beschreibt es jedoch dann genau und besteht auf der Tatsache, daß man nicht weiß, was die Eltern machen (Identifikation mit dem schlafenden Mädchen). Hier besteht Grund zu der Annahme, daß es sich um ein ödipales Schuldgefühl handelt.

Patrick P., 11 Jahre, hat zum Helden SF eine sehr ambivalente Einstellung. Einerseits mag er ihn am liebsten und identifiziert sich neunmal mit ihm. Andererseits erzeugen seine Taten ein Unbehagen und er bezeichnet zwölf Bilder als NB. Zum Schluß sagt er, daß ihm seine Eltern verzeihen werden und daß er wieder brav werden wird. Er ist übrigens trotzdem der Glücklichste, weil er am meisten verwöhnt wird; es handelt sich jedoch dabei um ein regressives Ausweichen, da er mit derselben Begründung ein Jahr als sein glückliches Alter bezeichnet. Er sagt, daß der schwarze Flecken nicht schön ist, daß er ihn bei ›*Schmutzspiele*‹ und beim Bespritzen seiner Mutter bekommen hat. Bei dem Bild ›*Fee*‹ sagt er: *er möchte gerne ein Engel sein, um zum lieben Gott fliegen zu können und von seiner schwarzen Pfote befreit zu werden.*

Es sei noch einmal der Fall des 7jährigen *Claude L.* ins Gedächtnis gerufen, von dem wir in Kapitel II gesprochen haben, wegen seiner 16 Identifikationen mit Niemandem. Dies ist wirklich ein bemerkenswertes Beispiel für einen depressiven Test, bei dem das beherrschende Element die Hemmung des Kindes und sein ängstliches Unbehagen ist. Es gibt keine Spur von Aggressivität, da sie systematisch vertuscht wird, und die bei Claude sehr starken Abwehrmechanismen, so stark, daß er sich fast weigerte, den Test zu machen, ihn dazu brachten, sehr kurze durchschnittliche Themen zu geben, die nicht sehr aufschlußreich sind. ›*Nacht*‹ macht jedoch eine Ausnahme: anstelle der beiden großen Schweine sieht Claude *einen Wolf, der SF fressen wird, weil dieser nicht im Haus ist.* Bei den BI kommt ein noch affektiverer Inhalt zutage: 15 von 16 Bildern sind NB, mit der Begründung, *daß er die Schweinchen nicht mag, weil der Wolf sie fressen wird;* ein Thema, das noch fünfmal auftaucht. Ganz zum Schluß sagt er dann, daß *der Wolf SF fressen wird, weil er eine schwarze Pfote hat, weil er im Schmutz war.* Die depressive Stimmung kommt auch in der abschließenden Erklärung *zum Ausdruck, daß alle Personen des Tests unglücklich sind.*

Der 9jährige *Didier R.* gibt SF zuerst sein eigenes Alter und Geschlecht. Bei den BI ist er jedoch nur einmal SF, nämlich bei ›*Traum V*‹. Das dominierende Thema, das den Test einleitet, ist das von ›*Schmutzspiele*‹, das B ist, aber nicht übernommen wird. Er nennt den Helden »Schwarzfleck« und gibt ihm diesen Namen auf mehreren Bildern. Auf eine einzige Identifikation mit SF, der als der Ungehorsamste und Unglücklichste bezeichnet wird, kommen sechs Identifikationen mit dem kleinen 8jährigen Bruder, dem Gehorsamsten, Glücklichsten, der sich nie schmutzig macht und den auch Didier am liebsten mag. SF ist nicht froh, daß er den schwarzen Fleck hat (er hat ihn von Geburt an); er findet ihn schmutzig und möchte von ihm befreit werden. Kaum wird dem Jungen die ›*Fee*‹ gezeigt, sagt er, bevor überhaupt eine Frage gestellt wird: *Wenn sie SF mit ihrem Stab berührt, wird er keinen Flecken mehr haben,* und auf eine weitere Frage sagt er, daß er gehorsamer sein wird.
Didier verallgemeinert die Bedeutung des Fleckens. Er sagt, daß SF ein Vater mit vier Kindern werden wird, daß zwei davon eine schwarze Pfote haben werden und zwei nicht. Letztere werden die gehorsameren sein. Der 8jährige Bruder wird ein »Edelmann«; er wird sich eine Mutter für seine Kinder aussuchen; sie werden heiraten und acht Kinder haben, die alle weiß und gehorsam sein werden.

VII. Themen von der Umkehrung des Geschlechts

Es kommt häufig vor, daß die Versuchspersonen ihre eigene Person in einen Helden projizieren, der nicht ihr eigenes Geschlecht hat. Diese Umkehrung des Geschlechts kommt besonders häufig bei Mädchen vor, da bei unseren 100 Tests 3 MJ (Mädchen-Jungen) auf 1 MM (Mädchen-Mädchen) kommen. Dies kommt auch bei Jungen vor, jedoch weitaus seltener, da nur 1 JM auf 5 JJ kommt.

Häufigkeit und pathologische Bedeutung dieser Umkehrungen des Geschlechts rechtfertigen die von uns empfohlene Methode der freien Durchführung des Tests. Legt der Psychologe wie bei der Methode von *Blum* beim Blacky-Test fest, daß der Held dasselbe Geschlecht hat wie der Getestete, verhindert er damit die freie Projektion und bringt sich damit selbst um eine wertvolle Möglichkeit, Informationen über die Persönlichkeit der jeweiligen Versuchsperson zu erhalten.

1. Mädchen-Mädchen (MM) und Mädchen-Jungen (MJ)

Der Hauptunterschied zwischen den beiden Gruppen liegt darin, daß die MM ihre Tendenzen im allgemeinen besser übernehmen, während die MJ öfter ausweichen.

Besonders wenn die MM ein Thema gerne haben, identifizieren sie sich bereitwilliger mit dem Helden als die MJ. So sind sie öfter SF: 44% gegenüber 36% bei den MJ (was bei einem Test von 16 Bildern für MM: 7 SF und für MJ: 6 SF ergibt).

Sie identifizieren sich außerdem häufiger mit der Mutter.

Die MJ wiederum neigen häufiger zu Ausweichidentifikationen: 42% gegenüber 28% bei den MM.

Der Unterschied ist noch signifikanter, wenn man die Identifikationen der B-Bilder betrachtet, das heißt, die Fähigkeit, angenehme Tendenzen zu übernehmen. Es entspricht den Gesetzen der Logik, daß nur die B-Themen und nicht die NB-Themen übernommen werden. Dies ist im großen und ganzen bei den MM der Fall. Die meisten Identifikationen mit SF erfolgen hier bei den B-Bildern, nämlich 32% gegenüber 6% bei den NB-Bildern. Die Identifikationen mit der Mutter betragen, obwohl es sich um Ausweichidentifikationen handelt, dem Geschlecht entsprechend 9% bei den B gegenüber 10% bei den NB. Die Identifikationen mit dem weißen Schweinchen 7% gegenüber 9%. Identifikationen mit Niemandem erfolgen jedoch ausschließlich bei abgelehnten Tendenzen.

Bei den MJ ist dies ganz anders. Hier erfolgen nur 36% Identifikationen mit SF, davon 25 B gegenüber 11 NB. Signifikant ist dagegen, daß in dieser Gruppe bei beliebten Themen weitaus mehr Ausweichidentifikationen auftreten als in der Gruppe MM: 28 B gegenüber 22 NB. Besonders bei den Identifikationen mit Niemandem stehen 4% B 8% NB gegenüber.

Es ist schwierig, aus diesen wenigen Zahlen Schlüsse zu ziehen. Man kann jedoch die Hypothese vertreten, daß die MJ infolge einer Doppelnatur (ihre weibliche Natur und ihre mehr oder weniger unbewußte Identifikation mit einem Jungen) sich hier in einem Konflikt mit sich selbst befinden, hin- und hergerissen zwischen den beiden gegensätzlichen Instanzen, was zur Folge hat, daß sie nach einer lebhaften Genugtuung, wenn eine ihrer Tendenzen befriedigt wurde, nicht wagen, diese zu übernehmen, anders als die MM, die einfacher und direkter reagieren.

Bei ›*Streit*‹ gefällt den MJ zum Beispiel das Streitthema immer besser als den MM, da ihnen das Thema 56mal gefällt, den MM dagegen nur 30mal. Dann lehnen sie jedoch ab, es zu übernehmen, da bei diesen beliebten Bildern nur 8 Identifikationen mit dem sich schlagenden SF erfolgen, dagegen 28 Identifikationen mit dem weißen Schweinchen, das sich nicht schlägt, sowie 20 andere Ausweichidentifikationen.

Die MM übernehmen die Themen dagegen viel besser, da bei ihnen 24% Identifikationen mit dem kämpfenden SF und 6 Identifikationen mit der Mutter erfolgen.

Angesichts dieser Ergebnisse muß man sich bei jeder Versuchsperson fragen, wie sie den Konflikt Weiblichkeit-Männlichkeit gelöst hat. Es ist darauf hinzuweisen, daß die bei den MJ häufigen Ausweichidentifikationen oft weibliche Identifikationen sind. So ist zum Beispiel bei *›Streit‹* das Schweinchen, das sich in Sicherheit bringt und mit dem sich die Versuchspersonen bereitwillig identifizieren, fast immer ein Mädchen. Ebenso ist bei *›Schmutzspiele‹* oder *›Gänserich‹* das Schweinchen, das den anderen zuschaut und sich nicht an der Handlung beteiligt, im allgemeinen ebenfalls ein Mädchen.

Vergleicht man jedesmal die männlichen Identifikationen der MJ (SF, das weiße Schweinchen als Junge, Vater, Bauer) mit ihren weiblichen Identifikationen (das weiße Schweinchen als Mädchen, Mutter, Ziege), erhält man sehr unterschiedliche Ergebnisse. Bei einigen Mädchen herrschen die männlichen Identifikationen vor; bei anderen die weiblichen Identifikationen; bei einer dritten Gruppe gleichen sich beide aus. Wir kamen angesichts dieser Zahlen auf den Gedanken, daß die männliche Identifikation eines Mädchens nicht in allen Fällen dieselbe Bedeutung hat: ist sie konstant, ist anzunehmen, daß sie einer schwerwiegenden Umkehrung des Geschlechts entspricht, die das Verhalten entscheidend beeinflußt, zweifellos wegen prädisponierender Körpermerkmale, oder aufgrund von Lebensumständen, die die sexuelle Entwicklung des Kindes tief gestört haben. Ist die männliche Identifikation in dem Test jedoch nicht konstant, ist anzunehmen, daß die Versuchsperson leicht davon abgeht, weil sie nicht sehr tief ist und wahrscheinlich nur mit kulturellen Einflüssen zusammenhängt, die in den Augen des Mädchens das männliche Geschlecht bevorzugt erscheinen lassen. Um dies nachzuprüfen, haben wir unsere Fälle nebeneinandergestellt und diejenigen, die eine mindestens doppelt so große Anzahl an männlichen Identifikationen aufweisen als weibliche, gesondert betrachtet; diese besonderen Fälle schienen mit einer tiefen sexuellen Störung einherzugehen, die sowohl das gegenwärtige Verhalten als auch die äußere Entwicklung beeinflussen können.

Dieses Vorherrschen männlicher Identifikationen tritt um so häufiger auf, je älter die getesteten Mädchen sind und je näher sie der Pubertät kommen. Bei unseren 60 Fällen von 20 Mädchen unter 10 Jahren und 40 Mädchen von 10 Jahren und darüber sind 25 Versuchspersonen mit mindestens doppelt so vielen männlichen als weiblichen Identifikationen. Unter diesen 25 sind nur 5 Mädchen unter 10 Jahren (also ein Viertel), dagegen 20 Mädchen von 10 Jahren und darüber (also die Hälfte).

Demgegenüber identifizieren sich die MM viel eher mit weiblichen Personen; dies geht deutlich aus nachstehender Tabelle hervor, die der Klarheit halber Prozentzahlen enthält.

		weibl. Id.	männl. Id.
MJ	unter 10 Jahren	45%	66%
	10 Jahre und darüber	34%	55%
MM	unter 10 Jahren	84%	16%
	10 Jahre und darüber	77%	23%

Diese Tabelle bedarf keines Kommentars, das deutliche Übergewicht der weiblichen Identifikationen bei den MM, verglichen mit den MJ, bei denen die männlichen Identifikationen vorherrschen, ist klar ersichtlich. Darüber hinaus ist bei jeder Gruppe, bei den MJ stärker, eine deutliche Tendenz zu erkennen, sich nach 10 Jahren vermehrt mit dem männlichen Geschlecht zu identifizieren.

Es ist die Frage, ob diese Tendenz nicht normal ist, und ebenso bei Mädchen ohne pathologische Störungen auftaucht. Dies wurde in der Tat sehr oft als Zeichen der Ambisexualität bei Mädchen kurz vor der Pubertät betrachtet, wobei das weibliche Element dann mit zunehmender Reife der sexuellen Funktionen die Oberhand gewinnt.

Die Fälle, in denen wir normale Mädchen getestet haben, sind zu gering (15), um daraus gültige Schlüsse zu ziehen; es läßt sich jedoch feststellen, daß sich bei ihnen dasselbe Verhältnis von weiblichen und männlichen Identifikationen ergibt, wie bei unseren 60 Patientinnen, was darauf hinzudeuten scheint, daß dies eine allgemeine Tendenz ist.

Es ist jedoch darauf hinzuweisen, daß vor allem Mädchen mit ausgeprägt männlicher Identifikation an Anorexia nervosa, hartnäckiger Enuresis, gegen die Familie gerichteten Reaktionen der Unabhängigkeit, Zwangsneurose und Homosexualität leiden. Diese mehr oder weniger verborgene Ablehnung der Weiblichkeit ist eine der Ursachen für die Anpassungsschwierigkeiten, die nur mit Hilfe einer gründlichen Analyse der Persönlichkeit der Versuchsperson von Fall zu Fall mit den dafür entscheidenden unbewußten dynamischen Faktoren in Verbindung gebracht werden können.

2. Jungen-Jungen (JJ) und Jungen-Mädchen (JM)

Die Unterschiede zwischen den beiden Gruppen von Jungen haben dieselbe Bedeutung wie bei den Mädchen, jedoch mit weitaus größeren Abweichungen.

Am auffälligsten ist, daß die JM ihre Tendenzen nicht übernehmen.

Dies kommt zuerst in der geringen Zahl an Identifikationen mit SF zum Ausdruck: es sind nur 22% gegenüber 44% bei den JJ, das heißt 3 oder 4 Identifikationen bei 16 Testbildern.

Im Gegensatz dazu weisen die JM viele Ausweichidentifikationen auf, mit der interessanten Besonderheit, daß sie nicht auf das weiße Schweinchen oder die Mächtigen ausweichen, sondern zu einem kleinen Teil auf Niemanden 17% gegenüber 14% bei den JJ, und zum großen Teil auf die Eltern 32% (19 auf den

Vater und 13 auf die Mutter) gegenüber 14% (8 auf den Vater und 6 auf die Mutter) bei den JJ.

Bei *›Kuß‹* und *›Aufbruch‹* erreichen die JM zum Beispiel die größte Anzahl an B-Bildern: 80% bei *›Kuß‹* und 84% bei *›Aufbruch‹* (die größte Prozentzahl unter den vier Gruppen). Bei *›Kuß‹* ist jedoch darauf hinzuweisen, daß das Thema in 30% der Fälle vertuscht wird (immer B), die Zuneigung der Eltern verschwiegen wird oder die beiden Großen nicht für die Eltern gehalten werden. Andererseits erfolgen nur 4% Identifikationen mit SF, während es bei den JJ 52 sind.

Bei *›Aufbruch‹* ist zu bemerken, daß das Thema des fröhlichen Aufbruchs ziemlich selten ist, nämlich 20% gegenüber 80% für einen unglücklichen Aufbruch, der 34mal tödlich endet. Andererseits gibt es nur 6 Identifikationen mit SF gegenüber 50 bei den JJ, dagegen 42% Identifikationen mit dem weißen Schweinchen, das auf dem Bild gesehen wird; diese Identifikationen werden um so weniger, je tragischer das Thema wird, so daß es bei Todesgefahr nur 6 Identifikationen mit dem weißen Schweinchen gibt.

Nach den Regeln der Logik müßte auch *›Streit‹* bei den JM wenig beliebt sein. Das Gegenteil ist jedoch der Fall. Ihnen gefällt das Bild etwas besser als den JJ; sie lehnen es jedoch ab, sich zu identifizieren, da sie nur in 10% der Fälle SF sind, gegenüber 34% bei den JJ.

Dasselbe gilt für *›Karren‹*, das ihnen besser gefällt als den JJ, wobei sie dem Thema jedoch ausweichen.

Bei *›Schmutzspiele‹* dagegen, das dieser Gruppe nur selten gefällt, lehnen sie es fast systematisch ab, sich mit einem der schmutzigen Schweinchen zu identifizieren, und von den vier Gruppen haben sie die meisten Identifikationen mit dem sauberen Schweinchen oder mit Niemandem.

Die Ausweichreaktion bei diesem Bild ist jedoch mehr als die einfache Folge der Ablehnung, SF zu sein. Es handelt sich um die Identifikation mit dem sauberen Schweinchen, *das für SF gehalten wird;* in unserer Statistik erhalten wir bei den JM nur 20 Identifikationen mit SF, dabei wird SF jedoch 12mal in dem linken Schweinchen gesehen, 4mal in dem schmutzigen Schweinchen, das sich herumwälzt, und nur 4mal ist SF der Angreifer.

Wie schon erwähnt, übernahmen die JM die traumatisierenden Situationen schlecht und lehnten es ab, der in Schwierigkeiten geratene Held zu sein. So gefällt ihnen *›Gänserich‹* nur selten und sie identifizieren sich fast nie mit dem kleinen gebissenen Schweinchen. Ebenso sind sie bei *›Loch‹* diejenige von den vier Gruppen, die am häufigsten ausweicht, der das Bild am wenigsten gefällt, die die wenigsten Identifikationen mit SF und die meisten Identifikationen mit Niemandem aufweist.

Unserem Test zufolge scheinen die JM eine *gestörte Oralität* zu haben. Es ist auffallend, daß *›Säugen 1‹* und *›Säugen 2‹* bei ihnen weit weniger Themen glücklicher Oralität ergeben als bei den JJ. Dagegen spielen die Themen frustrierter, aggressiver und vertuschter Oralität bei ihnen eine große Rolle. Es ist erstaunlich, zu sehen, daß die *aggressive Oralität* bei ihnen drei- oder viermal häufiger ist als bei den anderen Gruppen, während sich die JM im allgemeinen weniger aggressiv zeigen als die JJ (zum Beispiel bei *›Trog‹*, *›Streit‹*, *›Schmutzspiele‹*). Man findet diese Aggressivität gegen die Mutter bei *›Wurf‹* wieder, wo sie – im Vergleich zu den anderen Gruppen – stärker ist als die Geschwisterrivalität. Zur Bestätigung sei noch hinzugefügt, daß die JM bei *›Ziege‹* weniger bestärkende Themen haben, dafür zweimal so viel aggressive Themen wie die JJ. Diese Aggressivität gegen die Nährmutter, die grundsätzlich erscheint, wird schlecht übernommen und die Identifikation mit SF wird oft durch die Identifikation mit der Mutter oder der Ziege ersetzt.

Als bemerkenswert ist festzuhalten, daß sich diese Aggressivität gegen die Mutter in *›Schmutzspiele‹* wiederfindet. Es ist bekannt, daß der Vater auf diesem Bild dargestellt ist, jedoch wird dies in der Schwebe gelassen, so daß die Versuchsperson entweder den Vater oder die Mutter als Objekt ihrer Aggressivität wählen kann. Statistisch haben wir 34% Aggressivität gegen den Vater und 27% gegen die Mutter erhalten, woraus wir auf eine starke Aggression gegen die Mutter schlossen. Diese Zahl wird bei den JM noch übertroffen, die 26mal die Mutter und nur 20mal den Vater angreifen.

Die *ödipale Situation* der JM ist ebenfalls gestört. *›Kuß‹* ist bei ihnen sehr beliebt, dafür wird das Thema oft vertuscht, es gibt wenig Identifikationen mit SF und viele Identifikationen mit dem Vater: 53%. *›Nacht‹* ist dagegen das unbeliebteste unter den vier Gruppen und die JM identifizieren sich nur halb so oft mit SF. Es ist sehr wahrscheinlich, daß dasselbe ödipale Unbehagen auch teilweise die Ablehnung von *›Traum M‹* und *›Traum V‹* erklärt, von denen keines bei den JM B ist, das auch nicht übernommen wird und bei dem sich die meisten mit der Mutter oder dem Vater identifizieren.

Welche Schlüsse sind daraus zu ziehen? Eines scheint festzustehen: Die JM haben im Vergleich mit den JJ dieselben allgemeinen Themen, übernehmen diese jedoch weit weniger gut und identifizieren sich viel weniger oft mit dem Helden der Geschichte. Die Zahlen sind beweiskräftig, eine weitere Aneinanderreihung der Fälle würde keine anderen Prozentzahlen ergeben. Ebenso ist die Identifikation mit dem Mächtigen, und besonders mit dem Vater, bei den JM von einer Häufigkeit, die sicherlich nicht zufällig ist.

Die folgende Arbeitshypothese bedarf weiterer Überprüfungen: Die Identifikation mit einem Mädchen kann Folge einer erheblichen ödipalen Störung sein, das heißt, daß der Junge auf den männlichen Wettstreit verzichtet, dessen Folgen er fürchtet, und in eine präödipale Phase, vor allem in die orale, regrediert, indem er eine passiv-feminine Haltung annimmt. Die häufige Identifikation mit dem Vater wäre dann eine Identifikation mit dem Angreifer. Die Ablehnung, auf den ödipalen Bildern SF zu sein, wäre dann ein Zeichen für das sehr starke, mit dem Ödipus zusammenhängende Schuldgefühl. Die Seltenheit der Identifikation mit dem vom Gänserich gebissenen Schweinchen wäre dann eine sehr starke Kastrationsangst. Bei dieser Hypothese wäre es außerdem möglich, daß die Bedeutung der aggressiven Oralität und Analität gegen die Mutter bei unseren JM Hinweis auf eine erotische Beziehung des Jungen zu seiner Mutter wäre, die sich jedoch auf einer präödipalen Stufe abspielt.

VIII. Das Thema vom Nährvater

Wir haben schon mehrmals auf die außerordentliche Bedeutung einer völlig freien Projektion nach den in der Psychoanalyse üblichen Regeln hingewiesen. Einer der überzeugendsten Beweise für den Wert dieser freien Technik ist, daß die vorgefaßten Ideen des Psychologen durch die lebendige Wirklichkeit der Versuchsperson ersetzt werden und wir dadurch diese Wirklichkeit kennenlernen. Hat man wie im Blacky-Test mit Namen benannte elterliche Figuren, muß sich die Versuchsperson an den konventionellen Plan der üblichen Familienbeziehungen halten und kann dann kaum das Vater- und Mutterbild miteinander vermischen. Beim SF-Test gingen wir davon aus, daß die deutliche Charakterisierung der Mutter durch die Zitzen und des Vaters durch den langen Schwanz keinen Raum für Zweifel ließe. Unsere Technik grundsätzlicher Freiheit, bei der wir die Versuchsperson vorsichtshalber fragen *Und wer sind die beiden Großen?*, hatte ursprünglich den Zweck, kein Elternbild aufzuzwingen. Wir wußten zwar, daß das Kind die Darstellung auf der Titelkarte nur als Familie betrachten konnte, da es anfangs eine Ansammlung von Personen immer für eine Familie hält. Sind die Familienbeziehungen jedoch gestört, kommt es vor, daß das Kind eine der Personen vertuscht und zum Beispiel die dargestellten Eltern als Eltern ablehnt und in den beiden Großen Fremde oder Geschwister sieht. Unsere Technik ließ ein derartiges Ausweichen zu.

Was wir jedoch nicht vorausgesehen hatten, war, daß die Eltern umgekehrt werden könnten und aus dem Vater ein Nährvater würde. Groß war daher unsere Überraschung, als ein Kind zum erstenmal das große gefleckte Schwein mit den Zitzen als Vater und das große Weiße als Mutter bezeichnete. Noch überraschter waren wir, als die Umkehrung während des ganzen Tests aufrechterhalten wurde und wir bei den Bildern des *›Säugens‹* zu hören bekamen: *SF saugt bei seinem Vater.* Bei unseren Nachforschungen in der psychoanalytischen Literatur stießen wir auf keine Studie zu diesem Thema. Die klinische Erfahrung mit unserem Test hat uns jedoch gezeigt, daß der Nährvater kein seltenes Thema ist, da es bei 200 Fällen 42mal auftauchte.

Nachdem die erste Überraschung vorüber war, bemühten wir uns natürlich, das Thema nicht durch eine plötzliche Unterbrechung zu stören, und ohne irgendeinen Einwand akzeptierten wir, daß das Kind dem Vater die Merkmale der Mutter verlieh: das Ernähren und sogar das Gebären der Kleinen *(›Wurf‹)*.[13]

Das Thema vom Nährvater ist mehr oder weniger vollständig. Die einen behalten die Umkehrung der Eltern konsequent während des ganzen Tests durch und sehen auf allen Bildern, auf denen das große, gefleckte Schwein mit den Zitzen dargestellt ist, den Vater: der Vater säugt SF und er gebärt auch die Kleinen. Die anderen sind ambivalent und sehen bald den Vater, bald die Mutter. Es kommt zum Beispiel vor, daß sie sich, nachdem sie bei den Themen einen Nährvater angegeben haben, bei den BI berichtigen und ganz richtig sehen, daß es

---

[13] Hier sei noch darauf hingewiesen, daß das Kind bei der Titelkarte von den beiden Großen sagen kann: »Das sind Vater und Mutter«, ohne sie jedoch im einzelnen zu bezeichnen. Es ist dann noch die Frage zu stellen: »Zeige mir den Vater und die Mutter.«

sich um die Mutter handelt. Oft spürt man, daß im Geist der Versuchsperson eine gewisse Verwirrung über die Rolle der Eltern besteht und daß sie zwischen Vater und Mutter zögert, was sich manchmal in *Versprechen* äußert.

Wieder andere verbessern sich im Laufe ihres Berichts mehr oder weniger schnell, als ob sich ihr Wirklichkeitsgefühl dagegen sträubte, daß der Vater die Attribute des Ernährers erhält. Die unbewußte Anziehungskraft dieses Themas ist jedoch manchmal so groß, daß das Gefühl für die Realität erst nachträglich eintritt. So erfindet ein 17jähriges Mädchen von lebhafter Intelligenz, das an einer Anorexia nervosa leidet, einen Nährvater und behält ihn bis zum Ende des Tests bei; auf eine Frage von uns verbessert sie sich ganz plötzlich und sagt: *Nein, das kann nicht sein; das ist die Mutter!*

In Anbetracht des umfangreichen Studienmaterials aus unseren 42 Fällen haben wir dieses neue Thema analysiert, um seine Bedeutung aufzudecken. Wir wollen keinesfalls behaupten, hier eine endgültige Erklärung für die Wahl des Nährvaters zu geben. Wir werden uns darauf beschränken, einige Arbeitshypothesen zu formulieren, die als Grundlage für weitere Forschungen dienen können.

1. Die Gemeinsamkeit durch die Flecken

Die Versuchsperson sieht die Titelkarte vor den übrigen Bildern, also bevor sie die Testsituation analysieren kann. Die *spontane* Wahl des großen gefleckten Schweins als Vater muß also eine Eingebung sensorischer Art sein. Das Kind, das einen Nährvater erfindet, muß besonders empfänglich für die Ähnlichkeit der schwarzen Flecken sein, und da es sich auf Anhieb in den kleinen SF projiziert, fühlt es sich eng verwandt mit dem großen gefleckten Schwein: »Wir beide sind miteinander verwandt.«

Diese Tendenz zur Gemeinsamkeit zeigt sich übrigens oft, auch noch außerhalb der Erfindung des Nährvaters. So kommt es häufig vor, daß eifersüchtige Kinder, die die ausschließliche Zuneigung des bevorzugten Elternteils wollen, SF und die weißen Schweinchen nicht als Geschwister betrachten, und das große gefleckte Schwein als Mutter von SF und das große weiße als Mutter der weißen Schweinchen bezeichnen.

Einige Versuchspersonen drücken sich ganz deutlich aus.

So macht *Marcel D.*, ein 25jähriger Zwangsneurotiker, von Anfang an die Umkehrung der Eltern. Sehr schnell sagt er jedoch bei ›*Zögern*‹: *Die ganze Familie ist versammelt: der Vater schaut auf den Trog ... Nein, das ist die Mutter! ... Ich habe mich getäuscht ... sie hat Zitzen.* Warum haben Sie anfangs gesagt, es sei der Vater? *Ich dachte, SF sei ein Junge und das große Schwein mit dem Flecken sein Vater. Jetzt müßte SF eigentlich ein Mädchen sein und das Schwein mit dem Flecken seine Mutter.*

Ebenso macht die 11jährige *Dominique L.* aus SF zuerst ein Mädchen und kehrt die Eltern um. Aber vom zweiten Bild ›*Traum M*‹ an sagt sie: *SF träumt von seinem Vater. Er ist stolz auf ihn, weil er einen großen schwarzen Flecken hat, der das Zeichen der Schweinefamilie ist ... denn ich habe gesehen, daß fast alle einen schwar-*

zen Flecken hatten, außer der Mutter und den beiden Kindern ... Das wird eher ein Junge sein, weil er denselben Flecken hat wie der Vater, und die anderen sind dann die Töchter und die Mutter, die gleich sind. Er hofft, eines Tages genauso stark und schön zu werden wie sein Vater und einen ebenso schönen Schwanz zu bekommen und seine Familie beherrschen zu können.

Es ist in diesem Zusammenhang gewiß nicht uninteressant, daß dieses kleine Mädchen ebenfalls an einer Zwangsneurose leidet, mit der Rigidität und Forderung nach Symmetrie, die in solchen Fällen immer typisch ist.

2. Die Wahlverwandtschaften

Wir kamen sofort auf den Gedanken, daß die Ähnlichkeit des Fells nur die symbolische Stütze der Wahlverwandtschaften der Versuchsperson ist; bei einer solchen Hypothese würde die Wahl eines Nährvaters eine besondere affektive Neigung für das Vaterbild bedeuten.

So könnte die fast völlige Auslöschung des Mutterbildes im Test – da der Nährvater bei weitem den ersten Platz einnimmt – daher kommen, daß die Mutter für das Leben des Kindes frustrierend war und das Kind sich daher dem Vater zuwandte, der als bestärkender angesehen wurde. Zwei Beobachtungsreihen sprachen für diese Auffassung.

Erstens *die im eigentlichen SF-Test gemachten Beobachtungen.* Dort wird sehr wenig von der Mutter gesprochen. Und wenn wir am Ende des Tests über den Nährvater Fragen stellen, erhalten wir sehr oft die Antwort, daß er in dieser Familie den Kindern zu trinken gibt, und sogar, daß dies in allen Schweinefamilien so sei, daß die Mutter nichts oder anderen zu trinken gibt oder daß sie nicht da sei. Die Frustration wird manchmal ganz deutlich bestätigt, wenn wir zu hören bekommen, daß die Mutter SF nichts zu trinken geben will, weil er zu gefräßig ist oder daß sie seine Milch für die beiden weißen Schweinchen oder das ganz Kleine aus ›*Wurf*‹ aufspart.

So erklärt die 8jährige *Martine D.*, daß *die Schweinemütter zwar normalerweise zu trinken geben, aber diese Mutter hier* nicht; sie könnte, aber sie gibt nichts; sie hat ihre Zitzen *»eingezogen«, weil SF zu gefräßig ist und weil sie ihre Milch für die ganz Kleinen aufsparen will.*

Zweitens weisen *die klinischen Beobachtungen* oft in dieselbe Richtung. Eine nicht unbeträchtliche Anzahl unserer Fälle unterstreicht die von dem Kind durch Mangel an mütterlicher Zuwendung erlittenen Frustrationen. Er kann manchmal nicht deutlich zutage treten und doch vorhanden sein, wie bei einigen ängstlichen oder zwanghaften Müttern, die ihre mütterliche Rolle sehr gewissenhaft spielen, deren unbewußte Feindseligkeit gegen das Kind sich jedoch durch frustrierende Haltungen äußert. Oft erweist sich der Vater in solchen Fällen als überaus gutmütig und das Kind vertraut ihm mehr.

Bei einigen unserer Fälle äußert sich die Feindseligkeit gegen die Mutter ganz deutlich. *Adelin M.* und *Jean-Claude G.* koten beide tagsüber ein (vgl. anal-sadistische Themen); es ist bekannt, daß diese Tendenz, sich zu beschmutzen, bei normal intelligenten Kindern immer ein Zeichen von Aggressivität gegen die Mutter ist. Tatsache ist, daß in beiden Fällen die Mutter nicht unerhebliche Frustrationen verursachte. Beide waren nach kurzem Aufenthalt in unserem medizinisch-pädagogischen Zentrum wieder in der Lage, ihre Schließmuskeln zu beherrschen.

Diese Situation findet sich jedoch bei weitem nicht bei allen unseren Beobachtungen. Wir kamen bald zu dem Schluß, daß diese erste Erklärung ein wenig an der Oberfläche blieb und das Problem nicht in seiner ganzen Tragweite berührte. Dies geht schon daraus hervor, daß der Nährvater in den Tests nicht immer ein bestärkender Vater ist. Auf 28 Fälle mit bestärkenden Vätern kommen 14 Fälle mit frustrierenden Vätern, von denen 7 SF nichts zu trinken geben und von denen andere aktiv frustrierend sind.

3. Die sexuellen Verwandtschaften

Eine andere Tatsache fiel uns auf, die zu einer anderen Hypothese führte: der Hypothese einer ödipalen Beziehung zwischen SF und dem großen gefleckten Schwein, das als Nährvater angesehen wird. Bei dieser Tatsache handelt es sich um das Übergewicht der Mädchen gegenüber den Jungen bei diesem Thema; während bei dem allgemeinen statistischen Verhältnis auf 2 Mädchen 3 Jungen kommen, ist es bei den Nährvätern ausgeglichen: 21 Mädchen und 21 Jungen. Bei den Mädchen sind die MM gegenüber den MJ in der Überzahl, bei den Jungen die JM gegenüber den JJ.

Die starke Bindung einer Versuchsperson an die Mutter kann dazu führen, daß die Versuchsperson die Mutter mit dem Flecken für SF, den einzigen Sohn, fordert. In anderen Fällen (vgl. Bemerkung von *Marcel D.*) ist der Flecken entscheidend für das Geschlecht von SF in Verbindung mit der mütterlichen Figur. Eigentlich wäre noch eine dritte Form der Verbindung aufzuzählen, nämlich die durch ödipale Affinität, wobei sich die ödipale Anziehungskraft in einer oralen Beziehung äußert.

Es ist bekannt, daß die ödipale Situation bei Versuchspersonen mit starker oraler Bindung auf orale Art und Weise erlebt werden kann. Wir haben dafür eindeutige Beweise von Kindern, die bei den Bildern des *›Säugens‹* sehen, daß sich SF und der ernährende Elternteil umarmen. *Jean-François N.* beschreibt die beiden Bilder des *›Säugens‹* zum Beispiel folgendermaßen: *Man sieht die Mutter, die ihr Kleines umarmt, und die beiden, die herumspringen und zufrieden sind, und das kleine Schweinchen umarmt die Mutter noch von unten.*

Noch bemerkenswerter ist der Fall der 7½jährigen *Marie-Annick G.*, die den Nährvater während des ganzen Tests beibehält, jedoch mit außergewöhnlichen oral-sadistischen Themen. *›Säugen 1‹: SF trinkt bei seinem Vater. Sie wollen sich umarmen. Dann beißt ihn der Vater in den Schwanz und läuft hinter ihm her. ›Säugen 2‹: SF saugt bei seinem Vater; dann umarmen sie sich, während die anderen trinken. Dann läuft der Vater hinter ihm her und die beiden anderen versuchen ihn zu befreien … schließlich wird SF von seinem Vater gefressen* (dies wird ohne jede Emotion vorgebracht). Diese oral-sadistischen Themen sind immer mit Umarmungen verbunden, was ihren erotischen Charakter unterstreicht. Zum Beispiel *›Trog‹: SF macht Pipi …*

Seine Eltern schlafen; sie werden gleich aufwachen und ihre kleinen Kinder fressen ... Sie werden sich auf sie stürzen; sie werden sich umarmen und ihnen dann nachlaufen. ›Traum M‹: Sein Vater holt Luft ... und dann umarmen sie sich gleich ... dann wird das da weglaufen und dann wird er seinen Schwanz fressen, und dann wird er ihn fressen. Hier sei auch noch das Thema von ›*Streit*‹ erwähnt, wo das Mädchen sieht, daß einer der Streitenden unter den anderen geht, um seine Milch zu saugen. Bei den Bl ist es das unbeliebteste Bild, mit der Begründung, daß sich alle umarmen; Identifikation: SF.

4. Verwirrung des Mutter- und Vaterbildes

Wir waren außerdem erstaunt über die sehr starke Ambivalenz der Kinder, die einen Nährvater erfinden.

Erstens handelt es sich sehr oft um sexuelle Ambivalenz, die besonders bei der Titelkarte zum Ausdruck kommt, wenn SF durch einen Vertreter des anderen Geschlechts (die weißen Schweinchen) ersetzt wird, was sich dann im Testprotokoll wiederfindet.

Zweitens sind die Mutter- und Vaterbilder nicht sehr klar. Bei einem Viertel der Fälle fällt die Mutter völlig zugunsten des Vaters weg, bei den restlichen Fällen zögert die Versuchsperson: bald sieht sie im selben Bild den Vater, bald die Mutter, und manchmal kommt es sogar vor, daß die Versuchsperson in ein und demselben Satz von einem zum anderen wechselt und sich verspricht.

Man muß sich dann fragen, ob der Nährvater nicht das Produkt einer Verwirrung der Elternbilder ist, infolge mangelnder psychischer Reife und zweifellos auch infolge unvollständiger Familienbeziehungen. Der Nährvater wäre bei dieser Hypothese eine Art Gegenstück zur phallischen Mutter. Er würde allein beide Rollen erfüllen. Wir haben zum Beispiel mehrere Fälle, wo die Hypothese einer frustrierenden Mutter und eines bestärkenden Vaters nicht der klinischen Wirklichkeit standhält, da sich die Mutter sehr viel mit dem Kind beschäftigt hat und der Vater überhaupt nicht. Es könnte möglich sein, daß die Mutter in der Vorstellung des Kindes zugleich als Ernährerin und als männliche Kraft existieren würde.

Bis jetzt wagen wir noch nicht, zwischen den verschiedenen vorgebrachten Hypothesen zu entscheiden. Vielleicht können nicht alle Fälle miteinander verglichen werden und vielleicht bedürfen sie verschiedener Erklärungen. Auf alle Fälle sind weitere Studien erforderlich, um dieses neue Thema genauer zu untersuchen.[14]

[14] Die Erfahrung hat inzwischen gezeigt, daß dieses Thema des Nährvaters nicht nur im SF-Test vorkommt. Wir sind vor allem beim Blacky-Test auf dieses Thema gestoßen, wenn wir dabei die freie Methode angewandt haben und der Versuchsperson nicht das erste Bild aufgezwungen wurde, wie *Blum* dies will: »Hier saugt Blacky bei seiner Mutter.« Bei der freien Testmethode kam es ziemlich häufig vor, daß beim SF- und beim Blacky-Test ein Nährvater auftauchte.

IX. Das Thema von der idealen Mutter

Wenn bei unseren Tests so oft Themen der Frustration vorkommen, ist der Grund darin zu suchen, daß viele unangepaßte Kinder in einer infantilen Mentalität verharren und nicht »vernünftig« werden, das heißt, daß sie Frustrationen gegenüber intolerant bleiben. Wenn das Kind meist angibt, durch die Mutter frustriert worden zu sein, liegt das wahrscheinlich daran, daß sich das Kind angewöhnt hat, von seiner Nährmutter alles zu fordern, daß es sie ganz für sich allein haben und ihre Zärtlichkeiten mit niemandem teilen will. Diese Forderung wird natürlich durch die Geschwisterrivalität und vor allem bei den Mädchen auch durch die ödipale Rivalität verstärkt. Es gibt Fälle, in denen sich die Mutter als wirklich frustrierend erwiesen hat und in denen das Kind wirklich Grund hatte, sich über mangelnde Liebe zu beklagen. Aber in anderen Fällen sind die bei dem Test zutage getretenen Frustrationen nicht klinisch nachzuweisen, und wir haben es mit einer Versuchsperson zu tun, die besonders verletzlich kleinen Frustrationen gegenüber ist.

Infolge der Formbarkeit seines Alters ersetzt das Kind leicht die Wirklichkeit durch eine Wunschvorstellung. Leidet es an einer Frustration durch die Mutter, wird es sich das Bild einer idealen Mutter zurechtlegen, die nicht frustrierend wäre und alle seine Wünsche erfüllen würde. Diese ideale Mutter ist für das Kind Wirklichkeit: es ist die liebe Mutter glücklicher Tage. Schimpft sie das Kind jedoch oder bestraft es, stellt sich das Kind, das die Frustration nicht ertragen kann, die Mutter als böse vor, und da es nicht in der Lage ist, einen Kompromiß zwischen den beiden Bildern von der Mutter zu schließen, macht es daraus ganz entschlossen zwei verschiedene Personen. Ebenso stellt das Kind nach der Geburt eines kleinen rivalisierenden Geschwisterchens aus Enttäuschung darüber, daß es die Mutter teilen muß, das Bild der *Mutter ganz für sich allein,* wie sie vor der Geburt des Geschwisterchens war, dem Bild der *Mutter, die man teilen muß,* gegenüber; in seiner Übertreibung glaubt es, diese Mutter verloren zu haben. Übrigens erklärt diese Gegenüberstellung der Bilder von der Mutter die widersprüchliche Haltung von Kindern, die, sobald sie ihre Mutter für sich allein haben, reizend zu ihr sind, sich jedoch in Anwesenheit ihrer Geschwister feindselig und aggressiv ihr gegenüber verhalten.

In unserem Test kommt *dieses Thema von der idealen Mutter* in zwei Formen vor:

1. Die Ersatzmutter

Hier äußert die Versuchsperson, die in ihrer Erwartung nach Zuneigung enttäuscht ist, während des ganzen Tests ihre Frustration und verleiht entweder bei dem Bild ›*Ziege*‹ oder auf die Fragen am Ende oder bei den Wünschen an die ›*Fee*‹ ihrem Verlangen Ausdruck, eine andere Mutter oder eine bestärkende Familie zu finden.

Der 10jährige *Patrick J.* ist zum Beispiel ein sehr gehemmter, mißtrauischer Junge, der sich von Anfang an gegen die Äußerung seiner instinktiven Tendenzen wehrt. Intelligent wie er ist, organisiert er diese Abwehr, indem er durchschnittliche Themen erzählt, er engagiert sich jedoch nie gefühlsmäßig für eines der Bilder. Bei *›Säugen 1‹* schwindet seine Abwehr jedoch unter dem emotionalen Anstoß, was sich übrigens durch eine starke Hemmung äußert, die wir als Zeichen eines starken Wunsches, allein zu saugen, interpretierten, der jedoch mit Schuldgefühlen verbunden war. Wie es in solchen Fällen häufig vorkommt, schwindet die Abwehr bei den BI. Patrick äußert dann eine starke offene Geschwisterrivalität, die jedoch NB ist, nicht übernommen wird und mit oraler Frustration verbunden ist. Schließlich wird SF als der Böseste und Unglücklichste bezeichnet; von seiner Familie abgelehnt, wird er einen anderen Bauernhof suchen und dort bleiben. Das beliebteste von allen Bildern ist die *›Ziege‹*, die das Schweinchen adoptieren wird.

Ähnlich liegt der Fall der bereits erwähnten 10jährigen *Rachel Y.*

Dieses Mädchen macht aus allen Bildern des SF-Tests eine fortlaufende Geschichte, bei der mit sehr starker emotionaler Betonung das Thema zum Ausdruck kommt, daß sich SF wegen seines Fleckens von seiner Familie abgelehnt fühlt und da er in Gefahr ist, getötet zu werden, weggeht. Die Geschichte endet bezeichnenderweise mit *›Ziege‹: da er seine Mutter nicht mehr hat, die ihn ernähren könnte, hat er eine Ziege gefunden;* dieses Thema von der Ziege, die SF Milch gibt, zeichnet das Mädchen dann auch als interessantestes Bild. Auch hier entspricht dies einer wirklichen Frustration in der Kindheit: bei der Geburt der um 2 Jahre jüngeren Schwester wurde Rachel für fünf Monate aus dem Haus gegeben. Sie hat auf diese Verdrängung mit starker Eifersucht auf die kleine Schwester reagiert, mit einer depressiven Tendenz bei ständigem Anspruch auf Liebe; sie tyrannisierte ihre Mutter mit ihren Forderungen und sagte ihr immer wieder: *Es gibt viele Mütter, die sich mehr mit ihrer kleinen Tochter beschäftigen als du.*

Dominique L., von der wir bereits gesprochen haben, reagiert auf die Frustration bei der Geburt eines Bruders und einer Schwester mit einer paranoischen Forderung an die Mutter, die sich in ihrem SF-Test durch ein beständiges Thema vom Nährvater äußert. Mit Nachdruck besteht sie auf der Verwandtschaft von SF und seinem Vater aufgrund des Fleckens. Es scheint, daß sie wirklich manchmal von ihrer Mutter vernachlässigt wurde; andererseits hat man sie wegen ihres schlechten Betragens in ein Internat gegeben, was Dominique sehr schwer ertragen hat, und man wird die ganze Tragweite ihrer Intoleranz gegenüber Frustrationen begreifen, wenn man weiß, daß sie bei *›Karren‹* das Schicksal der kleinen Schweinchen, die der Händler wegbringt, mit dem von Kindern vergleicht, die ins Internat geschickt werden.
In ihrem *Test vom glücklichen Alter* kommt klar ihre Sehnsucht zum Ausdruck, das einzige Kind zu sein. Das glückliche Alter ist, *wenn sie noch ganz klein sind, bis zu 5 Jahren* (in diesem Alter war sie, als ihre kleine Schwester als drittes Kind der Familie geboren wurde), *weil sich die Mutter mit ihnen beschäftigt. Später kommen noch weitere Kinder, dann kommt ein kleiner Bruder; die Mutter beschäftigt sich mehr mit dem kleinen Bruder; dann kommt ein weiteres Kind; dann kümmert sich die Mutter nicht mehr um den kleinen Bruder und das älteste Kind vernachlässigt sie völlig und kümmert sich nur noch um das dritte Kind.* Und auf eine zusätzliche Frage: *Zuerst wollte ich eine kleine Schwester, und dann, als sich die Mutti mehr mit ihr beschäftigte, wäre ich froh gewesen, keine mehr zu haben.*
In ihrem SF-Test sagt sie bei *›Aufbruch‹*, daß *SF weggegangen ist, weil er ausgeschimpft wurde, und daß er seine Mutter nicht mehr wiedersehen will.* Dann folgt *›Ziege‹: SF ist noch ein Baby, das von seiner Mutter Milch braucht und da er sich*

verirrt hat, geht er zu dem Ziegenbock, der nett ist und ihn trinken läßt. Man könnte annehmen, daß sich das Mädchen, wenn es statt Ziege Ziegenbock sagt, einfach in der Wortwahl täuscht. Da Dominique jedoch ein Mädchen von erstaunlicher Intelligenz ist und sich wie ein Erwachsener ausdrückt, ist diese Behauptung nicht aufrechtzuerhalten. In ihrer aggressiven Forderung an das Bild der Mutter verallgemeinert sie den Nährvater und macht aus der Ziege einen Ziegenbock. Aus ihren Wünschen an die ›*Fee*‹ geht ihr sehnlichster Wunsch hervor: SF bittet:

1. *Daß es in den Bergen jemanden geben soll, der ihm hilft;*
2. *Daß er von dieser Person adoptiert werden möchte;*
3. *Daß er genauso werden möchte wie diese Person.*

Wer wird ihn adoptieren? *Ein Ziegenbock ... und er möchte auch ein kleiner Ziegenbock werden.*

Aus diesen drei Beispielen geht hervor, daß ›*Ziege*‹ ein erstaunlicher Anreiz zum Thema von der Ersatzmutter ist. Es ist daher immer darauf zu achten, welche Bedeutung das Kind diesem Bild beim Test beimißt. Es ist besonders bedeutsam, wenn das Kind ›*Ziege*‹ als erstes orales Bild wählt und ›*Säugen 1*‹ und ›*Säugen 2*‹ erst an zweiter Stelle oder überhaupt ablehnt.

2. Das Thema von den beiden Müttern

Das Thema von den beiden Müttern konfrontiert uns mit ähnlichen Situationen.

Bei dem 10jährigen *Paul P.* kommt die starke Geschwisterrivalität zu seiner 8jährigen Schwester schon bei der Titelkarte durch Übergehen besagter Schwester zum Ausdruck, deren Platz einfach Paul einnimmt: SF ist ein 8jähriges Mädchen, das einzige Mädchen, und die beiden weißen Schweinchen sind Jungen und kleine Spielkameraden. Diese Wunschfamilie bleibt jedoch beim Vorzeigen der Testkarten nicht erhalten. Im Laufe der Themen wird sehr schnell klar, daß besagte Spielkameraden der kaum verhüllte Ersatz für die kleine Schwester und Rivalin sind. Dies geht so weit, daß sie von den Eltern von SF bevorzugt werden. SF ist übrigens eifersüchtig auf sie und möchte sie schlagen, traut sich jedoch nicht. Genau dies geschieht auch in Wirklichkeit: Pauls Mutter ist eine Frau von sehr strengem Charakter, die von Anfang an jede Aggressivität ihres Sohnes unterbunden und ein richtiges Mädchen aus ihm gemacht hat. Beim SF-Test werden alle Themen des Streits, ›*Streit*‹, ›*Säugen 2*‹, ›*Schmutzspiele*‹, ›*Trog*‹, vertuscht oder nicht übernommen. Mehrmals wird gesagt, daß die Mutter von SF tot ist und er eine andere bekommen wird; so bei ›Nacht‹: *da ist der Vater und hinter ihm eine andere Mutter;* bei ›*Ziege*‹: *SF saugt bei der Ziege, weil seine eigene Mutter tot ist.* Bemerkenswert ist, daß ›*Säugen 1*‹ und ›*Säugen 2*‹ nicht übernommen werden, bei ›*Ziege*‹ dagegen identifiziert sich Paul mit SF. In der ›*Fee*‹ sieht Paul schließlich *die richtige Mutter von SF. Die andere war nicht die Richtige. Die Richtige war tot und hier ist sie zu neuem Leben erwacht.* SF hat folgende drei Wünsche: *daß seine Mutter zu ihm käme; daß er mit ihr in den Himmel gehen könnte; daß sie eine Fee sein möchte.*

Bei dem 9jährigen *Roger L.* äußert sich die Geschwisterrivalität auch schon bei der Titelkarte durch eine doppelte Umkehrung der wirklichen Situation: erstens bezeichnet Roger, der älteste von drei Jungen, SF als den Jüngsten; zweitens identifiziert er sich mit einem Mädchen. Rogers Mutter wollte als zweites Kind unbedingt ein

Mädchen; sie hat es nicht bekommen, aber ihr zweiter Sohn Paul ist zart wie ein Mädchen und wird daher bevorzugt, was die Eifersucht von Roger erweckt hat, der bei der Geburt seines Bruders aus dem Haus geschickt wurde. Roger hatte seit dieser Geburt eingekotet (vgl. anal-sadistische Themen).
Roger macht im Test aus den beiden großen Schweinen zwei Mütter: das große gefleckte Schwein ist die Mutter von SF, das große weiße Schwein die Mutter der beiden anderen. SF hat also seine Mutter für sich allein, mit der er durch seinen Flecken verwandt ist, und Roger protestiert energisch jedesmal, daß in dem Test diese Ähnlichkeit der Rasse nicht berücksichtigt wird: so, wenn bei ›*Zögern*‹ ein kleines Weißes bei der Mutter von SF saugt; so auch, wenn das Schweinchen bei der Ziege saugt. Mehrmals wird in dem Test gesagt, daß die weiße Mutter böse zu SF ist, daß sie seine Mutter dazu bringen will, ihn zu schlagen. Daß es sich um ein und dieselbe Mutter handelt, aus der durch die Projektion zwei Personen gemacht werden, geht aus der Behauptung hervor, die Roger während des Tests macht, *daß die beiden Mütter Freundinnen sind und daß sie gleich alt sind.* Daraus kann man schließen, daß diese Aufspaltung folgendes bedeutet: meine eigene Mutter (als ich das einzige Kind war) war lieb; die Mutter der beiden anderen (d. h. die Mutter, so wie sie geworden ist) ist böse zu mir. Und Rogers Sehnsucht verrät sich bei den BI durch die Wahl von ›*Traum M*‹, gefolgt von ›*Säugen 1*‹, als den beiden beliebtesten Bildern, und schließlich durch die Tatsache, daß er ›*Traum M*‹ gezeichnet hat.

Dieses Thema der beiden Mütter taucht häufig auf, wir haben etwa 20 Fälle dieser Art. Es ist eines der bemerkenswertesten Beispiele dafür, daß wir allein aufgrund der Beschreibung der Titelkarte, wenn sie nach der *freien* Methode erfolgt, von Testbeginn an in der Lage sind, die inneren Konflikte des Kindes zu erkennen.

Kapitel V
Deutung des SF-Tests

Der Vorteil eines projektiven Tests besteht in der Aufdeckung der *unbewußten Persönlichkeit.* In pathologischen Fällen erhalten wir auf diese Weise Aufschluß über die *grundlegenden Motivationen* der Versuchsperson, die die Störungen direkt oder indirekt hervorrufen.

I. Methodik der Analyse

Die gebräuchlichste Methodik der Analyse wurde von *Murray* und seinen Schülern für den TAT ausgearbeitet. Sie beruht auf der Feststellung, daß sich die Versuchsperson in die Person projiziert, die sie in den Mittelpunkt ihrer Geschichte stellt, daß sie ihre Haupttendenzen auf diese Person überträgt und abhängig von ihrer eigenen Einstellung die Beziehungen beschreibt, die der Held zu den anderen Personen der Geschichte unterhält, und die als Abbild ihrer eigenen Umwelt zu bewerten sind.

Diese Methode der Deutung ist wohl begründet und führt zu interessanten Schlußfolgerungen. Sie bewegt sich jedoch auf einem *ziemlich oberflächlichen Niveau der Persönlichkeit* und sie vernachlässigt zu sehr die Tatsache, daß die Projektion auf einem *tiefergehenden Niveau* viel subjektiver wirkt. Wegen dieser Subjektivität betrachtet *Piotrovski* jedes projektive Thema als analog zum Bericht eines Traums und schlägt vor, bei seiner Studie das Verfahren zur Deutung von Träumen anzuwenden. Das heißt mit anderen Worten, daß die erzählte Geschichte dem *offenkundigen Inhalt* eines Traumes gleichzustellen wäre, und die Deutung von diesem offenkundigen Inhalt auf das *latente Denken* übergehen müßte, das Denken, bei dem direkt die ursprünglichen Triebe zum Ausdruck kommen.

Bei einem Test wie dem SF-Test wird mit Hilfe der Symbolisierung durch Tiere und die Szenen aus dem kindlichen Leben, die sie darstellen soll, *die größtmögliche Subjektivität* erreicht; Personen und Szenen haben keinen realen Charakter, sondern dienen lediglich als Träger für die persönlichen Tendenzen der Versuchsperson.

Eine lange Praxis mit dem SF-Test hat uns gezeigt, daß es für eine erfolgreiche Deutung unerläßlich ist, auf die Methode von *Piotrovski* zurückzugreifen, unter ständiger Berücksichtigung der Erkenntnisse der Psychoanalyse, die dem Psychologen daher immer gegenwärtig sein müssen.

Erstens werden oft die psychopathologischen Probleme der Versuchsperson durch Übertragen der äußeren Konflikte, die durch die Themen beschrieben werden, auf innere Konflikte, bei denen sich verschiedene Instanzen der Persönlichkeit einander widersetzen, erhellt. Es gibt tatsächlich zahlreiche Fälle, wo man sich vergebens bemühen würde, die Person der Umgebung zu bestimmen, für die eine der Personen eines Bildes typisch ist; Grund dafür ist die Tatsache, daß der Typ reine Erfindung ist und einen Teil der Persönlichkeit der Versuchsperson darstellt. Selbst wenn man den Personen Namen geben kann, sie zum Beispiel als Vater, Mutter, Ehegatte, Ehefrau oder Freund bezeichnet, kommen besagte Personen in dem Thema doch immer nur wegen ihrer tatsächlichen oder gewünschten Ähnlichkeit mit der Versuchsperson vor, die in jede der Personen eine ihrer Tendenzen projiziert.

Zweitens – hier wird noch einmal dasselbe in anderer Form gesagt – sieht sich die Versuchsperson wie bei einem Traum zugleich in sämtlichen Personen der erlebten Szene, wobei jede Person einen Teil ihrer eigenen Persönlichkeit darstellt. Von daher ist die Leichtigkeit begreiflich, mit der die Versuchsperson bei den BI von einer Identifikation zur anderen übergeht; sie war von vornherein jede der Personen.

Drittens werden wie bei der progressiven Deutung eines Traums, wo die Assoziationen den Psychologen nach und nach zum Kern führen, der alles erklärt, die verschiedenen Schichten des Bewußtseins sichtbar, und wie beim Traum äußert sich am leichtesten das, was am wenigsten verdrängt ist, während die stark zensierten Tendenzen, die sich nicht oder verspätet äußern, oder kaum sind sie geäußert, unterdrückt werden, oft wegen ihrer pathogenen Wirkung die wichtigsten sind.

Von diesem Gesichtspunkt aus kann man die Tendenzen also nicht einfach aufgrund der Stärke beurteilen, mit der sie sich in den Themen äußern. Eine tiefere Deutung verschiebt die Akzente, kann eine Tendenz, die dominierend erschien, in den Hintergrund, und eine verdrängte Tendenz, die zuerst nicht deutlich war, in den Vordergrund treten lassen. Es ist uns daher nicht möglich, bei *Murrays* Methode der Deutung zu bleiben. Der Verfasser des TAT schreibt bekanntlich vor, eine Tendenz nach der Stärke, mit der sie sich bei jedem Thema äußert, zu beurteilen, um dann alle Einzelwerte zu addieren. Wenn man die hervorragende Bedeutung der Abwehrmechanismen des Ichs begriffen hat, kann man diese *quantitative Methode* nicht gelten lassen. Sie führt dazu, die Tendenzen, die sich offen äußern, vorrangig zu bewerten, während diese Tendenzen, wie wir gesehen haben, nicht den nachhaltigsten Einfluß auf die Persönlichkeit ausüben. Diese zu oberflächliche Arithmetik muß durch eine subtilere psychologische Algebra ersetzt werden: wenn zum Beispiel einer Tendenz, die sich frei äußert und die nach

Murray den Punktwert 5 hätte, eine ebenso starke Abwehr entgegenwirkt, die wir mit –5 bewerten, wäre die Resultante 0, das heißt nach der Auffassung von *Murray* eine sehr schwache Tendenz, was falsch ist, denn wir wissen im Gegenteil, daß es sich um eine stark zensierte Tendenz handelt.

Wir sind daher mit *Piotrovski* der Ansicht, daß die Auswertung nur *qualitativ* sein kann und daß sie *konfliktdynamisch* erfolgen muß. Man kann hier natürlich noch versuchen, die miteinander in Konflikt stehenden Kräfte zu bewerten, *die Messung muß jedoch der Intuition weichen.*

Es ist uns wohl bekannt, daß viele der Intuition vorwerfen, daß sie zu subjektiv sei und daher Irrtümern unterworfen. Der gewöhnlichen Intuition, die nur auf der eigenen Sensibilität des Beobachters beruht und daher keine Objektivität erreichen kann, ist jedoch die *wissenschaftliche Intuition* gegenüberzustellen, das heißt die Intuition, die auf der Erfahrung beruht und uns sichere Ergebnisse liefern kann. Auf der Erfahrung beruhend heißt einerseits, mit allen Erkenntnissen der Psychoanalyse, und andererseits, mit den praktischen Erfahrungen aus zahlreichen Tests bereichert; auf diese Weise kann man sich mit den wichtigsten Themen vertraut machen.

Es versteht sich natürlich von selbst, daß die Erfahrung anderer auch unsere persönliche Intuition bereichern kann. Aus diesem Grund wird die Lektüre des vorliegenden Werks, die Bilanz mehrerer Jahre intensiven Studiums, den Psychologen, die den SF-Test durchführen, eine wertvolle Hilfe für den Anfang sein.

Bei der Deutung eines SF-Tests sollten dem Psychologen die verschiedenen Kapitel dieses Buches gegenwärtig sein.

Erstens muß man sich die Grundbegriffe der Psychoanalyse einprägen und die Konfliktnatur der Persönlichkeit, wo die Tendenzen und das Ich ständig in Widerstreit liegen, genau verstanden haben. Wir haben die durch die Ich-Abwehr hauptsächlich auftretenden Änderungen beschrieben; wir werden an anderer Stelle noch zahlreiche Beispiele zur Konkretisierung dieser theoretischen Ansichten geben.

Zweitens (Kap. II) muß man sich mit allen Bildkarten vertraut machen, um die Tendenzen kennenzulernen, die sie im allgemeinen wiedergeben. Unsere Testmethode bereitet keine besondere Schwierigkeit; man muß sich jedoch mit der zweimaligen Durchführung vertraut machen: zuerst wie üblich die Themen; dann die bevorzugten Identifikationen, die eine genauere Untersuchung des Problems ermöglichen. Man muß außerdem die Regel der Freiheit beachten, damit sich die Spontaneität der Versuchsperson ungehemmt entwickeln kann.

Drittens geben Kapitel III und IV eine Einführung in die genaue Kenntnis der *außergewöhnlichen Themen.* Hier müssen die Beschreibungen der Versuchsperson immer mit den üblichen Normen verglichen werden, um die Grundzüge ihrer Persönlichkeit richtig einzuschätzen. Wie wir bei der Untersuchung der dominierenden Themen noch aufzeigen werden, sind die häufigsten Werte aus Kapitel III eine wertvolle Hilfe bei der ersten Analyse. Da ein Bild wie *›Kuß‹* zum Beispiel in der Mehrzahl der Fälle B und sogar oft das beliebteste Bild ist, vor allem bei Mädchen, kann man nichts aus der Tatsache schließen, daß es von einer Versuchsperson unter B eingestuft wird; wird es von einem Mädchen jedoch unter NB eingestuft, ist dies ein Hinweis auf ein Problem. Ebenso ist die mittlere Häufigkeit der Identifikationen mit diesem oder jenem in vielen Fällen eine wertvolle Bezugsnorm.

Eine *erste Auswertung* des SF-Tests, die für den Anfänger unerläßlich ist, besteht in der sogenannten *filmischen Analyse.* Sie besteht darin, daß auf einem speziellen Auswertungsbogen das Wichtigste der Themen jedes Bildes eingetragen wird, unter Erwähnung der Abwehrreaktionen wie auch der geäußerten Tendenzen sowie unter Berücksichtigung der BI. Bei dieser ersten Analyse zeichnen sich meist die Besonderheiten ab, die uns zu den Hauptthemen bringen können.

Bei dieser ersten Auswertung wird nur das Wichtigste festgehalten, das sich geradezu aufdrängt, und in den einfachsten Fällen kann dies schon zu einer zusammenfassenden Sicht des Problems führen. Die *Synthese* kommt auf jeden Fall später: bei einer *zweiten,* genaueren *Auswertung* können einige sekundäre Themen, deren relatives Zurücktreten sehr wohl nicht Zeichen ihrer geringeren Bedeutung, sondern Zeichen dafür, daß sie Gegenstand strengerer Abwehrreaktionen waren, sein kann, *in Verbindung mit dem (oder den) dominierenden Thema (Themen)* oft schon gedeutet werden. Es kommt vor, daß man wie bei der schon erwähnten Analyse eines Traums zuerst die obersten Schichten der Persönlichkeit entdeckt, die weniger verdrängten Tendenzen, die dem Bewußtsein am nächsten liegen, und erst dann die tieferliegenden Schichten, die stärker zensierten, also unbewußten Tendenzen.

Eine *dritte Auswertung,* die oft mit der zweiten zusammenfällt, besteht darin, eine Synthese aller Testdominanten aufzustellen, nämlich denen der Titelkarte, der Themen, der BI und der abschließenden Fragen. Man kann nicht oft genug darauf hinweisen, daß ein projektiver Test nie absolute Gewißheit vermittelt. Was er uns über die Persönlichkeit der Versuchsperson, ihre Tendenzen, die Stärke ihres Ichs vermittelt, ist nur wahrscheinlich oder stellt anders gesagt nur eine Arbeitshypothese dar, das heißt einen gültigen Ausgangspunkt für eine genauere Untersuchung. Eine an Sicherheit grenzende Wahrscheinlichkeit kann man mit der *Methode der Übereinstimmung von Anzeichen* erreichen, das heißt, eine Hypothese, die als Schlußfolgerung eines Tests aufgestellt wurde, wird durch andere Tests bestätigt. Wir wenden diese Methode sehr viel an, sogar bei unseren eigenen Tests. Wir haben schon in Kapitel IV Beispiele dafür gegeben und gezeigt, daß die Beschreibung der Titelkarte, die Themen, die Schlußfragen, die Wünsche an die Fee, das glückliche Alter thematisch übereinstimmen, so daß dem Beobachter keine Zweifel über das wesentliche Problem der Versuchspersonen bleiben.

Die *vierte Auswertung* ist eine Ausdehnung dieser Methode der Übereinstimmung. Liefert uns der SF-Test eine lediglich wahrscheinliche Information und wird diese durch einen zweiten und dritten Test bestätigt, läßt diese Übereinstimmung der Ergebnisse die Behauptung zu, daß wir eine sichere Information über die Versuchsperson besitzen. Wir haben uns ständig dieser Methode bedient und bei den meisten unserer Versuchspersonen noch weitere Tests durchgeführt: *Düss-Fabeltest, Dorftest, CAT, Blacky-Test, Familienzeichentest.* Bei einigen Versuchspersonen gelangten wir mit Hilfe einer Psychotherapie durch *psychodramatische Spiele* oft zu einer Vertiefung, die bei der Auswertung unserer Tests von großem Nutzen war.

Die *fünfte Auswertung* ist die Konfrontation der durch die Übereinstimmung von Anzeichen erhaltenen Ergebnisse mit der klinischen Wirklichkeit. Ein projektiver Test ist kein Ratespiel. Man würde sich beim Raten in Mutmaßungen erschöpfen, und durch die Befragung kommen wir viel einfacher ans Ziel: Alter und Geschlecht der Versuchsperson, ihre familiäre Situation, ihre Geschwister, die Hauptabschnitte ihrer Entwicklung und die pathologischen Störungen, weswegen sie zur Konsultation kommt.

Außer zu einigen wissenschaftlichen Forschungszwecken ist daher von einer blinden Auswertung des SF-Tests abzuraten. In der klinischen Praxis muß die Auswertung des Tests in engen Zusammenhang mit den Ergebnissen der Anamnese gebracht werden, da sich beide gegenseitig erhellen. Bei dem häufigen Fall zum Beispiel, in dem das Kind die Geburt eines kleinen Geschwisterchens erlebt hat und auf irgendeine Art und Weise darauf reagiert hat, über die uns die Eltern berichten, kann uns der projektive Test zeigen, wie sein Unbewußtes die Geschwisterrivalität ertragen hat, und läßt uns manch regressive Haltung oder Charakterstörung begreifen, die scheinbar in keinem Zusammenhang mit der Eifersucht stehen, aber doch letztlich durch sie hervorgerufen sind. Im Bewußtsein hat sich unter dem Einfluß der elterlichen Zensuren als Reaktionsbildung ein Akzeptieren des Rivalen entwickelt, manchmal sogar eine Zuneigung; dies ist jedoch eine Maske und die feindselige aggressive Tendenz setzt im Unterbewußtsein ihre unheilvolle Wirkung fort, zum Schaden des inneren Gleichgewichts des Kindes.

II. Testdynamik

Wie schon erwähnt, liefert die Projektion keine festen *Elemente,* die den sog. Charakterzügen entsprechen und aus denen sich die Persönlichkeit zusammensetzen ließe, so wie sich chemische Elemente zu einem komplizierten Körper verbinden.

Dies ist ganz und gar nicht so! Die eigentliche Persönlichkeit ist nicht statisch, sondern *dynamisch.* Sie ist ein *Kräftefeld* mit wechselndem Gleichgewicht, ein in Bewegung befindliches Ganzes aus Tendenzen und Abwehrmechanismen.

Der Psychologe, der sich mit der Praxis der projektiven Tests vertraut machen will, muß sich von diesem dynamischen Prinzip überzeugen und sich im *dynamischen Denken* üben.

Während der Testdauer von einer Stunde, in der die *Abenteuer des Schweinchens Schwarzfuß* erzählt werden, bleibt das Denken der Versuchsperson nicht untätig; von den affektiven Bewegungen angeregt, versucht es einen Bericht zu liefern, der die eigentlichen Tendenzen der Versuchsperson am meisten befriedigt sowie ihrem Wunsch entgegenkommt, ihre Triebe mit möglichst wenig Angst zu stillen. Zu diesem Zweck weicht sie manchmal von der ursprünglichen Linie ab oder sie weicht zurück oder sogar ganz aus. Zum Verständnis des Tests müssen alle diese Gedankengänge verfolgt und dann die Gründe für ihr Entstehen an der Wurzel gepackt werden.

Bei einem Test wie dem SF-Test stellt zwar die bildgetreue Beschreibung das Realitätsprinzip dar, es geht jedoch nicht um reale Dinge. Das Rationelle spielt keine große Rolle; das Irrationale dominiert. Es kommt zum Beispiel häufig vor, daß man in einem Protokoll offenkundige Widersprüche bei der Beschreibung des Helden oder einer der anderen Hauptpersonen findet. Nicht zu deuten, würde die rationelle Kritik sagen. Für uns bedeuten diese Widersprüche *Ambivalenz:* Umkehrung der Affekte; abwechselndes Dominieren der Tendenz und der Zensur, die die Tendenz verdammt, oder Übergang von der Realitätsebene auf eine Wunschebene.

Logisch ist, daß ein *akzeptiertes* Bild, das mit Vergnügen beschrieben wird, dann *beliebt* ist und *übernommen* wird. Bei diesen Bildern stellen sich die Tendenzen in Übereinstimmung mit dem Lustprinzip dar und sind keinem Tabu unterworfen.

Umgekehrt ist es normal, daß ein *nicht akzeptiertes* Bild dann abgelehnt wird, *nicht beliebt* ist und *nicht übernommen* wird. Diese Bilder stellen die durch die Ich-Abwehr stark zensierten, also *verdrängten* Tendenzen dar.

Es kommt jedoch selten vor, daß ein Test nach diesem rationellen Schema abläuft. Es tauchen häufige Widersprüche auf, die dem unvoreingenommenen Psychologen einen Eindruck der Unsicherheit vermitteln können, die sich jedoch später im Gegenteil als Ausdruck des Dynamismus der Persönlichkeit erweisen.

›*Wurf*‹ wird zum Beispiel selten abgelehnt. Geschieht dies dennoch, besteht Grund zu der Annahme, daß bei der Versuchsperson starke Eifersuchtsgefühle gegen die Neugeborenen vorhanden sind. Es kommt jedoch nur selten vor, daß es dann, wie es eigentlich logisch wäre, NB ist und nicht übernommen wird. Sehr oft wird es unter B eingestuft, mit einer Begründung, bei der die Schweinemutter und die Neugeborenen hervorgehoben werden, was paradox erscheint. Alles klärt sich jedoch dann bei der Identifikation auf, wenn das Kind ziemlich häufig erklärt, daß es eines der Neugeborenen sein möchte. Hier wird die dynamische Bewegung der Persönlichkeit verständlich: zu Beginn identifiziert sich das Kind mit dem Helden SF und sieht sich in einer unerträglichen Frustrationssituation und lehnt das Bild ab; dann beginnt es jedoch die Neugeborenen um ihre bevorzugte Situation zu beneiden und setzt sich an ihre Stelle, wodurch sich seine affektive Einstellung ändert. Dann kann das anfangs abgelehnte Bild B sein.

Hier noch das Beispiel eines gehemmten und depressiven 11jährigen Mädchens, das zuerst ›*Säugen 1*‹ beschreibt und das Glück von SF betont, mit seiner Mutter allein zu sein. ›*Säugen 2*‹ wird dagegen abgelehnt und dies scheint uns im Einklang mit der starken Rivalität dieses Mädchens zu ihren beiden Brüdern zu stehen, die es mit ihrer Überlegenheit erdrücken. Aber bei den BI ändert sich das Bild. Das abgelehnte ›*Säugen 2*‹ ist B mit einer Begründung, in der die Eifersucht von SF zum Ausdruck kommt; daraus geht jedoch hervor, daß die Mutter diese Eifersucht stark zensiert (Identifikation mit der Mutter). ›*Säugen 1*‹ ist dagegen NB, mit einer ausweichenden Begründung: »Man könnte glauben, daß die Mutter keine anderen mehr will«, wo der eigene Wunsch der Versuchsperson ganz klar auf die Mutter projiziert wird. Übrigens erfolgt auch hier wieder eine Identifikation mit der Mutter, mit der Begründung »weil ich möchte, daß meine Kinder alle beisammen sind und sich nicht streiten«.

Auch in diesem Beispiel ist eine doppelte Bewegung. Die Wahl von ›*Säugen 1*‹ entspricht dem Lustprinzip. Aber bei diesem depressiven Mädchen ist die Befriedigung der Tendenzen mit Schuldgefühlen verbunden, daher entsteht eine starke Reaktionsbildung gegen die orale Gier, die bewirkt, daß ›*Säugen 2*‹ schließlich bevorzugt wird. Dies erklärt die ständig depressive Tendenz dieses kleinen Mädchens, das die ursprünglich aggressiven, gegen die Brüder gerichteten Triebe gegen sich selbst richtet, was bei ihr eng mit einer Identifikation mit der zensierenden mütterlichen Instanz verbunden ist.

Noch ein weiteres Beispiel für die Dynamik: die Häufigkeit, mit der dieselbe Person, Vater oder Mutter, von der Versuchsperson bald in einer befriedigenden und bald in einer frustrierenden Beziehung gesehen werden kann. So kommt es nicht selten vor, daß die Mutter im Laufe der Themen als frustrierend und aggressiv gegenüber SF beschrieben wird; dann, bei den abschließenden Fragen, wird sie als die netteste bezeichnet. Ein Widerspruch? Mitnichten! Dies ist lediglich Ausdruck dessen, was sich das Kind in seinem Innersten wünscht: daß seine Mutter immer so zu ihm sein möchte, wie in den nach seinem Empfinden zu seltenen Augenblicken, wo sie es befriedigt.

Noch ein letztes Beispiel. Ein Fall, bei dem ›*Aufbruch*‹ ohne Erwähnung eines Konflikts als ein glückliches Thema eines freiwilligen Aufbruchs beschrieben wird. Aber dann bei den BI wird es als das unbeliebteste Bild bezeichnet, mit einer Begründung, in der die Furcht zum Ausdruck kommt, daß SF sterben könnte; in dem ganzen Test ist dies die einzige Identifikation mit Niemandem. In solchen Fällen kann man mit Sicherheit den Schluß ziehen, daß es sich nicht wirklich um einen glücklichen Aufbruch handelt, sondern um eine angsterregende Verdrängung, wobei die Ich-Abwehr von Anfang an die schlimme *erlittene* Sache in eine *gewollte* Sache umgewandelt hat, wie dies sehr oft vorkommt.

III. Deutung der Titelkarte

Wir haben der Titelkarte mit Absicht einen neutralen Charakter gegeben. Die drei kleinen Schweinchen stehen im Dreieck, in gleichem Abstand von den Eltern, deren Stellung zueinander ausgeglichen ist; es wird keine Handlung dargestellt. Daraus ergibt sich, daß es der Versuchsperson freisteht, ganz nach Belieben zu projizieren, im Gegensatz zu den übrigen Bildkarten wird ihr kein Thema aufgezwungen.

Die allgemeinen Gesetze der kindlichen Persönlichkeit führen jedoch zu einer *Familienkonstellation.* Das Kind kann sich weder isoliert noch in ausschließlicher Beziehung zu Fremden sehen. Wenn es sich mit dem Helden SF identifiziert, muß es daher in den weißen Schweinchen notwendigerweise Geschwister sehen und in den beiden Großen Eltern. Dies ist bei 4/5 unserer Beobachtungen der Fall.

Es sei die Tatsache betont, daß unsere Testmethode sowie das Fehlen einer Anweisung (außer der Ankündigung der Abenteuer des Schweinchens Schwarzfuß) der Versuchsperson völlige Freiheit lassen. Auf diese Tiergruppe kann sie nach Belieben projizieren, vor allem ihre *Wunschfamilie.* Hervorzuheben sind die Fälle, wo die Beziehungen eines Kindes zu seiner Familie so gestört sind, daß sich daraus eine echte Zerlegung der Familiengruppierung der Titelkarte ergibt. Wir können dann von vornherein auf erhebliche persönliche Konflikte schließen (1/5 der Fälle).

1. Der Held SF

In Übereinstimmung mit unserer Regel der Freiheit kann das Kind SF ein beliebiges Geschlecht und Alter geben und so seinen unbewußten Wünschen Ausdruck verleihen.

Was das Geschlecht angeht, haben wir in Kapitel IV die extreme Häufigkeit der Umkehrung (§ 7) dargelegt, und wir sehen darin vor allem bei den Jungen Anzeichen einer erheblichen Störung der ödipalen Entwicklung.

Zum Alter ist zu sagen, daß das Kind SF häufig sein Alter gibt und so seiner Identifikation mit dem Helden deutlich Ausdruck verleiht. Ältere oder sehr nachdenkliche Kinder geben das Alter manchmal in Monaten an, da es sich um Schweinchen handelt; manchmal genügt es, diese Monate auf Jahre zu übertragen, um das Alter herauszufinden, das die Versuchsperson ihrem Helden geben wollte.

Bisweilen wird SF als älter, weitaus häufiger jedoch als jünger angegeben. Da wir wissen, daß sich die Versuchsperson im Test eine Wunschfamilie zusammenstellt, muß man auf die Häufigkeit regressiver Tendenzen schließen, die in der Versuchsperson den Wunsch erwecken, das verlorene Paradies der Kindheit wiederzufinden. Wir haben dies experimentell anhand unseres *Tests vom glücklichen Alter* nachgeprüft: »In welchem Alter sind die Kinder deiner Meinung nach am glücklichsten?«, und wir haben festgestellt, daß dieses glückliche Alter sehr oft mit dem Alter von SF übereinstimmt (oder, wie wir noch sehen werden, mit dem Alter eines der Geschwister, mit dem sich das Kind identifiziert).

2. Die Eltern

Werden die beiden Großen nicht als Eltern, sondern als Fremde, ältere Geschwister oder Cousins betrachtet, muß man daraus auf gestörte Beziehungen der Versuchsperson zu ihrer Familie schließen. Manchmal ist der Grund dafür offensichtlich: so bei einem Jungen, der aus den beiden Großen zwei ältere Schwestern machte; er war der spätgeborene Jüngste in einer großen Familie, und war fast ausschließlich von seinen großen Schwestern erzogen worden. In vielen Fällen ist der Grund für die Störung jedoch verborgen und die Ablehnung, in den beiden Großen die Eltern zu sehen, kann eine unbewußte Feindseligkeit verraten, die aufgeklärt werden muß. Der 12jährige *Jackie G.* zum Beispiel, der in passiver Opposition zu seinen Eltern steht (er kotete in seiner Kindheit ein, ist appetitlos und Linkshänder), bezeichnet die beiden Großen der Titelkarte als Cousins. Im Laufe seiner Themen setzt er bald die Mutter an die Stelle eines der Cousins, er spricht jedoch nie vom Vater und besteht darauf, an seiner Stelle den vorgegebenen Cousin zu sehen. So betrachtet er lange und erstaunt ›*Kuß*‹; *er sieht seine Mutter und einen Cousin, die sich umarmen, und SF, der unzufrieden ist und sie trennen will.* Seine Feindseligkeit läßt ihn so den Vater unterdrücken. Sie richtet sich auch gegen die Mutter, die als frustrierend angesehen wird, jedoch in offen aggressiver Weise; außerdem wird sie häufig erwähnt.

Es gibt Fälle, in denen die Versuchsperson die Mutter mit dem Flecken ausschließlich für SF fordert und den Vater als Vater oder Mutter der beiden weißen Schweinchen bezeichnet. Dies ist ein sicheres Zeichen für eine starke Geschwisterrivalität.

Wir haben gesehen, daß diese Verwandtschaft durch die Flecken in manchen Fällen umgekehrt werden kann und der Vater wegen seiner besonderen Beziehung zu SF anstelle der Mutter gesehen wird. Dies ist das häufig auftauchende Thema vom *Nährvater* (Kapitel IV, § 8).

3. Die Geschwister

Mit der Darstellung von SF und zwei anderen Schweinchen dachten wir, dem Kind ausreichend Möglichkeiten zu verschiedenen Familienkonstellationen zu bieten. So zum Beispiel eine Familie mit einem Ältesten, einem Mittleren und einem Jüngsten; dem Schema, in dem größere Familien erfaßt werden können.

Es gibt sicherlich Fälle, in denen die Titelkarte des SF-Tests für das Kind nach seiner Beschreibung eine wirkliche Familie darstellt, die jedoch entsprechend seinen Wünschen verändert wird. Daraus kann man mit Sicherheit auf das Grundsätzliche seiner Beziehungen zu den Mitgliedern seiner Familie schließen.

Die Erfahrung hat uns jedoch gezeigt, daß diese Fälle nicht zahlreich waren. Auf einer tieferen, unbewußten Ebene, auf der die Projektion wirkt, *bilden sich die Beziehungen einer Versuchsperson zu anderen als Identifikationen,* und das Kind findet sich selbst in den verschiedenen Testpersonen, vor allem in den Kleinen. Wie in einem Traum sind die verschiedenen Personen Fragmente oder Aspekte der Persönlichkeit der Versuchsperson, die wegen ihrer Ähnlichkeit mit wirklichen Personen projiziert werden. Es handelt sich eher um *Rollen* als um Personen. Wie bereits festgestellt, erklärt dies die Leichtigkeit, mit der sich die Versuchsperson dann bei den BI mit einer anderen Person als SF identifiziert; in ihr sind sämtliche Rollen, die sie darstellt, und sie spielt eine nach der anderen.

Von diesem psychoanalytischen Standpunkt aus sind die Geschwister, die das Kind in den weißen Schweinchen sieht, wirkliche Rivalen, aber *zugleich sind sie Figuren, mit denen sich die Versuchsperson innerlich identifizieren kann.*

Auch hier drängt sich der dynamische Standpunkt auf. Es kommt häufig vor, daß die Verteilung von Alter und Geschlecht bei der Titelkarte nichts mit den wirklichen geschwisterlichen Verhältnissen zu tun hat und wir müssen daher annehmen, daß sich die Versuchsperson sehr narzißtisch in die drei Kleinen projiziert hat und so seine Geschwister ablehnt. Und doch dominiert bei den Testbildern, die die mehr oder weniger konfliktgeladenen Beziehungen von SF und den beiden anderen hervorheben, das Realitätsprinzip, und das Kind beschreibt eine Konfliktatmosphäre. Bald ist es das Kind selbst in verschiedenen Personen, bald sind es wirkliche Rivalen.

Bei der Auswertung muß man sich diese Bemerkungen immer vergegenwärtigen.

1. Werden die beiden weißen Schweinchen, was bei weitem am häufigsten der Fall ist, als Bruder und Schwester von SF bezeichnet, müssen zuerst die Geschwister des Tests mit den wirklichen Geschwistern verglichen werden. Stimmen sie wenigstens teilweise überein, kann man daraus schließen, daß sich das Kind in eine freundschaftliche oder aggressive Beziehung zu dem jeweils Bezeichneten der Geschwister setzt. Es muß aber auch hinzugefügt werden, und dadurch wird der oberflächliche und der gründlichere Standpunkt zur Übereinstimmung gebracht, daß dieser unter den Geschwistern Hervorgehobene auch auf der Titelkarte als mögliches Identifikationsobjekt vorhanden ist.

Manchmal ist es offensichtlich, daß das Kind im Schutze der Projektion versucht, die Stelle eines seiner Brüder oder Schwestern einzunehmen. Ist es zum Beispiel das Älteste, möchte es das Jüngste sein und umgekehrt. Ist es ein Junge, möchte es ein Mädchen sein und umgekehrt.

Die 8jährige *Elisabeth R.* zum Beispiel, deren dominierendes Thema wir schon kennengelernt haben (»die Fee hat SF hinausgeworfen«), hat eine 2jährige Schwester, auf die sie sehr eifersüchtig ist. Also macht sie aus SF ein 2jähriges Mädchen und gibt ihm eine 10jährige Schwester, kehrt also auf diese Weise die wirkliche Situation um. Sie identifiziert sich 14mal mit dem kleinen SF (und bei ›*Wurf*‹ mit den ganz Kleinen).

Ähnlich setzt der 8jährige *Roger L.* in seinem Test anstelle seines jüngeren Bruders ein gleichaltriges Mädchen (6 Jahre), zu dem SF in ständiger Rivalität steht. Die Sache ist leicht zu erklären: Rogers Eltern, er ist der Erstgeborene, wollten immer ein Mädchen haben und waren bei der Geburt des zweiten Sohnes enttäuscht. Da dieser jedoch ein sehr sanftes Wesen hat, schenkten sie ihm ihre ganze Zuneigung. Für Roger ist es also so, als ob sein Rivale ein Mädchen wäre.

2. Sind die beiden weißen Schweinchen nicht Bruder und Schwester von SF, sondern werden sie als Spielkameraden oder Unbekannte angesehen (eine Beziehung mit noch größerer Distanz), muß man daraus schließen, daß das Kind hier seinen Wunsch oder seine Angst, allein zu sein, projiziert.

Es handelt sich um einen Wunsch, wenn es die Eltern ausschließlich als Eltern von SF betrachtet: dies ist das häufige Thema vom *Kind, das das einzige sein möchte* und das bei seiner Projektion die Existenz seiner Rivalen vertuscht.

Es handelt sich um Angst, wenn es die Eltern als Eltern der beiden weißen Schweinchen bezeichnet. Dies ist das seltene Thema von *SF als Waise,* aus dem immer ein stark depressives Gefühl hervorgeht.

Wir haben gesehen, daß es eine Zwischensituation gibt, wo die Versuchsperson die Mutter mit dem Flecken ausschließlich als Mutter von SF bezeichnet.

Die Bedeutung dieser Aufteilung der Familie ist natürlich um so größer, je getreuer sie während des Tests beibehalten wird.

3. Es gibt Fälle, in denen zu der Unterdrückung der wirklichen Geschwister bei der Projektion noch der deutlich geäußerte Wunsch kommt, ihre Stelle einzunehmen.

Der 10jährige *Paul P.* ist ein gutes Beispiel dafür. In seinem SF-Test identifiziert er sich mit einem 8jährigen Mädchen und macht aus den beiden weißen Schweinchen zwei gleichaltrige kleine Spielkameraden. Er hat eine einzige 8jährige Schwester, auf die er sehr eifersüchtig ist, ohne daß sich seine Eifersucht wegen der Zensur einer sehr kastrierenden Mutter je äußern konnte. Bei Paul, der von seinem Temperament her schon dazu neigt, die Rolle eines Mädchens zu spielen, wird dies noch durch den entmännlichenden Einfluß seiner Mutter und durch seinen Wunsch, ebenfalls die bevorzugte Stellung der kleinen Schwester zu genießen, verstärkt. Daher seine Identifikation.

4. Sobald man genauer auswertet, wird alles subjektiv und das Kind projiziert seine verschiedenen Tendenzen auf die Personen der Titelkarte, vor allem natürlich, wenn es mit sich selbst uneinig ist und in seiner Persönlichkeit mehrere Tendenzen im Widerstreit liegen.

Es ist zum Beispiel bekannt, wie häufig die Kinder ihre gegensätzlichen Tendenzen auf zwei verschiedene Personen übertragen, je nachdem welche im Hinblick auf die elterlichen Wertschätzungen gut oder schlecht sind. Sie neigen dann dazu, bei sich selbst zwischen einer guten und einer bösen Persönlichkeit zu unterscheiden.

Der 10jährige *Philippe G.* zum Beispiel (der schon in Kapitel IV, § 3 erwähnt wurde) gibt SF sein eigenes Alter, macht aber ein Mädchen aus ihm; aus den beiden weißen Schweinchen macht er einen einzigen 8jährigen Jungen, das Alter seiner Schwester und Rivalin. Aber angesichts der Handlungen von SF, der »immer Blödsinn macht«, wie er sagt, lehnt er es ab, sich mit ihm zu identifizieren (nur ein einziges Mal bei ›*Säugen 1*‹) und ist dagegen sechsmal der 8jährige Bruder, der der folgsamere ist und den er bevorzugt. Und dies führt schließlich trotz der Änderung des Geschlechts dazu, daß er sich mit seiner jüngeren Schwester identifiziert.

5. Stimmen das SF und seinen beiden Genossen gegebene Alter nicht mit dem der wirklichen Geschwister überein, was häufig der Fall ist, kann man dies als *Schlüsselalter der Fixierung* des Kindes interpretieren.

Anhand des Beispiels der 9jährigen *Margaret L.* wird dies deutlich. Sie macht aus SF einen 7jährigen Jungen, gibt ihm einen 9jährigen Bruder, der keine Bedeutung hat, und eine 2jährige Schwester. Da sie ein Einzelkind ist, entspricht dies nicht der Realität.

Da sie asthenisch ist und große schulische Schwierigkeiten hat, ist anzunehmen, daß sie sich von Anfang an in eine regressive, um zwei Jahre jüngere Position gebracht hat und daß der 9jährige Bruder, der sie darstellen könnte, hier keine Rolle spielt, weil sie sich selbst in ihrem gegenwärtigen Alter nicht in der Lage sieht, eine Rolle zu übernehmen. Sie ist also der 7jährige SF, da sie ihn jedoch für schlecht hält, will sie sich nur zweimal mit ihm identifizieren. Nachdem sie auf der Titelkarte ein 2jähriges Mädchen sieht (ihr glückliches Alter), ein kleines Mädchen, das während des ganzen Tests als kleiner Engel geschildert wird, hat sie sich von vornherein in eine Rückzugstellung begeben und sie identifiziert sich auch siebenmal mit diesem kleinen Mädchen. Es besteht daher Grund zu der Annahme, daß sich Margaret nach diesem Alter sehnt, wo sie glücklich und fehlerlos war und daß es ihr widerstrebt, ihre gegenwärtige Rolle zu übernehmen. Beweis dafür ist ihre Antwort auf die Frage: »Was wird aus SF?« »Er wird wieder wie zuvor, als er noch keine Dummheiten machte und nicht gehorchte.«

In dieser Beobachtung von zwei verschiedenen Altersstufen war das Gute und das Böse. Manchmal gibt das Kind SF *einen gleichaltrigen Doppelgänger.*

Der 8jährige *Jean M.* macht zum Beispiel aus SF und einem der weißen Schweinchen 8jährige Jungen. Nachdem er zu Beginn des Tests der Aggressivität systematisch ausgewichen ist, was so weit ging, daß er bei ›*Streit*‹ Schweinchen sah, die sich vergnügten, bricht es bei ›*Zögern*‹ aus ihm hervor, und er sieht einen allgemeinen Streit. Es ist sicher, daß dieses Hervorbrechen in ihm ein Schuldgefühl hervorgerufen hat, denn bei den BI vertuscht er, nachdem er sich bei den beiden ersten Bildern mit SF identifiziert hat, bei ›*Zögern*‹ sein Streitthema, und von da an will er die Rolle des Helden nicht mehr übernehmen. Es ist dagegen neunmal der »Doppelgänger«, der als folgsamer als SF bezeichnet wird.

Bei der Auswertung von Fällen dieser Art muß der Psychologe an der Dynamik der Situation teilnehmen, die der Test entwickelt, und in den verschiedenen, vom Kind übernommenen Rollen das Spiel des Konflikts zwischen den zu befriedigenden Tendenzen und den entgegenwirkenden Zensuren begreifen; gleichzeitig kann er durch die Identifikationen die Fähigkeiten des Ichs der Versuchsperson, die Situation zu übernehmen, erkennen.

4. Ich-Abwehr

Die Beschreibung, die ein Kind von der Titelkarte gibt, wird von seinen innersten Tendenzen diktiert. Zweck ist die Erreichung einer möglichst großen Befriedigung. Die Versuchsperson definiert SF und die anderen Personen der Titelkarte spontan und unüberlegt, stellt zwischen ihnen gewisse Beziehungen auf, hebt gewisse Elemente ihrer Geschwister hervor und läßt andere weg.

Wie bereits erwähnt, gibt es Fälle, in denen die Rollenverteilung der Titelkarte unfehlbar während des ganzen Tests aufrechterhalten wird und diesem so eine starre Thematik gibt. Man muß dann eine besondere Kraft der jeweiligen Tendenz, die die Durchsetzung ermöglicht, sowie eine gewisse Rigidität des Ichs annehmen.

Es gibt jedoch zahlreiche andere Fälle, wo die Konstellation der Titelkarte nicht beibehalten wird. Man muß dann annehmen, daß sich der Wirklichkeitssinn bei Bildkarten, auf denen genaue Handlungen erlebt werden, durchsetzt, oder daß der Versuch der Versuchsperson, eine Familienkonstellation zu errichten, die ihren Wünschen entspricht, in ihr ein gewisses Schuldgefühl erweckt und daß die Ich-Zensur ins Spiel kommt, um die Wirklichkeit wieder herzustellen.

Es kommt zum Beispiel vor, daß die beiden weißen Schweinchen zu Beginn als Fremde bezeichnet werden, dann aber im Verlauf des Berichts plötzlich zu rivalisierenden Brüdern und Schwestern werden. Wir haben schon Beispiele hierfür gesehen.

Es folgt der Fall der 10jährigen *Martine C.,* die zu Beginn die beiden weißen Schweinchen als Freunde von SF angibt, sie jedoch dann als Cousins bezeichnet und bei ›*Nacht*‹ schließlich sagt: *seine kleinen Brüder schlafen.* Die Geschwisterrivalität kommt in ihrem Test zwar nur sehr vorsichtig zum Ausdruck, sie verrät jedoch auf dem Umweg über den regressiven Wunsch Martines, vor allem bei den BI von

›Wurf‹, wo sie sich mit einem der ganz Kleinen, nur einen Tag alten, identifiziert. *›Säugen 2‹* ist ebenfalls B, mit der Begründung, daß *SF saugt, die beiden kleinen Cousins ankommen und SF schnell alles saugt, damit für die beiden nichts mehr bleibt* (Identifikation mit der 8jährigen Cousine). Schließlich, und wir haben mehrere Übereinstimmungen aus verschiedenen Tests, sagt sie, daß SF der Glücklichste ist, weil er der Kleinste ist und folglich von seinen Eltern am meisten geliebt wird. Er bittet die Fee, *einen Stall für sich allein zu haben und ein Feld zum Spazierengehen und Grasen,* und all das, *um allein zu sein, damit ihn niemand ärgern kann.* Das glückliche Alter ist *ein Jahr, weil sie von ihren Eltern mehr verwöhnt und geliebt werden.*

Ebenso kommt es sehr häufig vor, daß das Kind die Eltern auf der Titelkarte umkehrt. Auf eine gewisse Anzahl von Fällen, wo diese Umkehrung beibehalten wird und in einem Thema vom Nährvater zum Ausdruck kommt, folgt aber eine annähernd gleich große Anzahl von Fällen, wo die Versuchsperson, sobald eine Szene des Säugens kommt, die Mutter wieder in ihre Rolle als Nährmutter einsetzt. Es gibt auch dazwischen liegende Fälle, wo das Thema vom Nährvater beibehalten wird, jedoch nur zögernd, was sich in Versprechen äußert, die die Unsicherheit der Versuchsperson bezüglich der jeweiligen Rollen von Vater und Mutter unterstreichen. Auch hier besteht Grund zu der Annahme, daß das Kind im Konflikt mit sich selbst steht, und wir müssen dies im Sinne einer Abwehr dieses Kampfes zwischen ursprünglichem Trieb und der Zensur, die ihn schließlich zu neutralisieren versucht, deuten.

Bei einer gründlicheren Untersuchung dieses Begriffes der Abwehr kommt man zu einer Unterscheidung zwischen zwei verschiedenen Modalitäten. Es gibt erstens Fälle, bei denen sich die Ich-Abwehr in den Dienst der wichtigen Tendenzen stellt; wir sehen sie am Werk, wenn sie bei der Titelkarte eine zu schmerzliche Realität ablehnt und dann eine Wunschfamilie bildet. Zweitens gibt es Fälle, in denen diese Abwehr dem Druck des familiären und sozialen Milieus weicht und die Herrschaft der Lust durch die Herrschaft der Realität ersetzt, und so die vorhergehenden Abweichungen korrigiert. Je nachdem, ob die eine oder andere Modalität im Test vorherrscht, kann man auf den Grad der Reife des Ichs schließen, das im zuerst genannten Fall noch kindlich und Sklave der Tendenzen ist, und im zweiten Fall bereits reifer und eher in der Lage ist, annehmbare Kompromisse zu schließen.

IV. Die außergewöhnlichen Themen

Die Deutung eines projektiven Tests dreht sich um die Suche nach dem *dominierenden Thema.*

Wird ein pathologisches Verhalten *durch einen unbewußten Komplex motiviert,* so muß sich dieser Komplex erfahrungsgemäß durch die Projektion in einem besonderen Thema äußern, das dem Psychologen über den Komplex Aufschluß gibt. Gleichzeitig erregt das Auftauchen des verdrängten Komplexes im Ich Abwehrmechanismen, die sich ebenfalls in dem Thema äußern. So spielt sich vor unseren Augen der psychopathologische Prozeß in seinen beiden wichtigsten Momenten ab.

Nach einem ersten aufmerksamen Durchlesen des Protokolls ist der Psychologe in der Lage, festzustellen, ob die Versuchsperson die Testbilder bildgetreu, also durchschnittlich, beschrieben hat oder ob sie eine außergewöhnliche Beschreibung geliefert hat.

Die Grundregel der Deutung ist infolge der Suche nach dem dominierenden Thema die *Regel des Außergewöhnlichen: jedes Thema, das durch seine Außergewöhnlichkeit vom erwarteten durchschnittlichen Thema abweicht, ist als Hinweis auf irgendein Problem zu betrachten.*

Dies gilt auch für die sogenannten *Themen der BI,* das heißt, die Wahl eines Bildes als B oder NB, und die Tatsache, daß es übernommen wird oder nicht. Wertvolle Hinweise werden in Kapitel III geliefert, wo durchschnittliche und seltene Themen aufgeführt werden. Wenn zum Beispiel *›Kuß‹* im Protokoll eines Mädchens zu den abgelehnten Bildern gehört, bei den BI NB ist, Identifikation mit Niemandem, und man dann anhand unserer Statistik feststellt, daß dieses Bild sehr oft als erstes gewählt wird und fast immer B ist, Identifikation mit SF oder mit der Mutter, kann man auf einen starken Konflikt ödipaler Eifersucht schließen.

Wie wir an diesem Beispiel sehen, liegt das Außergewöhnliche nicht nur im Inhalt des Themas, das heißt in der positiven Äußerung der Tendenz. Es kann auch in einer ungewöhnlichen Ablehnung liegen, das heißt in der *Abwehrreaktion des Ichs.*

Es gibt noch ein drittes, gleich wichtiges Element, nämlich die *affektive Reaktion auf das Thema,* in ihren beiden möglichen Formen: der *extravertierten* Form, die meist mit einer starken Äußerung der Tendenz einhergeht, und durch Freude, Leidenschaft oder große Emotion gekennzeichnet ist; der *introvertierten* Form, die meist mit Hemmungen des Ichs einhergeht und sich in langem Schweigen vor einem Bild, erstickter Stimme oder Anfällen von Traurigkeit äußert.

Durch Zusammenfügen dieser drei Elemente erhalten wir zwei Hauptarten von dominierenden Themen, wie bereits aus Kapitel IV hervorgeht: *die freien und die verschleierten Themen.*

Freie Themen sind Themen, die man am leichtesten erkennt, denn sie liefern im allgemeinen reich ausgestaltete Beschreibungen, die der Aufmerksamkeit des Psychologen nicht entgehen können. Bei diesen Themen werden die entsprechenden Bilder meist *akzeptiert, übernommen* und sind *beliebt.* Diese Themen erhalten bei den herkömmlichen Methoden die hohe Bewertung der starken Antworten.

Verschleierte Themen sind Themen, die nur eine vertiefte Deutung zutage bringen kann, denn die Ich-Abwehr herrscht hier vor und deckt die Tendenz so weit zu, daß sie manchmal völlig verschwindet. Oft werden die entsprechenden Bilder anfangs abgelehnt, also nicht beschrieben, und man würde nichts über das Thema erfahren, das diese Ablehnung verschleiert, wenn man nicht die ergänzenden BI hätte, bei denen das Thema meist zum Vorschein kommt. Hier äußert sich das Außergewöhnliche kaum durch die Ausdruckskraft der Tendenz, sondern infolge der Verdrängung durch die Ich-Abwehr, die uns in extremen Fällen die genaue Umkehrung der freien Themen liefert: Bilder, die *nicht akzeptiert, nicht übernommen* werden und *unbeliebt* sind.

Hier sei noch einmal wegen der außerordentlichen Bedeutung der Sache darauf hingewiesen: Bewertet man die Tendenzen nach der Stärke, mit der sie sich äußern, gelangt man bei den verschleierten Themen zu der Auffassung, daß die Tendenzen dabei schwach sind. Wie bereits festgestellt, ist dies ein Fehler bei der Deutung, der daraus entsteht, daß man den Konflikt Tendenz-Abwehr nicht genügend berücksichtigt.

V. Zusammenhängende Geschichten oder isolierte Bilder

Die Deutung weicht je nach der Art, in der die Versuchsperson *die Abenteuer des Schweinchens Schwarzfuß* erzählt, geringfügig voneinander ab.

Die Fälle, deren Deutung von Anfang an am einfachsten zu sein scheint, sind die, wo die Versuchsperson nach aufmerksamem Studium der Bildkarten mit den ausgewählten Bildern eine *zusammenhängende Geschichte* bildet. Es ist anzunehmen, daß diese Geschichte im Zusammenhang mit ihren Hauptproblemen steht. Das Erfinden einer Geschichte verlangt eine gewisse Fähigkeit zur Integration der Einzelthemen, die erst mit zunehmendem Alter erreicht wird und daher bei älteren Versuchspersonen (über 10 Jahren) häufiger vorkommt.

Eine zweite Art des Tests ist die, wo die Versuchsperson nur *ein einziges Bild* auswählt, was den vorhergehenden Fall vereinfacht. Es besteht hier Grund zu der Annahme, daß dieses einzelne Bild durch seine Ähnlichkeit mit dem Hauptproblem der Versuchsperson eine Art Faszination auf sie ausübt.

Eine dritte Art des Tests, und dies ist die häufigste, ist die, wo die Bilder ohne erkennbare Reihenfolge und ohne sichtbare Verbindung zwischen den einzelnen Themen beschrieben werden. Ein aufmerksames Studium, das immer durch die zusätzlichen Unterlagen der BI erhärtet werden muß, zeigt uns hier sehr oft, daß hinter der scheinbaren Irrationalität subtilere Verbindungen aus dem affektiven Bereich bestehen.

Hier zwei Beispiele dafür: Erstens kommt es oft vor, daß die Versuchsperson, nachdem sie ein Thema eines gefährlichen Abenteuers beschrieben hat, plötzlich ein Bild des ›*Säugens*‹ mit einem tröstlichen Thema in seine Bilderfolge aufnimmt. Man stößt hier auf die orale Zuflucht als regressiven Abwehrmechanismus gegen eine angsterregende Situation.

Zweitens kommt es vor, daß in einem Test mehrere Themen der Bestrafung auftauchen und danach aggressive Themen. Man hält diese Reihenfolge für unlogisch, da es logisch wäre, daß die Strafe nach der Verfehlung kommt und nicht vorher. Die Versuchsperson äußert jedoch zuerst die am wenigsten verdrängten Tendenzen, und man kann in solchen Fällen annehmen, daß die Strafe vom bewußten Ich eher akzeptiert wird als das Vergehen, weil sie weniger Angst erweckt.

Bei dieser dritten Art des Tests ist die Deutung natürlich schwieriger, und die Protokolle müssen mehrmals aufmerksam durchgelesen werden, um ein oder mehrere dominierende Themen festzustellen.

VI. Regeln zur Deutung

Gleich ob die Abenteuer von SF zusammenhängend oder bruchstückhaft erzählt werden, kann die *fundamentale Regel des Außergewöhnlichen* angewandt werden. Wir haben jedoch gesehen, daß das Außergewöhnliche in der positiven Äußerung der Tendenzen, in der besonderen Kraft der Abwehr, in der affektiven Reaktion auf außergewöhnliche oder selbst auf durchschnittliche Themen oder auch in den Identifikationen liegen kann.

1. Regel der Außergewöhnlichkeit der Tendenzen

Ausgesprochen außergewöhnliche Tendenzen sind Tendenzen, die dem Psychologen zu Beginn am stärksten auffallen. Hier ist die herkömmliche Deutung anzuwenden, die darin besteht, die Tendenzen nach der Stärke zu bewerten, mit der sie sich äußern. Sagt die Versuchsperson zum Beispiel bei beiden Bildern des *›Säugens‹*, daß SF sehr gefräßig ist, daß er nur ans Saugen denkt, daß er alles trinken und nichts für seine beiden Rivalen übriglassen wird, steht fest, daß wir es hier mit einer besonders starken Tendenz *oraler Gier* zu tun haben. Sagt die Versuchsperson bei *›Loch‹*, daß sich SF verirrt hat, seinen Weg nicht wiederfinden kann und um Hilfe ruft, aber niemand ihn hört, und daß ihm nicht geholfen wird, daß er in größter Gefahr ist, zu ertrinken oder gefressen zu werden, kann man daraus schließen, daß *die Angst vor Einsamkeit und Verlassenheit* stark ist.

Besonders wichtig sind die Fälle, in denen sich ein außergewöhnliches Thema zwanghaft während des ganzen Protokolls wiederholt, oft ohne Beziehung zu den beschriebenen Bildern, als ob die Versuchsperson auf die verschiedensten Anregungen nur immer auf dieselbe Art und Weise reagieren könnte.

Ein Thema starker Geschwisterrivalität kann sich zum Beispiel nicht nur bei den dafür vorgesehenen Bildern äußern, sondern auch bei anderen.

So dehnt sich diese Rivalität bei *Basile C.* auch auf *›Gänserich‹* aus, mit der aufschlußreichen Bemerkung, daß *die Gans die kleine Schwester fressen wird und daß es dann eine Person weniger wäre.*

Bei *Virginie S.* (Kapitel IV, § 1) ist die Oralität so stark, daß sie sich bei jeder Gelegenheit äußert. Zum Beispiel bei *›Trog‹*, wo *SF, der Hunger hatte, das ganze Essen der Kleinen aufessen wird, während sie schlafen,* und bei *›Streit‹*, wo *SF und das Mädchen sich gegenseitig beißen, um die Milch der Mutter zu bekommen.*

Signifikanter noch sind die ganz und gar außergewöhnlichen zwanghaften Themen.

Zum Beispiel der schon beschriebene Fall von *Elisabeth R.* mit ihren so bemerkenswerten Themen von der *Fee, die SF hinausgeworfen hat* (Kap. IV, § 1).

Auch der Fall von *Christian L.* (Kap. IV, § 6), wo plötzlich inmitten von durchschnittlichen Beschreibungen das außergewöhnliche Thema von *›Nacht‹* auftaucht, wo SF anstelle der Eltern *einen Wolf* sieht, *der ihn fressen wird, weil er nicht in seinem Stall* *ist.* Und in der Folge wird die entscheidende Bedeutung dieses Themas deutlich, da der Junge 15 von 16 Bildern unter NB einstuft, mit der unaufhörlich wiederholten Begründung, daß *er die kleinen Schweinchen nicht mag, weil sie vom Wolf gefressen werden.*

In die gleiche Richtung geht die Häufigkeit der Themen der Schuld (besonders des Themas vom schwarzen Flecken), des Themas von SF als Einzelkind usw.

In Übereinstimmung mit dem eben Gesagten muß man immer auf die sogenannten *signifikanten Durchbrüche* achten, wenn in einem sonst durchschnittlichen Protokoll plötzlich eine Tendenz auftaucht, die durch ihre einzigartige Stärke, mit der sie sich äußert, auffällt.

Dies kommt vor allem bei den Versuchspersonen häufig vor, die eine zwanghafte Abwehrhaltung einnehmen, das heißt, die kein Bild ablehnen, jedoch für jedes der Bilder nur durchschnittliche, beschreibende Themen liefern und sich nicht mit ihrer eigentlichen Persönlichkeit festlegen. Dann kann es geschehen, daß eine etwas stärkere Provokation, die von irgendeinem Bild ausgeht, die Versuchsperson dazu bringt, aus sich selbst herauszugehen und sich zu verraten.

In dem Protokoll des 16jährigen *Marcel D.,* der an einer schweren Ich-Störung leidet, die auf eine beginnende Schizophrenie hindeutet, werden alle Beschreibungen mit minutiöser Genauigkeit und mit ständigen Alternativen gegeben: oder ... oder auch ..., so daß sich keine Tendenz durchsetzen kann. Mit einer bemerkenswerten Ausnahme bei den beiden Bildern *›Säugen‹:* der junge Mann hat hier keinen Zweifel mehr; er sieht SF bei seiner Mutter saugen und fügt aus eigenem Antrieb hinzu: *das kleine Schweinchen saugt gierig; die Mutter betrachtet es gleichgültig.* Diese Behauptung ist keineswegs unbegründet: Dieser junge Mann wurde in seiner Kindheit von seiner Mutter verlassen, was eine orale Frustration bedeutet, die gegenwärtig auf eine Wahnvorstellung projiziert wird, Opfer von Vergiftungsversuchen von seiten seiner eigenen Eltern zu sein. Und er, der sonst überall zweifelt, besteht auf diesem Punkt, und duldet nicht, daß man seine Behauptungen nur im geringsten in Frage stellt.

2. Regel des affektiven Widerhalls

Wird bei einem Test das Thema eines Bildes mit einer besonderen *affektiven Betonung* beschrieben, kann man davon ausgehen, daß es sich um ein für die Versuchsperson wichtiges Thema handelt, selbst wenn es auf den ersten Blick durchschnittlich erscheint.

1. Manchmal handelt es sich um eine *freudige Gefühlsäußerung,* was sich in Ausrufen oder leidenschaftlicher Betonung zeigt.

So bei *Patrick M.* (Kap. IV, § 1), der die Themen des Säugens auf sadistische Weise mit einer Betonung wilden Triumphes beschreibt, die seine aggressive Forderung verrät.

Bei der 10jährigen *Annick P.,* deren starke Eifersucht schon bei der Titelkarte durch die Ablehnung der weißen Schweinchen zum Ausdruck kommt, die als Cousins bezeichnet werden, wird *›Gänserich‹* erregt beschrieben: *da ist die Gans, die froh ist,* *den kleinen Cousin von SF zu fangen; sie beißt den kleinen Cousin kräftig in den Schwanz; er schreit und schreit.* Auf Anfrage: *Der kleine Schwanz wird abreißen und bluten.* Das Bild ist B, mit Identifikation mit der Gans, *weil die Gans gerne ... gerne hinter den kleinen Tieren herläuft.*

Diese positive Stärke des Gefühls kann auch indirekt in der Wahl eines Bildes zum Ausdruck kommen, das als erstes gewählt wird und das beliebteste ist, denn man kann sagen, daß dieses Bild das Interesse der Versuchsperson am stärksten erregt hat.

2. Manchmal handelt es sich um eine *traurige Gefühlsäußerung,* die mit einem depressiven Thema oder, was noch interessanter ist, mit einem durchschnittlichen Thema einhergeht, das auf den ersten Blick keine Erklärung für die affektive Betonung liefert.

Zum Beispiel der Fall der 10jährigen *Rachel Y.*, die bei ›*Kuß*‹ ein durchschnittliches Thema liefert: *das kleine Schweinchen sieht seinen Vater und seine Mutter, die sich lieben;* sie sagt dies jedoch so ängstlich, daß wir erstaunt sind. Bei den BI ist dieses Bild dann NB, mit der Begründung, daß *sich Vater und Mutter lieben und das Schweinchen nicht geliebt wird,* was dem wirklichen Drama dieses kleinen Mädchens entspricht, das aus der Familie verdrängt wurde und daher eine starke ödipale Eifersucht entwickelt hat. Wir sehen einen häufig vorkommenden Abwehrmechanismus am Werk, der zwar oft intellektuell, nicht jedoch emotionell beherrscht wird. Im Falle dieses Mädchens führte das bei ›*Kuß*‹ geäußerte Gefühl von Anfang an auf die Spur eines Konflikts.

Meistens äußert sich die traurige affektive Reaktion durch einen von Gefühl erstickten Tonfall, was bis zu einer *tonlosen Stimme* gehen kann.

Eine 25jährige Studentin zum Beispiel, deren Kindheit durch starke Konflikte der Geschwisterrivalität gekennzeichnet war, zeigt bei der Beschreibung von ›*Wurf*‹ anfangs keine besondere Eifersucht, sondern sagt einfach, daß *die Großen versuchen werden, an die Stelle der Kleinen zu kommen, und daß die Mutter dies zuläßt.* Gleich danach fügt sie jedoch mit einer vom Gefühl gelähmten, immer leiser werdenden Stimme hinzu: *die drei Kleinen können bei der Geschichte offensichtlich erdrückt oder verletzt werden ... dies kommt zum Beispiel bei kleinen Katzen vor.*

Man muß hierzu bemerken, daß die Identifikationen mit Niemandem, die immer mit großer Angst verbunden sind, oft mit tonloser Stimme vorgebracht werden, was die depressive Emotion unterstreicht.

3. Regel von der stärksten Abwehr

Die stärkste Abwehr ist immer Beweis für ein tiefgreifendes Problem. Wir haben dies schon bei der Gegenüberstellung von *freien* und *verschleierten Themen* gesehen. Der Psychologe, der den Test zum erstenmal durchführt, ist, wie bereits erwähnt, versucht, den Themen die größte Bedeutung beizumessen, bei denen sich eine Tendenz sehr offen und mit Nachdruck äußert. Dies ist jedoch nicht richtig.

Denn meist werden die Tendenzen, die die stärksten Konflikte verursachen, am stärksten von der Ich-Abwehr zensiert. Daher ist schon die Stärke der Zensur ein Zeichen dafür, daß wir es mit einer Verdrängung, also mit Angst, zu tun haben, und daß wir die verdrängte Tendenz vor allem wegen ihrer pathogenen Wirkung kennenlernen müssen.

Die *verschleierten Themen* sind, obwohl sie schwach erscheinen, in Wirklichkeit die starken Themen, die eben wegen ihrer Stärke durch die Ich-Abwehr abgeschwächt wurden.

Diese Abwehr nimmt sehr verschiedene Formen an, die erkannt werden müssen.

a) Ablehnung des Bildes

Der wichtigste Abwehrmechanismus, der zuerst entstandene, aus dem alle anderen abzuleiten sind, ist in Übereinstimmung mit dem Lustprinzip die *Verneinung;* das führt dazu, daß alles, was ein zu großes Unbehagen verursachen könnte, abgelehnt wird.

Sehr oft äußert sich diese Ablehnung spontan bei der Wahl der Bilder. Es ist wichtig, sich die Bilder einzuprägen, die abgelehnt werden. Diese abgelehnten Bilder sind bei den BI oft NB und werden nicht übernommen. Es sind die Bilder, die nicht akzeptiert und nicht übernommen werden und nicht beliebt sind. Daher muß man auf eine dreifache Abwehr gegen die dargestellte Tendenz schließen, ein sicheres Zeichen, daß sich die Abwehr mit ganzer Kraft gegen die Tendenz wendet.

Die Studentin zum Beispiel, von der zuvor im Zusammenhang mit ›*Wurf*‹ die Rede war, lehnt nur ein einziges Bild ab, nämlich ›*Schmutzspiele*‹, und dieses Bild ist dann bei den unbeliebten Bildern an zweiter Stelle, mit der Begründung: *Weil ich nicht weiß, was das sein soll ... Ah! Bei näherer Betrachtung muß dies ein Misthaufen sein, und alle sind mit Mist bespritzt, außer dem einen, das sich abseits hält.* Wer ist das? *Das ist SF.* Und das Große? *Das ist die Mutter.* Schließlich lehnt sie es ab, auf diesem Bild eine Rolle zu übernehmen, nicht einmal die von SF, *weil er wenigstens hätte versuchen können, seinen Brüdern zu sagen, daß sie sich nicht im Mist wälzen sollen ... er ist mitschuldig, weil er passiv bleibt.*

Es kommt vor, daß ein Bild zuerst angenommen, dann jedoch beim zweitenmal abgelehnt wird. Es ist zuerst anziehend, weil es in engem Zusammenhang mit den Problemen der Versuchsperson steht, es ist aber dennoch traumatisierend, und die Angst, die es hervorruft, verstärkt sich zunehmend, bis sie unerträglich wird.

Der 8jährige *Raymond Ch.* wählt zum Beispiel ›*Säugen 2*‹ zuerst mit aus. Im Verlauf des Tests hält er mehrmals inne, um dieses Bild genau zu betrachten, als ob es für ihn besonders anziehend wäre. Dann, als der Psychologe sich abwendet, nimmt er das Bild schnell und legt es zu den abgelehnten Bildern. Daß ihn die dargestellte Szene verwirrt, stellt sich später heraus. Denn bei ›*Säugen 1*‹, B, sagt er: *Die kleinen Mädchen sind nicht da und sie wollen auch nicht trinken; sie haben keinen Durst.* Auf Anfrage: *Der Glücklichste ist SF, der trinkt;* aber während er das sagt, wirft er einen langen, nachdenklichen Blick auf das beiseite gelegte ›*Säugen 2*‹. Schließlich stuft er das Bild unter NB ein, mit der Begründung: *Die kleinen Mädchen hindern SF am Trinken, verjagen ihn, bevor er genug getrunken hat, und er hat noch Hunger. Und die Mutter ist damit einverstanden.*

Umgekehrt kommt es vor, daß ein Bild anfangs abgelehnt wird, dann aber beliebt ist und übernommen wird. Manchmal geschieht dies, weil es ambivalente Gefühle erweckt, manchmal hat sich in der Versuchsperson ein Gedankenvorgang abgespielt, der ein annehmbares Thema zutage brachte, manchmal kommen diese beiden Faktoren zusammen. Wir haben das Beispiel *›Wurf‹* angegeben, das aufgrund einer starken Geschwisterrivalität abgelehnt werden kann, aber dennoch wegen der bevorzugten Situation der Neugeborenen anziehend ist, das daher beliebt sein kann und bei dem oft eine Identifikation mit der Mutter oder einem Neugeborenen erfolgt.

Ein besonders interessanter Fall ist dann gegeben, wenn mehrere Bilder mit einer bestimmten Tendenz gleichzeitig abgelehnt werden. Dies ist als Zeichen einer besonders starken Verdrängung dieser Tendenz zu werten.

Es können zum Beispiel alle *oralen Bilder* abgelehnt werden, und dann NB sein und nicht übernommen werden. Das kommt besonders bei Versuchspersonen mit *Anorexia nervosa* vor, und dies geht manchmal bis zum Vertuschen des Säugens. Dieses negative Thema kann als Reaktionsbildung gegen orale Gier gewertet werden. Bei solchen Fällen kann *›Ziege‹* das einzige akzeptierte orale Bild sein. Daraus läßt sich schließen, daß das Verweigern der Nahrung auch Aggressivität aus Frustration bedeutet und sich ausschließlich gegen die Mutter richtet.

Ein anderes typisches Beispiel ist die Ablehnung der *ödipalen Bilder ›Kuß‹* und *›Nacht‹*, zu denen man oft noch *›Traum M‹* und *›Traum V‹* zählen kann.

Es läßt sich verallgemeinernd feststellen, daß *das Fehlen eines Themas,* das eigentlich im Test auftauchen müßte, ein starkes Anzeichen für ein besonderes Problem der Versuchsperson ist. Dieses Fehlen kann bei allen Themen in zwei Formen zum Ausdruck kommen: entweder durch eine einfache Ablehnung der entsprechenden Bilder oder durch Beschreibungen, bei denen das Thema nicht vorkommt.

So bringen bei *Elisabeth R.,* dem Mädchen, das wir bei den oralen Themen als Typ für passiv-regressives Verhalten vorgestellt haben, die aggressiven Bilder *›Streit‹*, *›Trog‹* und *›Schmutzspiele‹* nicht die erwarteten Themen hervor, sondern Themen des Vergnügens und der Oralität. Bei diesem Mädchen dominiert ein depressiver Zustand, mit Angst vor einem endgültigen Ausgeschlossenwerden *(die Fee hat SF hinausgeworfen),* und die Aggressivität, die in der Tiefe vorhanden ist, wird bei ihr durch eine starke Zensur unwirksam gemacht.

So ist bei einem Test nicht nur auf die vorhandenen Themen zu achten, sondern auch auf die fehlenden, und es ist dann zu überlegen, warum sie fehlen.

Um bei jedem Fall die Bedeutung der Ablehnung richtig zu bewerten, muß man sich natürlich fragen, ob sie *durchschnittlich* oder *außergewöhnlich* ist. Durchschnittlich heißt, daß sie häufig vorkommt und daher keine besondere Bedeutung hat; außergewöhnlich heißt, daß Bildkarten abgelehnt werden, die sonst von den meisten akzeptiert werden, weil sie in diesem Fall einer Tendenz entsprechen, die die Versuchsperson aus persönlichen Gründen ablehnt.

Wir haben 1963 aufgrund einer Statistik von 400 willkürlich ausgewählten Fällen die Häufigkeit der Ablehnung für jede der Bildkarten festgestellt. Die Ergebnisse dieser Statistik sind in gewisser Hinsicht unerwartet und geben Anlaß zum Nachdenken.

Die am häufigsten abgelehnten Bildkarten (ungefähr in der Hälfte der Fälle) sind *›Nacht‹*, *›Traum M‹*, *›Traum V‹* und *›Säugen 1‹*. Bei *›Nacht‹*, das die Urszene oder verbotene ödipale Neugier darstellt, ist dies nicht überraschend, vor allem in Anbetracht des nächtlichen Charakters der Szene; bei den BI ist es sowohl bei den Mädchen als auch bei den Jungen das unbeliebteste von allen Bildern. Zur Not kann man die Traumbilder ebenfalls mit der ödipalen Situation in Verbindung bringen und dies kann der Grund für ihre Ablehnung sein. Die Ablehnung von *›Säugen 1‹* ist dagegen auf den ersten Blick unverständlich, da es sich um ein Bild glücklicher Oralität zu handeln scheint; vermutlich hat es für viele Versuchspersonen nicht diese Bedeutung, sondern stellt eine erotische Beziehung dar und ist daher von Schuldgefühl und Ablehnung begleitet.

Die am wenigsten abgelehnten Bildkarten sind dagegen *›Kuß‹*, *›Streit‹*, *›Karren‹* und *›Aufbruch‹*. Dies ist bei *›Karren‹* überraschend, da der Held darauf schwer bedroht wird und das Thema in 90% der Fälle dramatisch ist: »Sie werden ins Schlachthaus gebracht.« Außerdem gehört diese Bildkarte in 50% der Fälle zu den nicht beliebten Bildern und ist sogar häufig das unbeliebteste Bild. Man könnte daraus schließen, daß es auf die Kinder besonders anziehend wirkt, aber dennoch Unbehagen erzeugt. Hier besteht zweifellos eine Beziehung zu einer starken masochistischen Tendenz, die oft vorhanden ist.

b) Teilweises Vertuschen

Es kommt vor, daß die Ablehnung nicht das ganze Bild betrifft, sondern lediglich einen Teil der Szene, der Angst erregt. Es ist dann, als ob sich die Versuchsperson in ihrem Innersten sagte »Ich will nichts damit zu tun haben!« und es daher aus ihrem Gesichtskreis streicht.

Der 13jährige *Claude M.* lehnt zum Beispiel *›Säugen 2‹* ab und beschreibt nur *›Säugen 1‹*. Als er *›Säugen 2‹* bei den BI wieder sieht, erklärt er, daß er dies schon erzählt habe, und als ihm das andere gezeigt wird, sagt er, daß dies genau dasselbe Bild sei. Wir haben schon in Kapitel IV § 4 (Themen verschleierter Rivalität) die Einzelheiten seiner Beobachtung gesehen, wo eine starke Eifersucht gegen die rivalisierenden Brüder zum Ausdruck kommt, die in seinem Wunsch an die *Fee* gipfelt, *keine Geschwister mehr zu haben, weil er sie gar nicht mag,* womit er anzeigen will, daß er sie am liebsten vertuschen möchte.

Ein anderes Beispiel ist der 12jährige *Dominique E.*, der älteste von vier Kindern, der jedoch sieben Jahre lang das einzige Kind war; sein nach ihm geborener Bruder ist 5 Jahre alt. Die starke Eifersucht gegen die drei kurz nacheinander Geborenen äußert sich anfangs durch die Ablehnung von *›Wurf‹*. Dann nimmt er jedoch das Bild und vertuscht bei der Beschreibung die drei Kleinen unter der Mutter; deswegen kann er das Bild unter B einstufen, mit einer Begründung, in der die Vertuschung aufrechterhalten, die orale Beziehung zwischen den Größeren und der Mutter dagegen betont wird. *Sie freuen sich, ihre Mutter zu sehen, die gut ißt. Sie möchten wie-*

der zu ihr. Durch dieses Loch gelangen sie zu ihr ... Sie sind froh, weil sie wissen, daß sie mit ihr essen können.
Derselbe Junge lehnt auch *›Nacht‹* ab und sagt: *Ich weiß nicht, was das sein soll. Das ist SF ...* (mit tonloser Stimme): *Ich verstehe das nicht.* Dies ist bei den unbeliebten Bildern an zweiter Stelle, mit der Begründung: *Ich verstehe das nicht ... das müssen die drei Kleinen sein ... und da, ich weiß nicht, das scheint ein kleines Schaf zu sein, ein Schweinchen.* Was passiert? *Ich weiß nicht, ob es zwei Schweinchen sind oder Vater und Mutter, die da sind ... SF schläft nicht, er betrachtet seine schlafenden Eltern.* Es wird klar, daß der Junge die Szene sehr wohl gesehen hat, da er sie, als die Hemmung weicht, ganz richtig beschreibt. Aber zu Beginn verursacht sie ein solches Unbehagen, daß er sich weigert, die beiden nebeneinanderliegenden Eltern zu sehen.

Dieses Vertuschen der Eltern bei *›Nacht‹* ist häufig. Manchmal ist es nur der Vater oder nur die Mutter und man kann daraus auf eine feindliche Beziehung zu dem weggelassenen Elternteil schließen.

Die bereits erwähnte 24jährige Studentin stuft dieses Bild unter NB ein: *Weil ich nicht genau erkennen kann, was es darstellen soll ... Wenn ich es genau betrachte ... Nein! ich kann nicht viel erkennen ... Ich sehe da drei, die drei kleinen Schweinchen ... und das ist alles.* Sehen Sie nichts anderes? *Ja, die beiden Großen.* Wer ist das? *Andere, ich weiß nicht wer ... zwei größere ... SF betrachtet sie auf den Hinterbeinen stehend.*

c) Vertuschen der Handlung

Eine andere Form der teilweisen Ablehnung besteht darin, *die dargestellte Handlung zu leugnen.* Wir haben in Kapitel IV die Häufigkeit gesehen, mit der *›Streit‹*, dessen aggressives Thema oft ein Schuldgefühl hervorruft, mit einem Ausweichthema beschrieben wird: sie vergnügen sich oder sie fressen.

Dieses Vertuschen ist auch bei *›Schmutzspiele‹* anzutreffen. So weicht *Jean-Claude G.*, der bei Tag einkotet, aus, indem er sagt, daß *sich die Schweinchen waschen.* In solchen Fällen erhalten wir bei den BI die Gewißheit, daß das Thema wohl erkannt, ihm aber aus Angst ausgewichen wurde, denn wenn die beschriebene Handlung wirklich harmlos war, müßte sie übernommen werden; das Bild ist jedoch hier NB (Identifikation: Niemand).

Die verbotene aggressive Handlung wird sehr oft vertuscht. Dies gilt auch für *›Trog‹*, wo eine Reihe von Versuchspersonen trotz der Deutlichkeit der Zeichnung nicht beschreibt, daß SF in den Trog uriniert. Auch hier können uns die BI Gewißheit geben, daß die aggressive Handlung des Schweinchens wohl gesehen, aber aus dem Bewußtsein verdrängt wurde.

Die 18jährige *Marie M.* beschreibt das Bild zum Beispiel sehr kurz: *hier kann man annehmen, daß sie vor sich hindösen.* Bei den BI gefällt ihr das Bild, weil es *das Familienleben darstellt;* sie erkennt jedoch, daß *SF nicht schläft.* Was macht er? *Er uriniert, nicht wahr?* Was halten Sie davon? *Er ist im Trog, nicht?* Was macht er da? *Vielleicht macht es ihm Spaß, herumzuwaten.*

Überraschender ist, daß *der Vorgang des Säugens* manchmal vertuscht wird.

So kehrt der 8jährige *Etienne A.* die Eltern um und macht aus dem Großen mit den Flecken den Vater von SF, er beschreibt jedoch bei keinem Bild das Säugen. *›Säugen 1‹* hat zum Beispiel als Thema: *SF bleibt bei seinem Vater.* Und *›Säugen 2‹: Der Bruder und die Schwester sind ärgerlich, daß SF bei seinem Vater ist ... sie möchten auch bei ihm sein, um sich zu wärmen.* Was macht SF? *Er wärmt sich.*

d) Verleugnung der Gefühle

Die Vertuschung ist ein schwerwiegender Verstoß gegen den Wirklichkeitssinn. Sind bei Versuchspersonen mit größerer Reife derartige Verstöße nicht möglich, kann die Verleugnung subtilere Formen annehmen. Die Handlung, deren eigentliches Thema zwar anerkannt wird, kann abgeschwächt werden (zum Beispiel bei *›Streit‹:* sie schlagen sich aus Spaß) oder ihr Ausgang ist günstig.

Die Versuchsperson kann sich auch weigern, an der Szene gefühlsmäßig teilzunehmen. Generalisiert sich dieser Abwehrmechanismus, erhält man bildgetreue, jedoch nüchterne Beschreibungen, in denen kein Gefühl geäußert wird. Dies ist ein Zeichen für eine zwanghafte Struktur.

Manchmal kommt es vor, daß das Gefühl *verleugnet wird, bevor es sich überhaupt geäußert hat.* In der Psychologie kommt eine Verleugnung oft einer Bestätigung gleich.

Claudia M. wählt zum Beispiel als erstes Bild *›Kuß‹* mit dem Thema: *Vater und Mutter umarmen sich und einer der Kleinen schaut dabei zu ... er hat nichts dagegen.* Was könnte auf den ersten Blick durchschnittlicher sein als ein solches Thema? Das Bild ist jedoch dann NB, *weil sie beide ein wenig verlegen aussehen.* Warum? *Oh! ... ja ... wenn sie sich wirklich lieben, müssen sie sich nicht den ganzen Tag so umarmen.* Und wer ist der Kleine? *Einer der Brüder ... ihm gefällt das; er könnte ein wenig näher hingehen; es ist nichts Geheimnisvolles oder Verbotenes; Vater und Mutter können sich wohl umarmen, ohne damit den Kindern weh zu tun.*

Bei der Anschuldigung gegen die Eltern handelt es sich hier um eine subtile Form der Aggressivität gegen sie und letzten Endes um eine Wiederaufnahme der Abwehr durch Leugnen – nichts Geheimnisvolles, nichts Verbotenes, es tut den Kindern nicht weh – muß dahingehend gedeutet werden, daß es das Gegenteil ausdrücken soll. Wir erkennen dann den umgekehrten Sinn des Anfangssatzes: – das Schweinchen hat nichts dagegen. Wir stoßen hier auf die starke, mit großer Zurückhaltung geäußerte ödipale Eifersucht dieser Studentin, die in ihrem tiefsten Herzen wünscht, an Stelle der Mutter zu sein, was sie übrigens bei besagtem Bild tut, als sie sich schließlich mit der Mutter identifiziert.

e) Hemmung

Die Ablehnung eines Themas kann auch durch eine *Hemmung* zum Ausdruck kommen. Bei den projektiven Tests, bei denen die freie Methode nicht angewandt wird, bleibt die Versuchsperson vor einem Bild, das sie unbewußt ablehnt, wegen des festgelegten Themas stumm, und man muß dann oft auf eine Beschreibung dieses Bildes verzichten.

Bei unserem Test ist die Hemmung der Versuchsperson aufgrund der völligen Freiheit nie vollständig, denn wenn sie ein Bild ausgewählt hat, beschreibt sie es schließlich nach mehr oder weniger langem Schweigen (Reaktionszeit auf die Anregung durch das Bild).

Hier der Fall des 11jährigen *Michel L.* (Kap. IV, § 3), der bei ›*Kuß*‹ 35 Sekunden lang stumm bleibt, und dann ein durchschnittliches Thema angibt: *Das ist der Vater von SF, der arbeiten war, spazierengegangen ist und jetzt wiederkommt ... und dann umarmt er seine Frau ... dann ist da der kleine SF, der zuschaut.* Das Bild ist NB, weil sich Vater und Mutter umarmen (Identifikation mit dem Vater).

Diese Ablehnung und Einstufung unter NB nach einem durchschnittlichen Thema muß unsere Aufmerksamkeit erregen. ›*Traum V*‹, das anfangs beiseite gelegt wurde, gehört ebenfalls zu den NB-Bildern, mit der Begründung, daß *SF träumt, daß man seinen Vater ins Schlachthaus bringen wird.* Folglich deutet bei diesem Jungen, der zu lange im Zimmer der Eltern geschlafen hat, unruhig schlief und häufig Alpträume hatte, alles auf eine starke ödipale Eifersucht; wenn ›*Kuß*‹ diese Eifersucht nicht an den Tag bringt, so ist dies darauf zurückzuführen, daß sie von der Ich-Abwehr verboten wird.

Man muß also diesem Zögern, das Zeichen einer Hemmung ist, größte Aufmerksamkeit schenken. Es kommt häufig vor, daß das nach diesem Zögern angegebene Thema ganz durchschnittlich ist und problemlos scheint. Während seines Schweigens entwickelt das Kind jedoch heimlich eine Abwehr, und das darauf gegebene durchschnittliche Thema darf uns nicht darüber hinwegtäuschen. Oft bringen dies in solchen Fällen die BI zutage, die die Versuchsperson zu einer affektiven Stellungnahme zwingen und das scheinbar durchschnittliche Thema wird dann abgelehnt, wobei diese Ablehnung (zum Beispiel: NB, Niemand) die anfängliche Hemmung nur in anderer Form zum Ausdruck bringt. Der auswertende Psychologe muß dann raten, gegen wen oder was sich die Abwehr der Versuchsperson richtet: oft gibt uns das eigentliche Thema des Bildes darüber Aufschluß; in anderen Fällen die Begründungen der BI, wo uns einige übereinstimmende Anzeichen eine ursprüngliche Version geben, die nicht vorauszusehen war.

f) Verkehrung ins Gegenteil

Die Verleugnung empfundener Gefühle kann sich in manchen Fällen durch *eine Verkehrung ins Gegenteil* äußern, die uns anzeigt, welches Unbehagen die dargestellte Situation bei der Versuchsperson erregt.

Der 12jährige *Patrick F.* beschreibt ›*Säugen 2*‹ und ›*Zögern*‹ zuerst, und zwar mit folgenden Themen: ›*Säugen 2*‹: *SF ... oh! er ist zu Hause und lebt glücklich.* ›*Zögern*‹: *Er frißt ganz allein ... bei seinen Eltern.* Dies bedeutet, die Realität durch ihr Gegenteil zu ersetzen und gleichzeitig die Rivalen zu leugnen. Der Beweis, daß es sich um eine Abwehr gegen die Angst vor dem Teilen handelt, wird bei den BI erbracht, wo die beiden Bilder NB sind und nicht übernommen werden. Patricks Hauptproblem ist tatsächlich die Rivalität mit einer kleinen, um drei Jahre jüngeren Schwester, die er nie akzeptiert hat. Und auf der Titelkarte seines SF-Tests macht er aus dem Helden einen einzigen Sohn, die beiden anderen sind Spielkameraden.

Ähnlich führt bei der 17jährigen *Marie M.*, von der schon die Rede war, der heimliche Wunsch, das einzige Kind zu sein und die Stelle des fünf Jahre jüngeren Bruders einzunehmen, durch Verkehrung zu einem fast ständigen Thema der *Vereinigung der Familie.* Auf allen Bildern, wo die Schweine zusammen sind, wird das wirkliche Thema verleugnet, und es wird nur von der Freude über das Zusammensein gesprochen. ›*Nacht*‹ ist zum Beispiel B, mit der Begründung, daß es ›*Wurf*‹ gleicht: *Auf dem einen ist Nacht, auf dem anderen sind sie beim Essen. Aber immer sind alle zusammen.*

In allen Fällen dieser Art wird der verbotene Trieb zur besseren Unterdrückung vom Ich durch den gegenteiligen Trieb ersetzt. Wird dieser Abwehrmechanismus bei einer bestimmten Tendenz zur Gewohnheit, wird er als *Reaktionsbildung des Ichs* bezeichnet. Er kann dann zu einem echten Charakterzug werden und der Persönlichkeit einen dauerhaften Stempel aufdrücken.

Ein bemerkenswertes und häufiges Beispiel liefern uns ›*Säugen 1*‹ und ›*Säugen 2*‹. Es entspricht dem Lustprinzip, daß ›*Säugen 1*‹ bei einem Fall von Geschwisterrivalität B ist und ›*Säugen 2*‹ NB. Aber in nicht wenigen Fällen erleben wir das Gegenteil.

So beschreibt *Claudia M.* ›*Säugen 2*‹ als zweites Bild: *da saugt die Mutter die Kleinen; SF ist ganz allein und die beiden anderen kommen herbei, um es wie SF zu machen. Es gibt keinen Grund dafür, daß SF ganz allein ist.* Dann, als drittes, ›*Säugen 1*‹: *da ist SF ganz allein; die beiden anderen sind verschwunden oder sind spielen gegangen; SF hat lieber die Gesellschaft seiner Mutter als die seiner Geschwister.* Bei den BI ist ›*Säugen 1*‹ jedoch NB, weil *SF ganz allein ohne seine Geschwister ist; das ist ungerecht gegenüber seinen Geschwistern.* ›*Säugen 2*‹ ist dagegen B, weil *SF als erster gekommen ist, aber die beiden anderen werden auch kommen und die drei Geschwister werden mit der Mutter vereint sein;* das junge Mädchen hat so sein gutes Gewissen wiedererlangt und kann sich auf dem zweiten Bild mit SF identifizieren, während es bei ›*Säugen 1*‹ wegen des mit dem Wunsch nach Alleinsein verbundenen Schuldgefühls jede Identifikation ablehnte.

Es gibt Fälle, wo diese Tendenz zu Reaktionsbildungen sich auf alle ursprünglichen Triebe erstreckt und jede Spontaneität hemmt.

Zum Beispiel der Fall des 8jährigen *Jean M.*, der bei allen Testkarten, auf denen SF eine etwas verwerfliche Handlung begeht, diese Handlung leugnet und sie durch »*sie sind vergnügt*« ersetzt. So fehlt die Geschwisterrivalität in seinem Test völlig. Das heißt jedoch nicht, daß es sie nicht im Leben des Jungen gäbe. Im Gegenteil: Jean war sehr eifersüchtig auf seinen kleinen Bruder Daniel; da diese Eifersucht jedoch durch die elterlichen Zensuren frühzeitig gelähmt wurde, konnte er sie nicht frei äußern und erlebte sie nur innerlich mit starken Schuldgefühlen. Diese Eifersucht wird zusammen mit der sie unterdrückenden Zensur in folgendem Traum geäußert: *Ich träume schreckliche Sachen, daß ein Junge, der mir nicht ähnlich sieht, einen kleinen Jungen, der Daniel heißt, ins Wasser stößt und daß dieser ertrinkt.*

Die Erzählung dieses Traums gegenüber dem Psychologen erregt bei Jean eine starke Angst. In solchen Fällen kann man in der Psychologie sagen, daß eine Verleugnung einer Bestätigung gleichkommt. Das »ich bin es nicht« ist das primitivste Mittel einer Verantwortung, die man nicht zu übernehmen wagt, auszuweichen. Indem Jean spontan erklärt, daß der Mörder in seinem Traum »ihm nicht ähnlich sieht«, verrät er sich ganz offensichtlich; die darauffolgende ängstliche Reaktion bestätigt uns, daß es sich sehr wohl um ihn und nicht um einen anderen handelt. Wie uns die Gesamtheit seiner Tests zeigt, ist diese Verkehrung ins Gegenteil bei ihm ein häufiger Abwehrmechanismus, der auch in seinem täglichen negativen Verhalten zu finden ist.

g) Verschiebung

Bei Versuchspersonen, deren Ich seine Abwehr geschickter bildet, die Akzente abschwächt und sie von dem Helden auf eine andere Person verschiebt oder den Rationalisierungsmechanismus ins Spiel bringt, haben wir es mit vorsichtigeren, subtileren Formen der Verleugnung zu tun.

Die Verschiebung der strafbaren Handlung auf eine andere Person ist ein bekanntes Mittel, die Tendenz irgendwie durch einen Stellvertreter zu befriedigen, ohne die Verantwortung dafür übernehmen zu müssen.

Ein gutes Beispiel dafür liefert *Jean B.*, der *›Wurf‹* bildgetreu beschreibt, aber die Bauern von Anfang an als aggressiv sieht: *Das ist das Eindringen der Menschen in die Schweinefamilie; sie sehen nicht sehr aggressiv aus, diese Menschen, im Gegenteil, sie kümmern sich um das Wohlergehen der Mutter.* Und ein wenig später: *Sie schauen alle drei zu; ich glaube nicht, daß es ihnen leid tut, sondern sie sind neugierig, Geschwister zu sehen, die noch jünger sind als sie selbst; sie hoffen, daß der Mann das Strohbündel nicht auf sie legt, um sie zu ersticken.*

Analog dazu sagt *Jean-Yves H.* bei *›Karren‹: Die Mutter träumt, daß ihre kleinen Kinder ins Schlachthaus gebracht werden,* was so offensichtlich nichts mit dem Bild zu tun hat, daß wir hier den Einfluß einer Abwehr vermuten müssen. Was dies bedeutet, erfahren wir bei den BI, wo gesagt wird: *Das ist SF, der an seine Mutter und seine Geschwister denkt, die weggebracht wurden.* Die Tatsache, daß das Bild dann NB, Niemand ist, zeigt jedoch deutlich das starke zugrundeliegende Schuldgefühl.

h) Rationalisierung

Es gibt unzählige *Abwehrmechanismen durch Rationalisierung.* Wir haben zum Beispiel gesehen, daß viele Versuchspersonen das Bild *›Nacht‹*, obwohl es deutlich ist, ablehnen oder unter NB einstufen, mit der Begründung, daß sie es nicht verstehen, daß sie nicht begreifen, was es darstellen soll; es jedoch dann, wenn man etwas nachhilft, bildgetreu beschreiben.

Oder es wird erklärt, daß einem irgendein Bild nicht gefällt, weil es nicht schön ist, weil es nicht gut gezeichnet ist. Das Kritisieren des Bildes ist oft ein Mittel, dem Thema auszuweichen.

Der 8jährige *Etienne A.* stuft zum Beispiel *›Streit‹*, nachdem er es kurz aber bildgetreu beschrieben hat, unter NB ein, *weil die Eltern keine Vorderpfoten mehr zu haben scheinen; und das Kleine, das davonläuft, sieht wie ein Rehkalb aus.*

Er muß an das Thema erinnert werden, damit er davon spricht; er lehnt es jedoch ab, sich an der Geschichte zu beteiligen und identifiziert sich mit einem kleinen Kaninchen, das da vorbeilief. Eine derartige Kritik bedeutet hier ganz klar ein Ausweichen, ebenso wie das Eingehen auf die kleinen Einzelheiten des Bildes, worauf wir noch zurückkommen werden.

Wir haben diese Tendenz zur ästhetischen Kritik für unsere Zwecke ausgenutzt. Wenn wir das Kind zum Beispiel dazu bringen wollen, uns zu sagen, ob es das Bild der Mutter oder des Vaters bevorzugt, bitten wir es, einen Vergleich zwischen ›*Traum V*‹ und ›*Traum M*‹ zu ziehen. Wenn wir ihm jedoch direkt die Frage stellen, welches von beiden es bevorzugt, würde es sofort verstehen, worauf es sich mit seiner Antwort festlegt und könnte die Antwort verweigern. Wenn man es dagegen fragt, welches der beiden schöner und besser gezeichnet ist, stellen wir es selbst auf die Ebene der Ich-Abwehr. Es besteht dann die Möglichkeit, daß seine Antwort uns auf rationelle Art und Weise Aufschluß über sein tiefstes Gefühl gibt.

Manchmal ist die Abwehr durch Rationalisierung leicht zu durchschauen. Bei manchen ist zum Beispiel der Wunsch, mit der Mutter allein, also in einer bevorzugten Situation zu sein, mit einem Schuldgefühl verbunden. So sagen sie bei ›*Säugen 1*‹, daß das Bild weniger gut ist als ›*Säugen 2*‹, weil die Zeichnung weniger Einzelheiten enthält.

Andere erklären bei ›*Kuß*‹, daß sie noch nie Schweine gesehen hätten, die sich umarmen.

Es kommt vor, daß diese Art der Abwehr nicht von Anfang an wirksam ist, sondern sich als Reaktion auf das zu Beginn gegebene Thema bildet.

So wählt die 8jährige *Nadine G.* als erstes Bild ›*Wurf*‹ mit dem Thema: *Die Mutter hat gerade drei kleine Babys bekommen; sie saugen bei ihr.* Auf Anfrage: *Es sind kleine Geschwister.* Auf eine weitere Frage: *SF ist sehr zufrieden; wenn sie erst größer sind, kann er mit ihnen spielen.* Aber dann entwickelt sich die Eifersucht und das Bild ist NB mit der Begründung: *Ich verstehe nicht ganz, warum die Mutter plötzlich drei Kleine hat, während auf den übrigen Bildern nur von den drei anderen die Rede ist.* Dieses kleine Mädchen wendet übrigens denselben Abwehrmechanismus auf eine häufig vorkommende Weise an und zieht das, was es anfangs gesagt hat, zurück. So werden ›*Säugen 1*‹ und ›*Säugen 2*‹ bildgetreu beschrieben, aber dann unter NB eingestuft, das erste, weil *ich das kleine Schweinchen nicht sehr hübsch finde; ich verstehe nicht ganz; da sind Kieselsteine, also sind sie auf einer Straße? Aber da ist auch Gras, also sind sie auf einer Wiese?* Das zweite, weil *ich die Schweine nicht schön finde: ich verstehe nicht, wie ihre Ohren und ihre Pfoten gemacht sind.*

Wir haben es hier mit einer Abwehr durch Verunglimpfung und durch Ausweichen in Einzelheiten zu tun; das Unbehagen des Mädchens schlägt sich in zwei Identifikationen mit Niemandem nieder.

i) Beziehung auf Distanz

Ein subtiler Abwehrmechanismus, der ebenfalls mit der Rationalisierung zu vergleichen ist, ist die *Beziehung auf Distanz.* Sie besteht darin, die dargestellte Handlung zwar zu erkennen und eine bildgetreue Beschreibung zu geben, aber ihre Bedeutung abzuschwächen, indem die einzelnen Personen der Handlung weiter voneinander entfernt werden. Dies kann auf verschiedene Art geschehen. Manchmal macht die Versuchsperson von der Titelkarte an aus den Familienmitgliedern Fremde, was praktisch eine Vertuschung unerwünschter Geschwister oder Eltern bedeutet. Im Verlauf des Tests kann dies zwischendurch bei einem gefährlichen Thema vorkommen.

Der 11jährige *Marcel G.* gibt zum Beispiel für *›Karren‹* folgendes Thema an: *Die kleinen Schweinchen sind vom Bauern verjagt worden und weggelaufen. Der Bauer findet sie und steckt sie in seinen Karren.* (Hier sagt der Junge nachdrücklich) *Nein! das waren sie nicht; das waren andere Schweinchen, und SF und seine Familie haben zugeschaut ... Nein! SF hat geschlafen ... der Mann hat sie mitgenommen, um sie im Schlachthaus zu töten ... Ach nein! er hat geträumt, daß sein Vater und seine Mutter und seine Geschwister zuschauten, wie andere Schweinchen ins Schlachthaus gebracht wurden.* Dieser Junge, der älteste von drei, wurde schon sehr früh ins Internat gegeben, während die beiden Jüngeren zu Hause blieben, und er hat seine Verdrängung sehr schmerzlich empfunden. *›Karren‹* erinnert ihn offensichtlich an sein persönliches Problem, aber er versucht dann sofort, mit zwei aufeinanderfolgenden Distanzierungen eine zu schmerzliche Realität zu leugnen, übrigens auf sehr intelligente Weise, da er dem Thema des Bildes getreu folgt: *nein, das waren sie nicht,* und: *nein, das war nur ein Traum;* daher kann das Bild dann B sein und übernommen werden.

Die Beziehung auf Distanz kommt ziemlich häufig bei den beiden ödipalen Bildern *›Nacht‹* und *›Kuß‹* vor, wenn die Versuchsperson eine starke Eifersucht auf die Intimität der Eltern empfindet. Sie kann sich in einer Ablehnung äußern, die Eltern überhaupt zu sehen, die dann durch Schweine ersetzt werden, »die unbekannt sind«, oder durch andere Tiere. Aber manchmal werden auch feinere Unterscheidungen eingeführt, wo sich die negativen Gefühle der Versuchsperson gegenüber einem Elternteil sehr subtil äußern. So nennt eine unserer Versuchspersonen bei *›Nacht‹* nur die Mutter mit Namen und sieht neben ihr *ein Schaf, das sie belästigt.*

Philippe G. lehnt *›Kuß‹* ab und beschreibt das Bild also nicht. Bei den BI ist das Bild NB und Gegenstand langen Zögerns. Schließlich sagt der Junge: *Leute, die sich umarmen, und ein kleiner Junge, der zuschaut.* Wer ist das? *Vater und Mutter.* Und der kleine Junge, wer ist das? *Das ist einer der Siebenjährigen.* Was wird dann geschehen? *Gar nichts.* Auf Anfrage erklärt er, daß *das Bild nicht schön ist* (Identifikation: Niemand).

Allgemein gesagt entspricht die Tatsache, daß einige Personen des Tests als fremde Schweine bezeichnet werden, die unbekannt sind, manchmal dem Wunsch, sie aus der Familie zu entfernen, und manchmal dem Wunsch, daß der Held nicht persönlich an dem Abenteuer beteiligt sein soll. Besonders bei allen Bildern, wo sich die Hauptperson in einer gefährlichen oder schuldhaften Lage befindet, ist die Versuchung für die Versuchsperson groß, zu sagen: das bin ich nicht. Der Aufbau unseres Tests läßt derartige Ausweichmanöver zu, da aus der Zeichnung nicht genau hervorgeht, ob das vom Gänserich gefangene oder das vom Händler mitgenommene Schweinchen SF oder ein anderes ist. Viele begehen gar nicht erst den Fehler, zu erklären, daß SF im Mittelpunkt der Handlung steht, oder sich, wenn dies der Fall ist, mit ihm zu identifizieren, sondern sie identifizieren sich dann mit einem Bruder oder einer Schwester. Es gibt jedoch zahlreiche Fälle, wo die dargestellte Situation eine derartige Angst erregt, daß die Versuchsperson den Drang verspürt, auf Distanz zu gehen, und sie erklärt dann, daß es sich nicht um die Familie von SF handelt, sondern um fremde Schweinchen. Diese Distanzierung scheint also *eine Überkompensation auf eine zu große, angstvoll erlebte Nähe* zu sein. Ist das bei *›Kuß‹* zuschauende Schweinchen kein Familienmitglied (seltenes Thema), heißt dies, daß die Neugier gegenüber der Intimität der Eltern Gegenstand eines strengen Tabus ist, wahrscheinlich weil sie zu einem bestimmten Zeitpunkt sehr stark war.

Wir finden diese Abwehr durch Beziehung auf Distanz bei den BI wieder, wenn sich die Versuchsperson weigert, sich mit dem passiven oder aktiven Helden der Szene zu identifizieren und lieber eine andere Rolle übernimmt. Bei einer ungewöhnlichen Identifikation muß man sich immer nach dem Warum fragen und die Antwort der Versuchsperson gibt uns im allgemeinen Aufschluß über den Grund für die Distanzierung.

Der 10jährige *Etienne A.*, der aus einer großen Familie kommt, in der eine strenge Erziehung herrscht, scheint zum Beispiel nicht eifersüchtig auf seine Geschwister zu sein. Wir vermuteten jedoch als Ursache für seinen Zustand nervöser Angst einen verborgenen Konflikt. Der SF-Test hat uns recht gegeben. Etienne identifiziert sich mit einem Mädchen, und er vertauscht die Eltern. Schließlich lehnt er es systematisch ab, sich mit dem Helden zu identifizieren, weil ihm zweifellos alle Handlungen, in die der Held verwickelt ist, strafbar erscheinen. Wir geben hier nur das Beispiel von *›Säugen 2‹*, um zu zeigen, wie die Beziehungen durch Distanzierung aussehen. Das abgelehnte Bild wird unter NB eingestuft, mit der Begründung, daß *der Bruder und die Schwester unzufrieden sein werden, weil SF bei seinem Vater ist.* Auf Anfrage: *Der Vater wird sie nicht aufnehmen, weil er SF lieber mag.* Etienne identifiziert sich nach einigem Zögern mit *einem Jäger, der versucht, eines der Schweinchen zu töten.* Welches? *Vor allem das, das sich an SF rächen will.* Und die verbrecherische Tat wird begangen, da sich der Junge beim folgenden Bild *›Säugen 1‹* nach einem durchschnittlichen Thema, in dem wiederholt wird, daß der Vater SF lieber hat, *mit dem Jäger identifiziert, der sich dem Schweinchen nähern wird, das er getötet hat.* Es steht also hier fest, daß der Junge wünscht, daß sein Rivale verschwinden möge, aber da er nicht wagt, dies selbst zu übernehmen, weil die Moral es verbietet, läßt er es durch eine mächtige Person übernehmen, Ersatz für die väterliche Figur, mit der er sich dann nur noch identifizieren muß.

Die Distanzierung ist noch größer und entspricht einer noch stärkeren Abwehr bei der Identifikation mit Niemandem. Die Versuchsperson zum Beispiel, die bei *›Gänserich‹*, wenn sie es ablehnt, das am Schwanz gepackte Schweinchen zu sein, die beiden Brüder von SF auf dem Bild erscheinen läßt, identifiziert sich im allgemeinen mit dem, der zuschaut. Sie kann jedoch befürchten, daß sich dieser Zuschauer zu nahe beim Angreifer befindet, was sich manchmal in der offen geäußerten Angst verrät, daß auch der Zuschauer vom Gänserich angegriffen werden könnte. Sie kann sich dann in die Identifikation mit SF flüchten, der nicht da ist. Wenn sie es dagegen vorzieht, sich mit Niemandem zu identifizieren, so geschieht dies, weil sie in ihrem Innersten annimmt, daß SF mit den beiden anderen solidarisch und daher auch bedroht ist; und dies um so mehr, je mehr die

Behauptung, daß das angegriffene Schweinchen nicht SF sei, im Grunde ein Ausweichmanöver ist. Die Identifikation mit Niemandem kann also anzeigen, daß die Versuchsperson gute Gründe hat, die kastrierende Strafe des Gänserichs zu fürchten, und daß sie um jeden Preis versucht, ihr zu entgehen.

i) Isolation

Es ist bekannt, daß der Abwehrmechanismus durch Verleugnung, der eng mit der Verdrängung einer angsterregenden Tendenz zusammenhängt, bei häufiger Anwendung durch die Versuchsperson charakteristisch für die *hysterische Neurose* ist.

Die Abwehr der Zwangsneurotiker findet dagegen kaum durch Verleugnung statt. Sie haben einen besonderen Abwehrmechanismus, der in der Isolation ihrer intellektuellen Darstellungen von ihren Affekten besteht. Sie verdrängen den Affekt, behalten jedoch die Darstellung in ihrem Bewußtsein.

Dies äußert sich in dem Test durch die Tatsache, daß alle Bilder behalten und beschrieben werden, daß die Beschreibung bildgetreu, aber rein beschreibend ist, ohne Gefühlsäußerungen.

Diese Abwehr durch Isolation enthält oft auch eine Tendenz, von der Hauptperson des Themas abzugehen und kleinen, unwichtigen Einzelheiten des Bildes übermäßige Bedeutung beizumessen.

Es gibt Fälle, in denen sich diese Art der Abwehr des gesamten Tests äußert, und in denen die Tendenzen, wenn sie aufgrund einer bildgetreuen Beschreibung geäußert werden, sofort zerstückelt werden und sich in unwichtigen Einzelheiten verlieren.

Die 9jährige *Marie D.* gibt die Themen aller Bilder in einem schulischen Vortragston, in Satzfetzen, die durch kurze Pausen von einer Sekunde unterbrochen werden, und kaum hat sie das eigentliche Thema des Bildes angedeutet, weicht sie aus.

Hier zum Beispiel ihr Thema für *›Streit‹: Der Vater und die Mutter von SF ... die beiden weißen Schweinchen ... SF, der das Weiße in die Pfote beißt ... ein Zaun ... Gras ...* Was siehst du noch? ... *Ein kleines Weißes, das läuft ... ein kleines Weißes, das SF ins Ohr beißt ... eine Blume.*

Und *›Kuß‹: Gras ... ein Wäldchen ... eine kleine Mauer ... ein Baum ... Gras ... Blumen ... Vater und Mutter von SF, die sich umarmen ... SF.*

Was bei diesem Mädchen während des ganzen Tests zu beobachten ist – und das ist selten –, kommt dagegen häufig bei einem einzelnen Thema, mitten unter Beschreibungen mit durchschnittlichen Themen, vor.

Der 8jährige *Claude Y.* beschreibt *›Gänserich‹* so: *Ein Schweinchen, das dem anderen Schweinchen zuschaut ... da ist eine Mauer ... das Schweinchen läßt sich von einer Gans beißen ... es weint ... die Gans hat es in den Schwanz gebissen, sie hat die Flügel ausgebreitet, sie läuft ... eine Margerite ... ein Zaun ... ein wenig Gras.*

Hier äußert sich die Abwehr von Anfang an durch einen Versuch, der Hauptsache auszuweichen. Das Kind kann sich der aggressiven Szene jedoch nicht lange entziehen; es beschreibt sie also in allen Einzelheiten, weicht dann aber von neuem aus.

Bietet ein einzelnes Testbild diese Abwehr durch Isolation, kann man auf eine besonders starke Verdrängung der dargestellten Tendenz schließen. Enthält dagegen das ganze Protokoll diese Isolation, wie im Fall der kleinen Marie, muß man auf eine Art der Abwehr schließen, die zur Gewohnheit geworden ist, also auf eine zwangsneurotische Persönlichkeit. Hier muß man jedoch hinzufügen, daß das Ich beim Kind selten stark genug ist, um diese Isolation ohne Schwächung zu überstehen. Man muß daher sehr darauf achten, bei den Beschreibungen oder bei den BI die starke Tendenz aufzuspüren, der *ein Durchbruch gelingt* und die den Wall der Abwehr durchdringt.

Im Fall der kleinen Marie haben wir es mit einem trotz des jugendlichen Alters bereits sehr rigiden Ich zu tun, und die Themen der 16 Bilder wurden von ihr mit derselben Art der Isolation beschrieben. Wir hatten dann große Mühe, sie dazu zu bringen, die Bilder unter B und NB einzustufen, weil ihre Ambivalenz sie ständig zögern ließ. Dieselbe Tendenz zur Isolation äußerte sich auch bei den Begründungen für die BI. Die Ich-Abwehr hat sich während des ganzen Tests gehalten und hat eine *Charakterneurose* enthüllt, ohne jedoch über die wirkenden Konflikttendenzen Aufschluß zu geben. Der Durchbruch kam jedoch ganz am Ende des Tests bei *›Fee‹;* die Abwehr wich plötzlich und die kleine Marie hat in diesem liebenswürdigen Bild einen Streit zwischen SF und einem kleinen Weißen gesehen, und so ihre lange unterdrückte Aggressivität gegen die Geschwister geäußert.

4. Regel der dominierenden Identifikationen

Das dominierende Thema kann bei den BI auch durch eine charakteristische *Folge von Identifikationen* gegeben werden, sowohl im positiven als auch im negativen Sinn.

Identifikation mit SF. – Eine Anzahl von Identifikationen mit SF, *die über dem Durchschnitt liegt* (das heißt 6 oder 7 pro Protokoll), ist ein Hinweis auf eine gute Fähigkeit des Ichs, die dargestellten Situationen zu übernehmen. Diese kann ein Zeichen für eine *gute Anpassung* sein, wenn die Themen durch gut angepaßte Kompromisse entsprechend angeordnet sind.

In anderen Fällen ist dies ein Zeichen von *Narzißmus.* In wieder anderen Fällen – die manchmal zu den vorhergehenden gehören – kann dies charakteristisch für eine neurotische Zwangsstruktur sein, die sich in einer *besonderen Rigidität des Ichs* äußert.

Es genügt nicht, die Identifikationen zu zählen, sondern sie müssen auch noch *qualitativ bewertet* werden. Es ist zum Beispiel nichts Ungewöhnliches, daß die Identifikationen mit dem Helden bei den B-Bildern häufiger sind als bei den NB-Bildern. Es gibt jedoch Fälle, wo dies umgekehrt ist, und dies kann auf eine masochistische, selbstbestrafende Tendenz hindeuten.

Manchmal weigert sich die Versuchsperson, eine aktive Tendenz des Helden und die daraus folgenden Sanktionen zu übernehmen. Identifikationen mit SF erfolgen dann nur bei den Bildern, auf denen er sich passiv verhält: *›Säugen‹* oder *›Traum‹.*

Identifikationen mit SF, die *unter dem Durchschnitt* liegen, weisen im allgemeinen darauf hin, daß die Mehrzahl der dargestellten Tendenzen Schuldgefühle hervorruft. Oft ist das dominierende Thema: SF, der Böseste und Unglücklichste ist unzufrieden über seinen schwarzen Flecken; die Folgen sind sehr wenige Identifikationen mit ihm.

Ein besonderer Fall, den wir noch an anderer Stelle wiederfinden werden, ist der der Jungen-Mädchen, die sich im allgemeinen wenig mit SF identifizieren. Dabei handelt es sich um folgende psychopathologische Dynamik: die Versuchsperson projiziert ihre Unfähigkeit, ihre männliche Situation zu übernehmen, auf den Helden, was bis zu dem Wunsch gehen kann, ein Mädchen zu sein; aber dann, bei den Bildern mit den Abenteuern von SF, sieht sie sich zum zweitenmal nicht in der Lage, dic Haupttendenzen zu übernehmen.

Identifikation mit einem kleinen Weißen. – Einige Protokolle haben als dominierendes Thema eine große Zahl von Identifikationen mit dem kleinen Weißen. In Fällen, in denen die Versuchsperson nicht in der Lage ist, den Helden zu übernehmen, handelt es sich um Ausweichidentifikationen.

Hier seien die typischen Fälle ins Gedächtnis gerufen, wo die Versuchsperson SF von Anfang an einen Doppelgänger gibt, und ihren Wunsch, ein braves Kind zu sein, oder ihre Angst, für ihre Bosheit bestraft zu werden, systematisch auf diesen Doppelgänger überträgt.

Ein anderer typischer Fall ist die Identifikation mit einem ganz Kleinen. Dies haben wir bei *Elisabeth R.* (Kap. IV, § 1) gesehen, wo sich eine sehr starke regressive Tendenz äußerte, mit dem Wunsch, den Platz eines Kleineren einzunehmen.

Identifikation mit den Eltern. – Es gibt Fälle, wo mehrere Identifikationen mit dem Vater bei Jungen und Identifikationen mit der Mutter bei Mädchen die dominierende Rolle des ödipalen Themas unterstreichen. Aber auch hier muß qualitativ präzisiert werden, was die Identifikationen mit den Eltern bedeuten. In vielen Fällen haben sie die Bedeutung einer *Identifikation mit dem Mächtigen* (was *Anna Freud* Identifizierung mit dem Angreifer nennt), das heißt mit demjenigen, der über Macht verfügt (um zu schützen oder zu strafen), die dem Helden fehlt. Diese Identifikation ist eine Art Umkehrung ins Gegenteil, um ein Gefühl der Ohnmacht zu überkompensieren.

Wir haben schon die Häufigkeit angedeutet, mit der sich die Jungen-Mädchen weigern, sich mit dem Helden zu identifizieren. Hier sei noch hinzugefügt, daß sich diese Gruppe am häufigsten auf die Identifikation mit dem Mächtigen stürzt und ganz besonders auf die Identifikation mit dem Vater. Daraus folgt, daß wir aus einer großen Zahl von Identifikationen mit dem Vater (mehr als vier), selbst wenn die Versuchsperson bei der Titelkarte aus SF einen Jungen macht, auf ein Bedürfnis schließen können, eine männliche Impotenz zu überkompensieren, das heißt letztlich auf eine starke weiblich-passive Tendenz.

Identifikation mit Niemandem. – Eine große Zahl von Identifikationen mit Niemandem stellt ein signifikantes dominierendes Thema der Angst dar.

Es gibt bemerkenswerte Fälle, wo die Mehrzahl der Testbilder eine Angst vor

Schuld hervorruft, die zu der Ablehnung führt, die Bilder zu übernehmen. Hier sei auf den in Kapitel II § 3 erwähnten Fall von *Claude L.* verwiesen, mit seinem Thema *vom Wolf, der SF fressen wird, weil er nicht in seinem Stall ist,* und seinen 15 Identifikationen mit Niemandem. Es muß natürlich festgestellt werden, was eine derartige Angst verursacht, und es handelt sich oft, wie in dem erwähnten Fall, um eine starke, gegen die Versuchsperson selbst gerichtete Aggressivität.

VII. Synthese der Deutungen

Wie wir zu Beginn festgestellt haben, muß sich die Deutung des SF-Tests auf die Suche des oder der außergewöhnlichen Themen konzentrieren. Unser Test erforscht tatsächlich die innerste Persönlichkeit, ihre Tendenzen, ihre inneren Konflikte, das für eine bestimmte Versuchsperson charakteristische Verhalten; auf diese Weise lassen sich die tiefsten Motivationen erklären, die in ihrem Verhalten unbewußt zum Ausdruck kommen, vor allem wenn dieses Verhalten nicht mit den gewohnten Regeln des sozialen Lebens übereinstimmt.

Wir müssen also aus einem Protokoll des SF-Tests eine für die Versuchsperson typische Persönlichkeitsform ableiten, die uns über ihre besondere Art zu reagieren Aufschluß geben kann.

Erstens müssen wir nach dem *Freud*schen Schema der drei Instanzen *Es, Ich* und *Über-Ich* jede dieser Instanzen beurteilen und vor allem feststellen, auf welche Weise sie sich in der Persönlichkeit die Waage halten, welche Instanz dominiert und die anderen leitet (I).

Zweitens müssen wir auf der Grundlage des Tests die Beziehungen der Versuchsperson zu dem *Bild von den Eltern* (II) und zu *seinen Geschwistern* (III) rekonstruieren.

Die Projektion läßt die allerersten Situationen zu Beginn des Lebens wieder aufleben, die dann meist verdrängt wurden, jedoch trotz der Verdrängung mehr aktiv im Unterbewußtsein vorhanden sind und das gegenwärtige Verhalten oft entscheidend beeinflussen.

1. Die drei Instanzen

a) Das Es

Das Es ist eine Domäne der instinktiven Triebe in ihrer ursprünglichen, ungezähmten Form. Die Intensität, mit der sich diese Triebe in den Themen des SF-Tests äußern, ist ein Maß für die Kraft des Es. Gleichzeitig enthüllt der besondere Charakter gewisser Themen die *qualitativ* dominierenden Tendenzen, was ein Hinweis auf *Fixierungspunkte* in bestimmten Entwicklungsstufen sein kann. In dieser Perspektive muß bei jedem Protokoll der Wert der oralen, analen, ödipalen und aggressiven Tendenz bewertet werden.

Doch sind die Mehrzahl der Themen *Kompromisse zwischen Tendenz und Abwehr.* Die Themen, in denen sich die stärksten Tendenzen äußern, sind die Themen, die keiner Zensur durch die Ich-Abwehr unterworfen wurden.

Ist die Ich-Abwehr dagegen stark, wird die Tendenz gehindert, sich zu äußern. Sie kann sogar widerrufen werden, was nicht heißt, daß der entsprechende Trieb schwach ist, sondern lediglich, daß er stark verdrängt wurde. Daher ist anzunehmen, daß diese Tendenz Ursprung eines schwerwiegenden inneren Konflikts war.

Diese Tendenzen, die Konflikte verursachen, haben die größte pathologische Bedeutung. Aus dieser Erkenntnis lassen sich zwei wichtige Regeln zur Deutung ableiten:

Erste Regel: Die verschleierten Themen entsprechen den Tendenzen, die die größte psychopathologische Bedeutung haben.

Zweite Regel: Die *am offensten geäußerten* Tendenzen können andere verdrängte Tendenzen zudecken. Es kommt zum Beispiel häufig vor, daß die ödipalen Tendenzen in dem Protokoll nicht erscheinen, daß aber dagegen besondere Betonung auf die oralen und analen Tendenzen gelegt wird. In solchen Fällen muß man sehr auf die verschleierte erotische Bedeutung der oralen und anal-sadistischen Themen achten.

Hier als Beispiel der Fall eines 13jährigen Jungen, der ›*Trog*‹ als beliebtestes Bild angibt und sehr frei erklärt, daß SF Pipi in den Trog macht, um seinen kleinen Geschwistern zu zeigen, wie es die Großen machen (Identifikation: SF). ›*Kuß*‹ und ›*Nacht*‹ sind dagegen die unbeliebtesten Bilder, und der Junge lehnt es ab, sich zu identifizieren. Es besteht hier also Grund zu der Annahme, daß es sich um ein ödipales Tabu mit Regression in die anal-sadistische Phase handelt. Der Beweis wird bei der Zeichnung des interessantesten Bildes erbracht, das natürlich ›*Trog*‹ ist, wo sich der Junge erstens besonders bemüht, SF zu zeichnen, wie er das Bein hebt und uriniert, und zweitens neben ihm nur einen Elternteil darstellt, nämlich die Mutter. Diese Vertuschung des Vaters zeigt, daß sich der Held an seine Stelle setzt.

b) Das Über-Ich

Diese besondere Instanz, die dem Ich seine Ideale und Tabus diktiert, bildet sich im Alter von 5 oder 6 Jahren durch die Introjektion der elterlichen Autorität.

Hat sich diese Introjektion unter günstigen Bedingungen ohne allzu großen Konflikt vollzogen, vermischt sich das Über-Ich mit dem Ich, der Anpassungsinstanz, um der Versuchsperson das richtige Verhalten zu diktieren, und versöhnt auf diese Weise die instinktiven Bedürfnisse und die Forderungen des erzieherischen Milieus.

Ist das *Über-Ich schwach,* haben die Triebe freien Lauf und befriedigen sich hemmungslos. Wir haben dann in dem Protokoll des SF-Tests ein Übergewicht offener Themen, bei denen das Lustprinzip dominiert. Die Mechanismen der Ich-Abwehr sind zwar vorhanden, sie spielen jedoch eine für das Es günstige Rolle und weisen alles zurück, was die instinktiven Befriedigungen hemmen kann (zum Beispiel indem es vertuscht, was ihm nicht gefällt). Oft wird der Held bei den abschließenden Fragen wegen all seiner Handlungen als der Böseste, aber dennoch als der Glücklichste bezeichnet, weil er tun kann, was er will. Der schwarze Flecken ist Gegenstand einer Bewertung, denn er »unterscheidet« den Helden, und die Wünsche an die Fee sind oft extravagante Bitten nach Befriedigung.

Wir erhielten aber im SF-Test nie *perverse* Themen: es ist sozusagen eine beständige Regel, daß jede asoziale Handlung bei den abschließenden Themen durch das Gesetz der Vergeltung, das von einem Mächtigen angewandt wird, sanktioniert wird.

Ist das *Über-Ich* dagegen *stark*, äußert sich dies in einer großen Strenge gegenüber den Handlungen des Helden. Das Über-Ich vermischt sich nicht mehr mit dem moralischen Gewissen des Ichs; es bildet sich als eigene Instanz, die urteilt und das Ich verurteilt. Die instinktiven Triebe, die das Ich meist auf sich nimmt und die toleriert werden, sind hier Gegenstand einer Bestrafung durch das Über-Ich, die nach allgemeinem Ermessen in keinem Verhältnis zu der Verfehlung steht. Der Held wird zum Beispiel mit dem Tode bedroht.

Die Triebe erregen im Ich eine besondere Angst: *die Angst vor Schuld.* Der Test spielt sich dann in einem Klima ängstlicher Hemmung ab: viele Bilder werden abgelehnt und viele sind NB. Das Lustprinzip kann sich nicht mehr frei durchsetzen, so daß die Versuchsperson keine Freude mehr an der Befriedigung ihrer Tendenzen hat, da sie von ihrem Gefühl der Nichtswürdigkeit erdrückt wird. Selbst wenn die Befriedigung gewisser Tendenzen mit Lust beschrieben wird, werden diese Tendenzen dann nicht übernommen. Dramatische Situationen werden jedoch übernommen, und vor allem diejenigen, bei denen der Held in Gefahr ist, als ob eine Verurteilung oder Züchtigung die Angst vor Schuld beruhigen würde. So identifiziert sich die Versuchsperson mit dem bei *›Karren‹* mitgenommenen oder dem bei *›Loch‹* in der Nacht verirrten oder dem vom *›Gänserich‹* angegriffenen SF.

In solchen Fällen wird der Held am Ende als der Böseste und Unglücklichste bezeichnet, und die Wünsche an die Fee sind Wünsche nach moralischer Besserung.

Diese besondere Strenge des Über-Ichs ist kennzeichnend für die *Zwangsneurose.*

Bei den weniger ausgeprägten Formen dieser Neurose besteht eine *Tendenz zur Selbstbestrafung,* die die Versuchsperson dazu bringt, die Strenge des Über-Ichs zu akzeptieren und die Situationen der Züchtigung zu übernehmen. Man stößt dann auf das Paradox mancher Protokolle, wo die strafenden Bilder übernommen werden (Identifikation mit SF bei *›Karren‹, ›Gänserich‹, ›Loch‹*), während die aggressiven Bilder nicht übernommen werden.

Beim Kind hat sich die neurotische Struktur im allgemeinen jedoch noch nicht völlig herausgebildet. Die Instanz des Über-Ichs ist nicht richtig introjiziert und bleibt zum großen Teil noch außerhalb der Versuchsperson, in Form einer elterlichen Drohung. Es kommt dann häufig vor, daß die Versuchsperson, die aus Angst unfähig ist, die strafbaren Handlungen des Helden zu übernehmen, sich mit dem Elternteil identifiziert, der nicht bedroht ist und der das Recht hat, zu strafen. Diese Identifizierung mit dem Angreifer ist nach *Anna Freud* eine Vorstufe des Über-Ichs.

Ein gutes Beispiel für die Unterscheidung zwischen äußerem Über-Ich und introjiziertem Über-Ich ist, wenn man bei *›Schmutzspiele‹* die Versuchsperson fragt, warum das linke weiße Schweinchen sich nicht an der anal-sadistischen Handlung der beiden anderen beteiligt. Manchmal erhalten wir die Antwort (dies ist der erste Fall), weil es Angst vor der Strafe hat; manchmal (dies ist der zweite Fall), weil es keinen Schmutz mag.

c) Das Ich

Das Ich ist vor allem eine Anpassungsinstanz. Es muß in dem SF-Test nach der Art und Weise bewertet werden, in der es in jeder Situation das Problem der Anpassung mit Hilfe akzeptabler Kompromisse zwischen Tendenz und Abwehr löst. Dies erreicht man durch eine aufmerksame Analyse der Themen.

Das Ich ist auch eine Integrationskapazität. Mit zunehmendem Alter erhalten wir immer ausführlichere Themen in Form fortlaufender Geschichten.

Die Kraft des Ichs kann man auch anhand der Art und Weise ermessen, in der bei den BI die beschriebenen Situationen übernommen werden. Es muß jedoch zwischen *der Rigidität des Ichs,* die alle Situationen übernimmt und sie durch eine reine Beschreibung, bei der sie sich nicht wirklich festlegt, vulgarisiert, und der *Anpassungsfähigkeit des Ichs* unterschieden werden, bei der einige Ausweichreaktionen bei dramatischen Handlungen nicht auszuschließen sind.

Umgekehrt sind zu viele Ausweichreaktionen Anzeichen für ein *schwaches Ich,* ein Ich, das die unvermeidlichen Frustrationen des Lebens nicht erträgt.

2. Beziehungen zu den Eltern

Bei dieser Synthese muß man auch die Beziehungen der Versuchsperson zu den *Elternimagos* rekonstruieren. Man muß von Imagos sprechen, weil das Kind bei seiner Projektion etwas entstellt und uns von seinen Eltern ein nicht ganz objektives Bild gibt. Es ist aber auch nicht ganz subjektiv, und man kann aus dem Test wertvolle Informationen über die Beziehungen des Kindes zu seinen Eltern gewinnen, *so wie sie von ihm erlebt wurden.*

Man muß also den ganzen Test noch einmal durchlesen, bevor man die jeweilige Rolle des Vaters und der Mutter, die Häufigkeit ihres Eingreifens, die Art, in der sich SF zu jedem von beiden verhält, bewertet. Man wird auch die Identifikationen der Versuchsperson mit dem einen oder dem anderen bewerten, und welcher Natur sie sind (ödipale Identifikationen oder Identifikationen mit dem Beschützer oder dem Zensierenden).

Schließlich wird man den Anteil untersuchen, den sie an den abschließenden Fragen haben, zumal diese Fragen auf einer wunschmäßigeren, weniger der Wahrheit entsprechenden Ebene als die Themen angesiedelt sind. Es kommt zum Beispiel sehr häufig vor, daß die Mutter als die Netteste bezeichnet wird, während sie sich bei den Themen als frustrierend erwies.

Die Projektion begünstigt die kindliche Tendenz (die sich vom Lustprinzip ableitet), das, was Vergnügen bereitet, als gut, und das, was Unbehagen bereitet, als schlecht zu bezeichnen. So kann sowohl das Bild von der Mutter als auch das

Bild vom Vater in zwei Hälften gespalten werden, in ein gutes und ein schlechtes Objekt, und das Kind im Verlauf des Tests auf eine Art und Weise vom einen zum anderen übergehen, die den nicht vorgewarnten Testleiter verwirren kann.

Der SF-Test zeigt Schwarzfuß auf mehreren Bildern in einer Duellbeziehung zu seiner Mutter, was erfahrungsgemäß charakteristisch für die Beziehungen des Kindes zu der Nährmutter (bzw. dem Nährvater) zu Beginn seines Lebens ist (I).

Die übrigen Bilder zeigen kompliziertere Konstellationen, wo einerseits der Vater (II) und andererseits die Geschwister erscheinen.

I. – Aus dem Test geht schon nach den ersten Bildern hervor, ob die Beziehungen des Kindes zu seiner Nährmutter gut, völlig zufriedenstellend oder im Gegenteil durch Frustration gestört waren. Ist letzteres der Fall, werden die Bilder des Säugens mehr oder weniger abgelehnt und nicht übernommen. Das frustrierte Kind reagiert auf die Frustration auf verschiedene mögliche Arten:

1. Durch die Suche nach einer Ersatznährmutter (-nährvater).
   Dies kann die ›*Ziege*‹ sein, die dann mit einem Thema der Wertsteigerung zu den ersten ausgewählten Bildern gehört; es ist dann B und manchmal sogar das beliebteste Bild.
   Dies kann auch der *Vater* sein, der dann anstelle der Mutter als Nährvater gesehen wird.
2. Durch Aggressivität gegen die frustrierende Mutter: oral-sadistisches Thema bei den Bildern des ›*Säugens*‹, anal-sadistisches Thema bei ›*Schmutzspiele*‹ und ›*Trog*‹ (er macht Pipi neben seiner Mutter), manchmal handelt es sich um mörderisch aggressive Themen. Oder diese Aggressivität ist zensiert und äußert sich nur in einer Distanzierung (die Mutter wird nicht genannt, obwohl sie auf dem Bild ist, zum Beispiel bei ›*Wurf*‹).
3. Durch eine Tendenz, die einer übertriebenen Depression unterworfen ist, wobei die unglückliche Versuchsperson versucht, die Liebe der Mutter durch ihre Haltung der Annahme wiederzugewinnen. Ein häufiges Thema ist dann die Bevorzugung von ›*Säugen 2*‹ gegenüber ›*Säugen 1*‹, wobei das zuerst genannte Bild B ist, mit der Begründung, daß es besser ist, wenn alle beisammen sind, weil die Mutter dann glücklich ist; das zweite ist NB, weil SF darauf zu gefräßig ist.
4. Durch eine regressive Identifikation mit einem jüngeren Bruder, der von der Mutter verwöhnt wird.
   Mit Hilfe des SF-Tests ist es also möglich, erstens zu entdecken, daß eine Frustration erlitten wurde, und zweitens, wie die Versuchsperson auf diese Frustration reagiert hat (die Reaktion, die auf ihre Themen projiziert wird), wodurch wir Aufschluß über die vorliegenden pathologischen Störungen erhalten.

II. Ödipuskomplex. – Erscheint die Vaterfigur auf den Bildern, komplizieren sich die Beziehungen des Helden; um so mehr, wenn gleichzeitig die rivalisierenden Geschwister erscheinen.

Erreicht die Versuchsperson die ödipale Phase, tritt sie in Wettstreit mit dem gleichgeschlechtlichen Elternteil, den sie als mächtig bewundert und dessen Platz sie später einnehmen will. Da der Test diese Projektion in die Zukunft zuläßt, erhalten wir bei den ödipalen Bildern oft eine Identifikation mit dem gleichgeschlechtlichen Elternteil: *›Kuß‹*, *›Traum V‹*, *›Traum M‹*, mit Begründungen, die auf den Wunsch nach Paarung hinweisen. Andererseits entstehen gegenüber dem gegengeschlechtlichen Elternteil neue, erotisch gefärbte Gefühle.

Diese ödipale Position kann in vielen Fällen nicht aufrechterhalten werden, weil sie zu Konflikten führt und eine Quelle der Angst ist. Sie wird also verdrängt, was sich unter anderem dadurch äußert, daß sie aus dem Bewußtsein verschwindet.

Die ödipalen Bilder werden dann abgelehnt, nicht übernommen, sind nicht beliebt, und diese massive Ablehnung zeigt, daß die Persönlichkeit der Versuchsperson schwach ist, keine Frustration ertragen kann und nicht in der Lage ist, Kompromisse zu schließen.

In den differenzierten Fällen mit einem besser angepaßten Ich vollziehen sich subtilere Anpassungsprozesse. Der Wunsch nach einer ödipalen Beziehung wird zum Beispiel auf die Geschwister übertragen und bei *›Kuß‹* umarmen sich dann nicht die Eltern, sondern Brüder und Schwestern, und Schwarzfuß kann einer von beiden sein.

Ein anderer Abwehrmechanismus: Die Beziehung auf Distanz läßt die Versuchsperson sagen, daß bei *›Kuß‹* und *›Nacht‹* nicht die Schweineeltern dargestellt seien, sondern fremde Schweine oder Schafe.

Die aggressive Rivalität gegen einen Elternteil kann sich auch noch in der Tatsache äußern, daß er in dem Test nicht erwähnt wird; so sieht die Versuchsperson zum Beispiel bei *›Nacht‹* nur den anderen Elternteil ... mit einer Ziege oder einem Schaf. Der auf diese Weise entfernte Elternteil ist bei Jungen der Vater und bei Mädchen die Mutter.

Hier tritt jedoch ein komplizierter, häufig auftretender Abwehrmechanismus auf, der zum *umgekehrten Ödipuskomplex* führt.

Wird der normale Ödipuskomplex mit einem Tabu belegt, dann wird *beim Jungen* jede männliche Bestätigung zensiert, da sie zu sehr mit Aggressivität verbunden ist; die Kastrationsangst erregt eine starke Angst, die oft im Thema von *›Gänserich‹* zum Ausdruck kommt. Da sich der Junge sehr oft nicht in der ödipalen Position halten kann, regrediert er in eine vorödipale, orale oder anal-sadistische Phase; in diesen Phasen werden die Bilder von den Eltern kaum voneinander unterschieden und die Beziehung der Versuchsperson zu ihnen beschränkt sich daher entweder auf nährenden Schutz oder Aggressivität. Besonders die Beziehung zur Mutter ist nicht zärtlich erotisch; sie ist die Beziehung eines Säuglings, der glücklich ist, wenn alle seine Wünsche erfüllt werden, und aggressiv wird, wenn seine Wünsche frustriert werden. Bei Fällen dieser Art taucht das Thema vom Nährvater auf.

Die Aufgabe der männlichen Position führt zu einer weiblichen Identifikation, die sich entweder schon bei der Titelkarte bestätigt (SF = Mädchen) oder sich im Laufe des Tests durch eine freundliche und passive Haltung des Helden äußert. Der Vater zählt entweder kaum oder erscheint als beschützendes Bild, dessen Wohlwollen der Held durch vorbildliches Verhalten zu erringen versucht.

Bei Mädchen äußert sich der umgekehrte Ödipuskomplex auf dieselbe Art durch eine Aufgabe der zärtlich weiblichen Position gegenüber dem Vater.

Die männliche Identifikation ist in solchen Fällen sehr häufig, und zwar in Form einer Identifikation mit einem kleinen Jungen und manchmal sogar mit einem männlichen Säugling.

Die Beziehung zur Mutter enthält keinen aggressiven Wettbewerb, sondern regrediert auf die Ebene der oralen Abhängigkeitsbeziehungen.

Die Beziehung zum Vater reproduziert entweder die orale Abhängigkeitsbeziehung zur Mutter (zum Nährvater) oder ist eine Beziehung auf Distanz, das heißt, der Vater wird nicht genannt oder wird als weit entfernte Persönlichkeit betrachtet.

Diese orale Abhängigkeit verstärkt sich sowohl bei Jungen als auch bei Mädchen durch eine Haltung, bei der die Angst, isoliert zu sein, und der Wunsch nach Hilfe dominieren, zum Beispiel bei den Bildern ›*Aufbruch*‹ und ›*Loch*‹. Bei dem Bild ›*Zögern*‹ äußert sie sich durch die Wahl von Schwarzfuß, der lieber bei seiner Mutter saugt als mit seinem Vater aus dem Trog trinkt.

3. Beziehungen zu den Geschwistern

Auch die Beziehungen zu *den Geschwistern* der Versuchsperson kommen zum Ausdruck, manchmal auf offenere Weise als die Beziehungen zu den Eltern.

Nach dem, was über die Titelkarte gesagt wurde, könnte man annehmen, daß die beiden weißen Schweinchen in der Mehrzahl der Fälle wegen des Subjektivismus der Projektion Doppelgänger von SF und nicht Rivalen wären. Tatsächlich sind sie beides, und jedesmal, wenn ein Testbild SF in einer frustrierenden Situation zeigt, erwacht im Inneren der Versuchsperson der Konflikt der wirklich erlebten Geschwisterrivalität.

Die Stärke der Rivalität läßt sich anhand der Themen des Tests ermessen, an der Stärke der sich äußernden aggressiven Reaktionen, was bis zur gewaltsamen Beseitigung gehaßter Geschwister gehen kann.

Dies ist auch gegenüber den Neugeborenen bei ›*Wurf*‹ zu beobachten, die die Jüngsten der Familie verkörpern.

Es ist jedoch außergewöhnlich, daß diese aggressiven Reaktionen nicht sofort zensiert werden, entweder durch Verdrängung der Bilder als NB und nicht übernommen, oder durch Abschwächung des Themas, Umkehrung ins Gegenteil oder Bestrafung.

Die Geschwisterrivalität ist fast immer Gegenstand einer starken Zensur, was so weit gehen kann, daß sie sich weder klinisch noch projektiv äußert, sondern sekundäre Störungen hervorruft, derentwegen das Kind zur Konsultation gebracht wird.

So haben wird durch den SF-Test die relative Häufigkeit der *depressiven* und *regressiven* Reaktionen gezeigt.

Im ersten Fall wendet sich die Aggressivität gegen die Versuchsperson selbst und erzeugt einen depressiven, mit Schuldgefühlen verbundenen Zustand, Entwertung der eigenen Person, Annahme der Strafe.

Im zweiten Fall unterdrückt die Identifikation mit dem zuletzt geborenen Rivalen jede aggressive Reaktion gegen diesen, wodurch jedoch die Persönlichkeit der Versuchsperson gefährlich verändert wird.

Analog dazu kann eine starke Rivalität zu einem der andersgeschlechtlichen Geschwister infolge von Abwehr zu einer Identifikation mit dem anderen Geschlecht führen, was ebenfalls sehr störend ist.

Es sei noch einmal daran erinnert, daß *das Thema vom Kind, das das einzige sein möchte,* oft schon bei der Titelkarte festzustellen ist, und daß die Sehnsucht nach einer Mutter ganz für sich allein sich von Anfang bis Ende des Tests zeigen kann.

VIII. Klinische Dialektik und Übereinstimmung von Anzeichen

Wir haben gerade bei der Synthese der Deutungen des SF-Tests gezeigt, welche Schlüsse aus den *übereinstimmenden Hinweisen aus den einzelnen Tests* zu ziehen sind, die zu einer Aufzählung einer gewissen Anzahl von wahrscheinlichen Faktoren über die Persönlichkeit der Versuchsperson führen.

In diesem Stadium unserer Untersuchung dürfen wir nicht aus den Augen verlieren, daß das Ziel unserer projektiven Untersuchung die Entdeckung der inneren Motivationen des pathologischen Verhaltens oder der neurotischen Konflikte ist, die uns bis dahin nur durch ihre offensichtliche klinische Manifestation bekannt waren.

Von da an müssen wir dialektisch vorgehen. Einerseits haben die klinischen Symptome eine Frage formuliert, die im projektiven Test beantwortet werden soll, und wir dürfen nie außer acht lassen, daß unser Test im Hinblick auf diese Antwort durchgeführt und ausgewertet werden muß. Andererseits führt der Test zu wahrscheinlichen Ergebnissen, die oft als Arbeitshypothese formuliert werden können, die aber erst noch geprüft werden müssen. Also wirft auch der Test Fragen auf; es ist Sache der klinischen Untersuchung, darauf eine vertiefte Antwort zu geben.

Hier ein Beispiel zur Konkretisierung. Es kommt ziemlich häufig vor, daß das Protokoll eines SF-Tests einen Konflikt, ein Unbehagen oder eine Frustration enthüllt, deren Vorhandensein wir bei der ersten Untersuchung nicht ahnen konnten. Eine neuerliche Unterhaltung mit der Versuchsperson oder ihrer Familie kann manchmal zusätzlich zu den Testwerten zur Entdeckung von Ereignissen führen, die sich in der Vergangenheit abspielten und vergessen wurden, jedoch auch nicht offenbaren Einfluß hatten.

Durch dieses doppelte dialektische Vorgehen von den klinischen Symptomen zum Test und vom Test zu den klinischen Symptomen, wobei sich beide gegenseitig erhellen, gelangen wir zur Entdeckung der dynamischen Motivationen der Störungen, die der Grund für unsere Konsultierung sind.

Gelangt man, was oft vorkommt, auf diese Weise zu keiner Gewißheit, muß man durch zusätzliche projektive oder andere Untersuchungen nach anderen *übereinstimmenden Hinweisen* suchen. Aber zu diesem Zweck muß eine klinisch-projektive Synthese der schon gesammelten Werte vorgenommen werden, und auf der Grundlage dieser Synthese müssen als Ausgangspunkt für die weitere Untersuchung neue Fragen formuliert werden.

Es gibt sogar Fälle, wo man nur durch eine Psychotherapie, wie zum Beispiel Psychodrama, zu einem völligen Verständnis des Problems gelangt. Das Psychodrama hat neben seiner psychotherapeutischen Wirkung, die die Hauptsache ist, auch noch einen diagnostischen Wert, weil wir dabei Zeuge der Entwicklung der Konflikte und ihrer Lösung werden.

Es wäre übrigens künstlich, auf eine radikale Art zwischen der Konfliktdynamik, die sich bei den projektiven Tests äußert, und der, die sich im Psychodrama äußert, zu unterscheiden. Und oft vollzieht der Psychologe, der den Test durchführt, die erste Stufe der projektiven Beziehung zur Versuchsperson, die sich dann im Laufe der psychotherapeutischen Unterhaltungen vervollständigt.

Kapitel VI
Schlußfolgerungen

I. Gültigkeit des SF-Tests

Es ist Sache des Verfassers eines projektiven Tests, *den Beweis für die Gültigkeit seines Tests* zu liefern.
Dieser Beweis setzt voraus, daß vier Bedingungen erfüllt werden.

1. Die erste Bedingung ist, daß der Test *standardisiert* ist, das heißt, daß Testmaterial, Durchführungsverfahren und Auswertungsmethode so festgelegt sind, daß die erhaltenen Ergebnisse sich nicht jeweils mit der Person des Testpsychologen ändern können, sondern eine von ihm unabhängige Objektivität besitzen.
2. Die zweite Bedingung ist, daß der Test *zuverlässig* ist, das heißt, daß er dieselben Ergebnisse bringt, wenn man ihn der Versuchsperson ein zweites Mal vorlegt, und daß er immer dasselbe Persönlichkeitsniveau untersucht.
3. Die dritte Bedingung ist, daß der Test eine *entsprechende Sensibilität* besitzt, das heißt verschiedene Ergebnisse für verschiedene Personen oder verschiedene pathologische Situationen ergibt, und daß es daher möglich ist, deutlich zwischen den getesteten Fällen zu unterscheiden.
4. Die vierte Bedingung ist, daß der Test *allgemeine Gültigkeit* besitzt, das heißt, daß er uns so genau wie möglich über die Persönlichkeit der Versuchsperson und über die Psychogenese ihrer Störungen informiert.

1. Standardisierung

Die erste Bedingung, die der *Standardisierung,* ist erfüllt, was das Testmaterial und die Durchführung betrifft; wir müssen jedoch unterstreichen, daß die von uns angewandte *freie Methode,* die es der Persönlichkeit der Versuchsperson erlaubt, sich ohne Verzerrung darzustellen, den rigiden Normen einer Standardinterpretation völlig entgegengesetzt ist. So werden zum Beispiel die Testkarten nicht nach einer von vornherein festgelegten Reihenfolge beschrieben, sondern die Anweisung des Tests lautet, daß diese Reihenfolge von der Versuchsperson frei gewählt werden soll. Ähnlich lassen die von uns gegebenen Regeln zur Deutung großen Spielraum für die persönliche Eingebung des Psychologen.

2. Zuverlässigkeit

Zur *Zuverlässigkeit* ist zu bemerken, daß die Persönlichkeit, die im Test untersucht wird, nicht aus festen Elementen und psychologischen Invariablen besteht. Sie ist ein *Kräftefeld*, dessen Resultante sich je nach dem Gleichgewichtspunkt der Kräfte ändern kann. Ist dieser Gleichgewichtspunkt fest, das heißt, die Persönlichkeit der Versuchsperson verändert sich nicht, muß die Wiederholung des Tests, wenn er zuverlässig ist, dieselben Antworten ergeben. Wir haben tatsächlich beobachtet, daß sich das dominierende Thema unverändert hält: so ist es oft vorgekommen, daß wir einem Kind einige Wochen nach seinem Test Fragen über einige der von ihm erzählten Geschichten stellten; wir baten es zu Beginn, um es wieder in das Testklima zurückzuversetzen, noch einmal die Personen der Titelkarte zu charakterisieren; in der Mehrzahl der Fälle behielt es Situation, Geschlecht und Alter, die es beim erstenmal angegeben hatte, bei. Es gibt jedoch Fälle, in denen man bei der Wiederholung des Tests Zeuge von veränderten Themen wird, und man muß dann zugeben, daß der Test in diesen Fällen nicht dasselbe Gebiet der Persönlichkeit untersucht hat.

Im Fall von *Patrick M.* (Kap. IV, § 1) ergibt der erste SF-Test unter anderem ein oral-sadistisches Thema mit Vorstellungen des Verschlingens, während der zweite SF-Test durch eine starke Depression gekennzeichnet ist und das Kind seine anfängliche Aggressivität aufgibt und statt dessen die Bestrafung des Helden beschreibt. Es ist bekannt, wie häufig bei den Tests und bei den Psychodramen die offene Aggressivität Schuldgefühle hervorruft und sich der ursprüngliche Trieb durch Intervention der Ich-Zensur ins Gegenteil umkehrt. Wir kamen daher bei Patrick zu der Auffassung, daß die entfesselte Aggressivität des ersten Tests durch Umkehrung ins Gegenteil die direkte Ursache für die depressive Stimmung des zweiten Tests ist.

Wir sehen anhand dieser Beispiele, daß sich der SF-Test als zuverlässig erwiesen hat; diese Forderung nach Zuverlässigkeit muß jedoch unter einem dynamischen und nicht unter einem statischen Gesichtspunkt betrachtet werden.

3. Sensibilität

Was die *Sensibilität* des Tests angeht, so ist sie bei den verschiedenen Testkarten und bei der Vielzahl von Themen unterschiedlich; zusammen mit den zusätzlichen Informationen durch die BI können wir feststellen, daß *der SF-Test die individuellen Unterschiede sehr sensibel an den Tag legt.* Findet man bei Versuchspersonen mit ähnlichen Problemen zwar beständige Themen, die uns bei einer späteren Untersuchung erlauben, unsere Tests nach Typen einzuteilen, führen die Konstanten doch zu keiner Einheitlichkeit, und wir müssen eher unterstreichen, daß jeder unserer Tests für gewöhnlich eine eigene Physiognomie hat, die für die besondere Persönlichkeit der Versuchsperson charakteristisch ist.

4. Gültigkeit

Was die *Gültigkeit* angeht, so ist sie zweifellos das wichtigste Kriterium, das alle anderen umfaßt. Aber was bedeutet sie für einen Test wie den unsrigen? Es ist bekannt, daß ein Test dann gültig ist, wenn er das mißt, was er messen soll: hier also die Persönlichkeit und ihre Störungen.

Eine der Hauptbedingungen für diese Gültigkeit ist also, daß der Test in erster Linie in der Lage sein muß, zwischen einer pathologischen und einer normalen Versuchsperson zu unterscheiden. Damit diese Bedingung erfüllt ist, muß man wissen, was unter einem normalen Test zu verstehen ist, der dann als Referenz gelten kann. Wie wir gesehen haben, unterscheidet sich das Normale vom Pathologischen bei der Persönlichkeit nicht so sehr durch verschiedene Elemente (zum Beispiel tendenzielle Themen), als durch eine unterschiedliche Strukturierung im Grunde ähnlicher Elemente. Nicht die Analyse, sondern die Synthese der vom Test gebrachten Elemente liefert uns also ein Kriterium zur Unterscheidung. Wir haben als ersten Schritt zur Interpretation die Suche nach den »Eigentümlichkeiten« des Tests angegeben und so die Notwendigkeit unterstrichen, sie global, das heißt eher als »eigentümliches Ganzes« denn als Teilelemente zu betrachten. Hält man sich an eine fragmentarische Analyse, findet man bei den gut angepaßten Versuchspersonen ebenso viele anormale Elemente wie bei den anderen. Selbst wenn man Konflikte, wie zum Beispiel die zwischen Tendenzen und Abwehr, betrachtet, kann man bei Normalen und Anormalen identische Konflikte finden. Die Interpretation muß auf ein noch höheres Niveau angehoben werden, denn der gesuchte Unterschied liegt darin, daß die Normalen besser angepaßt sind, das heißt, daß sie für ihre Konflikte bessere Lösungen, gültigere Kompromisse gefunden haben.

Wir leugnen jedoch nicht, daß die Aufstellung von Testnormen anhand einer Bezugspopulation aus normalen Versuchspersonen von Vorteil wäre. Wenn wir mehrere hundert Fälle besitzen, ist es wahrscheinlich, daß gewisse Konstanten erscheinen, daß sich bestimmte Themen bei gut Angepaßten häufiger finden als bei Unangepaßten, daß bestimmte Abwehrmechanismen einem besseren Gleichgewicht der Persönlichkeit entsprechen als andere. Es wird dann möglich sein, eine Bezugsstatistik auf einer sichereren Grundlage, als der in Kapitel III gegebenen, aufzustellen.

Auf jeden Fall *kommen wir, ganz gleich, ob es sich um Zuverlässigkeit, Sensibilität oder Gültigkeit handelt, immer zu der dynamischen Betrachtung der Persönlichkeit, die als Feld von miteinander in Konflikt stehenden Kräften gesehen wird.* Wie bereits festgestellt und mehrfach wiederholt, projiziert jede Versuchsperson auf die Testthemen ihre eigenen Konflikte: ihre Tendenzen und Abwehrreaktionen sowie die Lösungen, die sie als Ausweg findet. Sicher bietet jeder Test durchschnittliche Elemente, die auch in anderen Tests zu finden sind, und die die Tendenzen und Abwehrreaktionen definieren, die die Versuchsperson mit anderen Personen gemein hat. Außerdem erhalten wir durch diese durchschnittlichen Elemente eine Bezugsstatistik, die uns eine solide Ausgangsbasis zur Analyse liefert. Dies ist jedoch nicht die Hauptsache, denn was wirklich zählt, sind nicht die durchschnittlichen Themen der Versuchsperson, sondern was sie eigentlich kennzeichnet, nämlich die ursprüngliche Dynamik ihrer Tendenzen und Abwehrreaktionen. Und da jede Versuchsperson eigentümlich ist und ihre Probleme und Konflikte, mögen sie auch noch so belanglos erscheinen, sich in den Zusammenhang einer einzigartigen Persönlichkeit einprägen, können wir sie nur durch eine besondere Deutung erkennen. Manche sind der Ansicht, daß der Psychologe, wenn er sich bemüht, die Beweggründe der Versuchsperson nachzuvollziehen, zu subjektiv ist, zu weit von den notwendigen Standardisierungsregeln abweicht. Wir sind im Gegenteil der Ansicht, daß diese Einstellung die einzig objektive ist, da sie allein in der Lage ist, uns von der untersuchten Persönlichkeit ein unverzerrtes Bild zu geben.

Das *Hauptkriterium für die Gültigkeit* ist daher, wie schon erwähnt, daß die Deutung den klinischen Befund ergänzt und uns zum Verständnis der innersten Motivationen der festgestellten Störungen führt.

II. Anwendungen des SF-Tests

Der SF-Test wurde vor allem zur Untersuchung der kindlichen Persönlichkeit entworfen. Die dargestellten Situationen beziehen sich in der Tat auf die ersten Phasen des Lebens und außerdem begünstigen die Tierdarstellungen besonders die Projektion bei Kindern. Es hat sich jedoch erwiesen, daß er in allen Fällen, in denen man die Konflikte der Kindheit untersuchen will, die bekanntlich in jedem von uns noch sehr lebendig sind, auch für Jugendliche und Erwachsene geeignet ist.

Der SF-Test hat zahlreiche Anwendungen.

1. Allgemeine Probleme der Persönlichkeit

Stellt man eine ausreichende Anzahl von SF-Testprotokollen zusammen und teilt sie nach Geschlecht und Alter ein, dann zeichnen sich beständige, für ein bestimmtes Geschlecht oder Alter charakteristische Züge ab, die entweder Ausdruck kollektiver Tendenzen oder anerzogener Sitten sind, denen die Gruppe unterworfen war.

Es folgt eine kurze Aufzählung der Probleme, auf die wir gestoßen sind und die Gegenstand einer genaueren Untersuchung sein könnten.

Verurteilung der aggressiven Tendenzen *(›Streit‹)*. – Starke Abwehr gegen die Analität, besonders bei Mädchen, die durch die Verleugnung des Urinierens bei *›Trog‹* und die häufige Identifikation mit dem sauberen weißen Schweinchen bei *›Schmutzspiele‹* zum Ausdruck kommt. – Angst vor Verlassenheit und Einsamkeit *(›Aufbruch‹, ›Loch‹)*. – Pathologische Bedeutung der Geschwisterrivalität; Häufigkeit, mit der sie depressive oder regressive Zustände verursacht.

Unterschiedliche Reaktionen zwischen den beiden Geschlechtern. Zum Beispiel weniger Tabus gegenüber Liebesbeziehungen (›*Kuß*‹) bei Mädchen als bei Jungen. – Stärkere und weniger gut übernommene Aggressivität bei den Jungen; sieht die Versuchsperson bei der Titelkarte ein Mädchen, ist es dann immer dieses Mädchen, das sich bei den aggressiven Handlungen von ›*Schmutzspiele*‹, ›*Trog*‹ und ›*Streit*‹ abseits hält. Wenn der 8jährige *Christian P.* zum Beispiel bei ›*Streit*‹ sagt: *die da weggeht, ist ein Mädchen; denn die Mädchen haben Angst vor dem Krieg; sie sind zart; die Jungen greifen sich gerne gegenseitig an,* so äußert er deutlich die unausgesprochene Meinung der meisten Versuchspersonen.

Entscheidende Unterschiede zeigen sich auch bei der *Umkehrung des Geschlechts* (siehe Kap. IV, § 7).

Dies soll keine einschränkende Aufzählung sein. Es können sich sehr wohl noch andere Probleme der Persönlichkeit – vor allem der kindlichen Persönlichkeit – stellen und durch eine projektive Untersuchung gelöst werden. Wir haben zum Beispiel im Laufe einer Untersuchung, die wir in einem Ferienlager anhand von 100 Fällen, die wir absichtlich auf die beiden aus dem Stegreif ausgewählten beliebtesten und die beiden unbeliebtesten Bilder beschränkten, mit anormaler Häufigkeit ›*Ziege*‹ als beliebtestes Bild erhalten. Man kann hier annehmen, daß der Aufenthalt im Ferienlager, während andere kleinere Kinder vielleicht bei der Mutter bleiben, von der Versuchsperson als Frustration empfunden wird und daß sie deshalb eine Ersatzmutter haben möchte.

Derartige Untersuchungen sind nicht nur von allgemein theoretischer Bedeutung. Die Unterlagen, die sie liefern, können in einigen speziellen klinischen Fällen aufschlußreich sein. Wir haben zum Beispiel festgestellt, daß Versuchspersonen des femininen Typs (egal, ob Mädchen oder Jungen) auf eine passivere Art reagieren und im sehr speziellen Fall der Jungen-Mädchen sogar so weit gehen, es abzulehnen, die Handlungen von SF zu übernehmen. Dominiert dann im Protokoll eines Jungen dieser Charakter der Passivität, selbst wenn die Versuchsperson bei der Titelkarte SF als Jungen angegeben hat, kann man eine weibliche Identifikation mit allen sich daraus ergebenden Folgen vermuten.

2. Besondere Probleme der Persönlichkeit

Der projektive Test enthüllt uns in jedem einzelnen Fall die Kraft der Tendenzen und je nach ihrer Bedeutung die Fixierpunkte in den jeweiligen ersten Phasen des Lebens. Er zeigt uns auch die Kraft der Ich-Abwehr und ihre besondere Art, die für eine bestimmte Persönlichkeitsstruktur charakteristisch ist. Er enthüllt uns also dadurch die inneren Konflikte der Persönlichkeit. Schließlich gibt er uns – all dies steht miteinander in Zusammenhang – Auskunft über die besondere Art der Versuchsperson auf Ereignisse, die sie berühren, zu reagieren.

a) Angeborene Struktur

Einige der Züge der Persönlichkeit, die hier enthüllt werden, sind angeboren und gehören zur eigentlichen Persönlichkeitsstruktur. Es lassen sich einige typische Gegenüberstellungen machen.

Erstens die der *Extravertierten* und *Introvertierten.* Die *Primär-Extravertierten* reagieren sofort auf die Anregungen durch die sehr offen tendenziellen Themen;

wenn sie sich dann bewußt werden, daß sie sich verraten haben, verbessern sie sich zum Beispiel bei den BI und zensieren, was sie gesagt haben. Umgekehrt sind die *Sekundär-Introvertierten* zu Beginn gehemmt und bringen sofort ihre Abwehr ins Spiel; es kommt jedoch vor, daß sich ihr Widerstand erschöpft und daß sie bei den BI ausführlichere, weniger zensierte Themen liefern.

Der *aktive* oder *passive* Charakter einer Persönlichkeit verrät sich durch die Art und Weise, auf die die Versuchsperson mit den Testsituationen fertig wird, ob sie die Abenteuer von SF übernimmt oder sich in die Haltung eines bloßen Zuschauers flüchtet.

Es scheint, daß das *Hauptmerkmal einer Tendenz* das Ergebnis einer Erbanlage sein kann und daß man von daher gewisse Fixierungen erklären kann. Wie wir gesehen haben, kommt es bei ödipalen Schwierigkeiten oft vor, daß sich aus Abwehr eine Regression auf eine vorödipale Phase bildet. Es bleibt jedoch die Frage, warum manche Versuchspersonen in die orale und andere in die anale Phase regredieren. Es ist möglich, daß dies durch angeborene Anlagen bedingt ist, die mit Erbanlage oder Geschlecht zusammenhängen. Mädchen vollziehen aufgrund ihrer Struktur eher eine orale, Jungen eher eine anale Regression.

Analog dazu werden gewisse Verhaltensmuster durch die angeborene Veranlagung bestimmt. So konnten wir zeigen, daß Jungen bei einer starken Geschwisterrivalität meist aggressiv reagieren, während Mädchen aufgrund ihres Temperaments passiver sind und eher mit Depression oder Regression reagieren.

Es ist jedoch in allen Fällen ein Problem (das eigentliche Problem der Einteilung der Charaktere) zu entscheiden, ob die zuvor genannten Charakterzüge der *angeborenen* Konstitution der Versuchsperson zuzuschreiben oder *erworben* sind. Wenn *Elisabeth R.* zum Beispiel auf passiv-depressive Weise auf die erlittene Vertreibung reagiert *(die Fee hat SF hinausgeworfen),* so daß SF bei jeder Schwierigkeit in Tränen ausbricht und unglücklich ist, ist es schwierig, festzustellen, ob dies der weiblichen, wenig kampflustigen Natur oder der mit ihrer Vertreibung zusammenhängenden Depression zuzuschreiben ist.

Wenn sich *Paul P.* in seiner ausweglosen Rivalität zu seiner jüngeren Schwester, die von der Mutter bevorzugt wird, mit ihr identifiziert und sich auch im Leben wie ein Mädchen verhält, so stellt sich die Frage, welchen Anteil dabei sein etwas weiches Temperament und welchen Anteil seine endgültige Identifikation hat.

Die Antwort fällt manchmal schwer. Die Testergebnisse allein reichen jedenfalls nicht aus. Zur Beurteilung der angeborenen Struktur einer Versuchsperson stützen wir uns auf die Morphopsychologie.

b) Dynamik der Persönlichkeit

Mit Hilfe des SF-Tests ist es möglich, angeborene oder erworbene Züge der Persönlichkeit, das allgemeine Gleichgewicht des psychischen Lebens und in Wechselbeziehung dazu die Anpassungsart der Versuchsperson an ihre Umgebung zu beurteilen.

Wir kommen hier nicht auf das zurück, was bereits dargelegt wurde. Wir erinnern nur kurz an das *Freud*sche Schema der drei Instanzen: *Es, Über-Ich und Ich.* Es ist in jedem Fall ein Problem, festzustellen, welchen Anteil jede Instanz bei einer Persönlichkeit hat. Wie schon erwähnt muß man vor allem versuchen, die *Kraft des Ichs* als Anpassungsinstanz zu beurteilen, um sich klar zu werden, in welchem Maße und auf welche Weise die Versuchsperson mit den verschiedenen Situationen des Lebens fertig wird. Auch hier darf man nicht davon ausgehen, daß das SF-Protokoll allein zu dieser Beurteilung ausreicht; es ist vernünftig, die Testinformationen mit den klinischen Informationen zu verbinden.

Wir beschränken uns auf das, was wir über die Beziehungen der Versuchsperson zu ihren Eltern und Geschwistern gesagt haben, wie sie aus dem SF-Test hervorgehen. In der Psychoanalyse ist es üblich, zu behaupten, daß die Projektion alle Beziehungen der Versuchsperson zu anderen in sehr subjektiver Weise verzerrt; daß die von der Versuchsperson beschriebenen Personen nicht den wirklichen Personen ihrer Umgebung entsprechen, sondern mehr oder weniger der Phantasie entspringende »Imagos« sind. Daher erweist sich wieder einmal die Notwendigkeit, die Testergebnisse mit denen der Klinik zu verbinden. Es ist zum Beispiel sicher, daß man bei einem Kind, das durch die Geburt eines kleinen Geschwisterchens frustriert wird und die traurige Vorstellung hat, daß die Mutter es nicht mehr liebt und sich daher eine befriedigende Ersatzmutter vorstellt, auf die Klinik zurückgreifen muß, um zu erfahren, ob sich die Mutter wirklich von dem Kind abgewandt und sich nur noch mit dem Kleinen beschäftigt hat, oder ob der Grund für die Dramatisierung der Situation in der Unfähigkeit des Kindes liegt, Frustrationen zu ertragen.

Die Vorstellungen sind aber nicht immer reine Einbildung, sondern die unbewußte Sensibilität des Kindes begreift oft Dinge, die wir nicht sehen. Daher muß man auf jeden Fall darauf achten, um das Gleichgewicht eines Kindes in seinem Familienleben und die Art, in der es die Beziehungen zu den Personen seiner Umgebung *empfindet*, beurteilen zu können.

c) Auswirkungen der Ereignisse des Lebens

Man kann von einem projektiven Test außerdem verlangen, daß er über die Art und Weise Auskunft gibt, wie die Versuchsperson in ihrem Innersten gewisse Ereignisse des Lebens empfunden hat, wenn sie auch augenscheinlich noch so bedeutungslos scheinen mögen.

Dies läßt sich nicht allein aufgrund der Untersuchung der bewußten Reaktion der Versuchsperson feststellen, die sich oft sehr von ihrer unbewußten Reaktion unterscheidet.

Bei dem häufig eintretenden Fall der Geburt eines Geschwisterchens ist es zum Beispiel einfach, nach einer Unterhaltung mit der Familie den Grad der bewußten Annahme und die Eifersuchtsäußerungen, die der Älteste gezeigt hat, zu beurteilen. Die innere Einstellung, die mehr oder weniger verdrängt wurde, bleibt dagegen verborgen. Es ist jedoch möglich, daß es gerade diese innere Einstellung ist, die das Verhalten der Versuchsperson bestimmt. Es kommt zum Beispiel vor, daß uns über ein Kind berichtet wird, daß es sein Geschwisterchen sehr gern hat, jedoch mit der Einschränkung, daß es, wenn es in Wut gerät, hart zuschlägt; die Wut spielt hier ihre gewohnte Rolle der befreienden Entladung und enthüllt uns die innere Intensität der aggressiven Eifersucht der Versuchsperson, die sonst von der Ich-Zensur verschleiert ist.

Ebenso wird von einem anderen Kind berichtet, daß es das jüngste Familienmitglied sehr gern hat und sich sehr lieb damit beschäftigt. Das geht so weit, daß es seinen kindlichen Kummer teilt, es nachahmt und mit ihm weint oder es verteidigt, wenn es ausgeschimpft wird. In solchen Fällen zeigt der SF-Test oft, daß erstens unter der Zärtlichkeit eine aggressive Eifersucht vorhanden ist und daß sie zweitens durch eine Identifikation mit dem kleinen Rivalen beherrscht wird.

Die am leichtesten verständlichen Fälle sind die, in denen sich die Auswirkung eines Ereignisses auf einer einfach *unterbewußten* Ebene vollzogen hat und leicht ins Bewußtsein geholt werden kann. Die Versuchsperson vollzieht dann, was wir eine *transparente Identifikation* nennen, und sie erkennt bald, daß ihre persönliche Situation mit der des Helden übereinstimmt (vgl. Kap. II).

So kommt in den Themen das Problem, das der Grund für unsere Konsultation war, direkt zum Ausdruck. So zum Beispiel bei der 15jährigen *Odile J.*, die ständig mit ihrer Mutter streitet, die sie während der Kindheit allein gelassen und dann wieder zu sich genommen und streng behandelt hat; das Mädchen ist daher mehrere Male ausgerissen. Ihr SF-Test ist von Anfang bis Ende ein ständiger Bericht des Aufbruchs in eine bessere Situation, gemildert von der Angst vor den Gefahren, in die ihr Verhalten den Helden bringen kann.

In manchen Fällen ist sich die Versuchsperson selbst der Beziehung zwischen ihren projektiven Themen und ihrem wirklichen Leben nicht bewußt, während diese Beziehung für den Psychologen offensichtlich ist.

Zwischen den bewußten und unbewußten Auswirkungen gibt es viele Abstufungen. Die pathogene Bedeutung der einen und der anderen ist jedoch nicht dieselbe. Wenn die Persönlichkeit einer Versuchsperson genügend Reife besitzt, um ein Ereignis im vollen Bewußtsein der Ursachen zu assimilieren, stellt sich keine tiefergreifende Störung ein. Der Tod eines geliebten Wesens wird dann als Kummer empfunden, ohne Veränderung der Persönlichkeit. Wird dagegen das Unbewußte berührt, kann der Verstorbene dort eindringen und das Unbewußte kann sich mit ihm identifizieren; diese unbewußte Identifikation kann die Persönlichkeit verändern.

So hat der 7jährige *Jean-Claude G.*, der seinen Vater, an dem er sehr hing, durch einen Unfall verlor, während er sich zu seiner Mutter, einer harten Frau, die den Vater grob behandelt hatte, eher in Rivalität befand, auf das traurige Ereignis so reagiert, daß er in seinem Test aus dem Vater einen Nährvater machte, mit dem er sich mehrmals identifizierte, und hat unbewußt seine Aggressivität gegen die Mutter verstärkt, indem er jetzt einkotet.

Es ist auch wichtig, von dem Test Aufklärung darüber zu verlangen, wie ein Kind eine Entfernung aus dem familiären Milieu, eine Unterbringung im Internat oder bei den Großeltern ertragen hat.

Wir haben schon von der 11jährigen *Dominique* berichtet (Kap. IV, § 9), die nicht zögert, die Verhältnisse im Tagesinternat, in dem sie mehrere Monate verbrachte, als Bestrafung für ihren schlechten Charakter und ihre Forderungen zu betrachten, und mit der Verladung der Schweinchen bei *›Karren‹* zu vergleichen; auch sie vollzieht ständig transparente Identifikationen.

Noch traumatisierender ist die Trennung von Eltern, denen das Sorgerecht entzogen wurde, da sie sehr lange oder endgültig ist. Wir haben mehrere solcher

Kinder getestet und es ist auffallend, wie viele der Kinder durch diese Trennung geprägt sind und mit welcher Kraft sich die Sehnsucht nach einem Heim äußert.

Alle Situationen können so mit Hilfe des projektiven Tests genau untersucht werden. Es muß dazu sehr deutlich gesagt werden: das Ereignis an sich zählt im allgemeinen nicht; was zählt, ist die Auswirkung auf den, der es erlebt, und vor allem die Tiefenwirkung, die der Versuchsperson nicht bewußt ist, die sie aber mit einer in keinem Verhältnis stehenden Intensität berühren kann, entweder weil sie von ihrer angeborenen Veranlagung her für derartige Ereignisse besonders verletzlich ist oder weil das Ereignis sie in einem besonderen Augenblick berührt hat, unter Bedingungen, die dazu geeignet waren, sie den Traumatismus stärker spüren zu lassen. Die Bedingung, Ältester zu sein, kann zum Beispiel von einigen sehr wohl akzeptiert werden. Bei anderen dagegen, selbst wenn sie in guten familiären Bedingungen aufwachsen und sich nichts Entscheidendes ereignet hat, bringt der Test ein Thema vom sich opfernden Ältesten zutage, mit einer depressiven Reaktion auf diese Situation oder in anderen Fällen mit einer mörderischen Eifersucht.

Ein wichtiger Hinweis gilt noch der *Gesprächspsychologie.* Wenn man aufgrund der Anamnese zu beurteilen versucht, was im Leben einer Versuchsperson zählte und sie nachhaltig beeinflußte, so liefert das bewußte Gespräch mit der Versuchsperson selbst oder ihrer Familie (wenn es sich um ein Kind handelt) nur die im Gedächtnis unseres Gesprächspartners gegenwärtigen Tatsachen. Das heißt, wenn ein Ereignis vom psychologischen Standpunkt traumatisierend war, also als Störungsfaktor sehr schwer wiegt, besteht sehr wohl die Möglichkeit, daß es verdrängt, also verleugnet und daher vergessen wurde. Wenn wir zum Beispiel eine zwanghafte und perfektionistische Mutter nach dem Alter fragen, in dem eines ihrer Kinder sauber wurde, erhalten wir meist zur Antwort, daß von daher alles normal sei. Man erfährt dann jedoch nicht selten, daß die Erziehung dieses Kindes zur Beherrschung seiner Schließmuskeln sehr schwierig war und daß es mehrmals den Hintern versohlt bekam, weil es in die Hosen machte. Daß sich ein Kind beschmutzt, kann eine Mutter mit Reaktionsbildungen der Sauberkeit nicht zulassen; es macht sie krank. Einerseits zensiert sie mit äußerster Strenge; andererseits vertuscht sie es und leugnet dann guten Glaubens, daß es jemals dabei Schwierigkeiten gegeben hätte.

Diese Bemerkung hat praktische Folgen: Wenn uns bei einem projektiven Protokoll ein bestimmtes Thema vermuten läßt, daß die Versuchsperson ein weitreichendes Ereignis mit tiefen Auswirkungen erlebte und aus der Anamnese klinisch nichts hervorgeht, schließen wir daraus nicht automatisch, daß es sich um reine Phantasiegebilde handelt. Bei einer zweiten Untersuchung, bei der wir auf der Periode des Lebens bestehen, in der das vermutete Ereignis stattgefunden haben könnte, und der Familie sagen, daß wir sicher sind, daß damals etwas vorgefallen ist, was die Entwicklung der Versuchsperson beeinflußt hat, hören wir oft plötzlich: »Oh ja! daran habe ich nicht mehr gedacht; in der Tat ...«

3. Psychopathologische Probleme

In allen Fällen, in denen wir wegen eines *pathologischen Zustands* konsultiert werden, und als Ursprung dieses Zustands weder eine organische Krankheit noch bekannte psychologische Schwierigkeiten finden, können wir davon ausgehen, daß die Ursache für diesen anormalen Zustand im *Unbewußten* liegt.

Da eine unbewußte Störung schon von der Definition her vom bewußten Ich nicht wahrgenommen wird, kann man sie nicht in einem einfachen Gespräch feststellen, sondern muß zu projektiven Methoden greifen.

Eine erste Gruppe betrifft die *Charakter- und Anpassungsstörungen,* die oft zu *anormalen Handlungen* führen: zum Beispiel Gewalttätigkeiten, Ausreißen, Diebstähle.

Eine zweite Gruppe ist die der *psychosomatischen Manifestationen,* das heißt der Störungen der organischen Sphäre, die nicht auf Verletzungen zurückzuführen sind, sondern psychische Ursachen haben: zum Beispiel *nervöse Magersucht, Enuresis, nervöses Erbrechen, nervöse Schluckstörungen, Enkopresis, Verstopfungen* usw.

Eine dritte Gruppe ist die der *Neurosen:* hysterische Neurose, Angstneurose, Zwangsneurose usw.

Eine vierte Gruppe ist die der *Pseudodebilität.* Dazu zählen eine große Zahl sehr unterschiedlicher Fälle, die *schlechte schulische Ergebnisse trotz guter Intelligenz* gemeinsam haben. Wenn ein Kind mit guten intellektuellen Anlagen nicht den erwarteten schulischen Erfolg hat, bezichtigen es die Lehrer meist der Faulheit. Dies trifft oft zu. Aber die Faulheit selbst bedarf einer Erklärung. Die Erfahrung zeigt, daß der Grund dafür sehr oft *affektive Konflikte* sind, die den Arbeitseifer mehr oder weniger dämpfen.

Die in diesem Buch geschilderten Fälle bieten dafür zahlreiche Beispiele. Hier seien zum Beispiel erwähnt:

1. *regressive Zustände,* die die vitale Expansion anhalten und den Fortschritt auf allen Gebieten, vor allem im schulischen Bereich, hemmen;
2. *depressive Zustände,* mit trauriger Stimme, fehlender Dynamik, einem ständigen Gefühl der Minderwertigkeit und des Scheiterns, was zu wirklichem Scheitern führt;
3. *Zustände krankhafter Träumerei,* mit ständiger geistiger Abwesenheit, wobei alle Gedanken auf innere Probleme gerichtet sind und sich von der wirklichen Welt abwenden.

4. Der SF-Test bei Erwachsenen

Auf den ersten Blick scheint es, als ob man den SF-Test Jugendlichen und Erwachsenen nicht vorlegen könnte, ohne sich lächerlich zu machen. Die Erfahrung belehrt uns jedoch eines Besseren; nichts ist einfacher, als einen Jugendlichen oder Erwachsenen dazu zu bringen, die Karten unseres Tests zu beschreiben. Hat man jedoch Bedenken, kann man den Test als einen Beweis zur Beurteilung der Phantasie der Versuchsperson präsentieren; man kann zum Beispiel sagen: »Hier sind Bilder, die für Kinder gezeichnet wurden; sie haben jedoch noch keinen Text, und es soll ein Buch mit einem passenden Text dazu entstehen; wollen Sie es versuchen?«

Es überrascht, daß die Mehrzahl der Erwachsenen sich eifrig mit dem Test beschäftigt und vorbehaltlos mit dem Schweinchen Schwarzfuß identifiziert.

Die Tierdarstellungen und die auf unseren Bildern gezeigten Tendenzen begünstigen eine Regression sehr. Einige Psychologen haben uns das vorgeworfen, zu Unrecht, denn es ist eben einer der Vorteile des SF-Tests, in jedem die ersten Phasen seines Lebens wiederzuerwecken und dadurch die Störungen an den Tag zu bringen, die damals entstanden sein können.

Hier müssen besonders die *Geisteskranken* erwähnt werden, bei denen die Tiefe der Störungen und die daraus entstehende Desorganisation der Persönlichkeit meist die Durchführung eines strukturierten projektiven Tests, wie zum Beispiel des TAT von *Murray*, verhindern.

Es sieht so aus, als ob die Themen des SF-Tests mit den psychotischen Seelenzuständen übereinstimmen und uns entscheidende Elemente der Vergangenheit liefern können. Ein signifikantes Beispiel unter vielen anderen: ein junger 23jähriger Schizophrener, dessen Krankheit damit begann, daß er im Delirium das Haus verließ und durch ganz Frankreich irrte. Der Grund für dieses Ausreißen war, daß er Angst hatte, seine Eltern wollten ihn vergiften. Er hatte mehrere Jahre in einem Seminar hinter sich und war fromm und gewissenhaft geblieben. Er wollte auf seiner Irrfahrt unterwegs in einer Kirche kommunizieren, aber in dem Augenblick, als er die Hostie empfangen sollte, floh er, weil er, wie er uns dann sagte, überzeugt war, daß die Hostie vergiftet und daß der Priester ein Komplize seiner Eltern war. Sein SF-Test wies starke Anzeichen für eine skrupulöse Neurose auf, da er die Testkarten sehr lange studierte und peinlich besorgt war, alle Einzelheiten wiederzugeben, und dabei eine ständige Ambivalenz zeigte, die durch ein »oder ... oder auch« zum Ausdruck kam. Dieses Zögern und diesen Zweifel zeigte der junge Mann jedoch nicht bei den beiden Bildern des Säugens. Das Thema war bei beiden: »SF saugt gierig; seine Mutter betrachtet ihn gleichgültig.«

Durch dieses Thema erfuhren wir erstens die orale Frustration, die dieser junge Mann in seiner Kindheit durch die Mutter erfuhr (und der klinische Befund zeigte uns in der Tat, daß die Mutter mehr kaufmännisch als mütterlich eingestellt war und sich ziemlich wenig mit ihm beschäftigt hatte), zweitens war seine Angst, von seiner Familie vergiftet zu werden, wahrscheinlich auf delirierende Weise Ausdruck für die Beziehung »schlechte Milch«, die ihn mit seiner Mutter verbunden hatte; in dieser Hinsicht hatte er nicht den geringsten Zweifel, sondern eine bis zum Delirium gehende Überzeugung.

Der Anwendungsbereich eines projektiven Tests wie des SF-Tests ist also sehr weitgespannt, ebenso weit wie die verschiedenen Bereiche der Persönlichkeit. Dieser Bereich ist noch nicht völlig erforscht und jedesmal, wenn wir ein neues Mittel zur Erforschung erhalten, ist die Ausbeute neuer Tatsachen zur Vervollständigung unserer Kenntnisse groß. Je weiter wir in unserer Forschung vorankamen, desto mehr neue Wege eröffneten sich uns, die wir nur teilweise beschreiten konnten. Um zu wissen, wohin sie führen, müßten die Forschungen durch gemeinsame Anstrengung vieler Psychologen fortgeführt werden.

Wir meinen, daß die einzig gültigen Methoden unabhängig vom Umfang der Untersuchung und vom untersuchten Bereich der Persönlichkeit diejenigen sind, die die ursprüngliche Dynamik der Persönlichkeit möglichst genau verfolgen. Hauptabsicht dieses Buches war es daher, eine Methode dieser Art zu fördern und die Früchte ihrer Anwendung zu zeigen.

1. Trog

2. Kuß

5. Ziege

6. Aufbruch

9. Schmutzspiele

10. Nacht

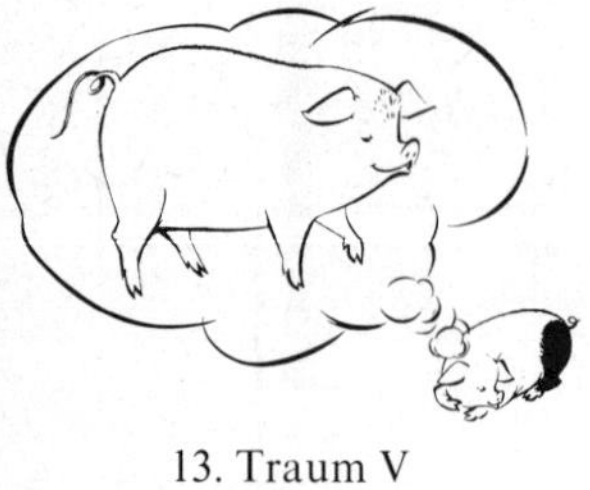

13. Traum V

14. Säugen 1

Fee

3. Streit

4. Karren

7. Zögern

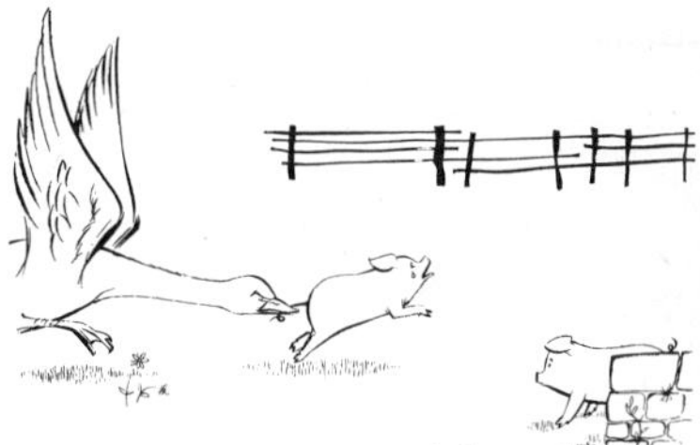

8. Gänserich

11. Wurf

12. Traum M

15. Säugen 2

16. Loch